제2판

영유아 프로그램 개발과 평가

문혁준 · 서소정 · 신혜원 · 최혜영 · 한유미 · 박복매

창지사

머리말

최근 여성의 사회경제활동 증가, 가정교육 기능의 약화, 영유아교육기관에 대한 의존 강화, 초기 경험의 중요성에 대한 인식 변화 등의 영향으로 육아문제는 사회 전체의 문제로 대두되고 있으며, 영유아교육기관의 수도 기하급수적으로 늘었다. 따라서 '어떻게 영유아에게 의미 있는 학습이 되도록 할 것인가?', '교사는 각각 다른 능력, 요구, 배경을 갖고 있는 영유아들과 어떻게 상호작용해야 하는가?'는 보육과 교육을 담당하는 전문가들이 깊이 고민해야 할 문제가 되었으며 이를 토대로 보다 구체적이고 다양한 프로그램들이 꾸준히 개발되고 실행되어야 할 것이다.

영유아 프로그램의 목적은 보호적 측면에서 건강, 영양, 안전 등을 고려하여 안전하게 성장할 수 있도록 보호하는 것과 교육적 측면에서 신체, 정서, 사회, 언어, 인지적으로 최대한 발달시킬 수 있도록 도와주는 것이다. 다시 말하면, 영유아들에게 적합한 프로그램은 영유아를 단순히 보호하는 것이 아니라 질 높은 교육과 보육이 병행되어야 한다는 것이다. 이를 위하여 영유아의 발달적 요구, 부모와 사회의 기대, 교사의 요구와 능력 등의 요인들을 기초로 하여 이에 적합한 환경을 구성하여 영유아에게 양질의 보호와 교육을 제공할 수 있도록 프로그램이 계획되어야 한다.

본서는 영유아 프로그램의 기초가 되는 각 프로그램의 사상적, 심리학적, 사회문화적 배경을 알아보고, 다양한 이론적 근거에 기초하여 개발·운영되고 있는 여러 영유아 프로그램들의 이론과 실제에 대하여 살펴보았다. 또한 앞서 살펴본 이론적 배경을 토대로 영유아 프로그램에 대한 평가 방법에 대해서도 구체적으로 다루었으며, 예비교사들이 유아교사로서의 역할을 효율적으로 수행하기 위하여 발달에 적합한 프로그램을 개발하고 이를 영유아교육기관에서 융통성 있게 운영할 수 있는 능력을 기를 수 있도록 하는 데 궁극적인 목표를 두었다.

또한 대학에서 아동학, 유아교육학, 보육학, 아동복지학, 심리학, 사회복지학을 전공하는 학부생이 교재로 사용할 뿐만 아니라 현장의 영유아교육기관 교직원들이 유용한 지침서로 활용할 수 있도록 목차를 계획하였다. 특히, 영유아 프로그램 개발과 평가 관련 모든 영역을 포괄할 수 있도록 내용을 구성하였으며, 이를 위하여 가톨릭대학교 문혁준 교수, 경희대학교 서소정 교수, 서경대학교 신혜원 교수, 창원대학교 최혜영 교수, 호서대학교 한유미 교수, 영등포구육아종합지원센터 박복매 센터장이 저자로 참여하였다.

초판 이후 수년이 흘러 미흡한 부분을 보완하고 변화된 상황과 자료들을 수정하여 개정판을 발간하게 되었다. 넘치는 의욕과 열정으로 시작하였으나 집필 후의 소감은 항상 아쉬움이 남는다. 앞으로 부족한 부분을 보완해 나갈 것을 약속드리며, 기탄없는 비판과 충고를 부탁드린다.

끝으로 출판을 맡아 수고해 주신 창지사의 노고에 진심으로 감사드린다.

2020년 9월
저자 일동

차 례

CHAPTER 05 영유아 프로그램 개발 • 167

CHAPTER 06 영유아 프로그램 평가와 적용 • 207

C·H·A·P·T·E·R 01

영유아 프로그램의 기초

본 장에서는 영유아 프로그램 개발과 평가 교과목의 기초로서 영유아 프로그램의 개념을 소개하고, 유사한 용어인 보육과정과의 비교를 통해 영유아 프로그램의 특성을 명확히 하고자 한다. 아울러 영유아를 대상으로 한 다양한 프로그램을 연령이나 장애 등 대상의 특성, 장소, 운영시간, 운영 주체 등 다양한 기준에 따라 유형을 분류하고, 각 프로그램의 장·단점 등 주요 특성과 대표적인 예 그리고 현황 등에 대해 간단히 살펴볼 것이다.

1. 영유아 프로그램의 이해

1) 영유아 프로그램 개발과 평가 교과목의 특성

'영유아 프로그램 개발과 평가'는 보육교사 자격 취득을 위한 보육 지식과 기술 영역에 선택 과목으로 포함된 교과목이다. 영유아프로그램 개발과 평가는 보육교사가 영유아를 대상으로 하는 프로그램의 개발 및 평가 시 필요한 원리와 과정을 알아보기 위한 것이다. 따라서 다양한 국내외 영유아 프로그램에 대한 이해를 바탕으로 어린이집에서 적용할 수 있는 프로그램을 개발하고 평가할 수 있는 능력을 기르는 것을 목적으로 한다. 이를 위해 '영유아 프로그램 개발과 평가' 교과목에서는 영유아 프로그램의 정의 및 이론적 기초와 함께 다양한 국내외 프로그램을 살펴본다. 이와 함께 영유아 프로그램 설계 모형과 개발 절차에 대한 이해를 기초로 영유아 발달 특성에 적합한 프로그램의 개발, 적용, 평가에 대해 살펴보고 보육교사가 현장에서 운영하게 되는 영유아프로그램의 개발 및 평가의 실제에 대해 알아본다(이미화·강은진·김은영·김길숙·엄지원, 2016).

〈표 1-1〉 대학 등에서 이수하여야 할 교과목 및 학점 일반

<table>
<tr><th>영역</th><th colspan="2">교과목</th><th>이수 과목(학점)</th></tr>
<tr><td>교사 인성</td><td colspan="2">보육교사(인성)론, 아동권리와 복지</td><td>2과목(6학점)</td></tr>
<tr><td rowspan="2">보육 지식과 기술</td><td>필수</td><td>보육학개론, 보육 과정, 영유아 발달, 영유아 교수방법론, 놀이지도, 언어지도, 아동음악(또는 아동동작, 아동미술), 아동수학지도(또는 아동과학지도), 아동안전관리(또는 아동생활지도)</td><td>9과목(27학점)</td></tr>
<tr><td>선택</td><td>아동건강교육, 영유아 사회정서지도, 아동문학교육, 아동상담론, 장애아 지도, 특수아동 이해, 어린이집 운영 관리, 영유아 보육프로그램 개발과 평가, 보육정책론, 정신건강론, 인간행동과 사회환경, 아동간호학, 아동영양학, 부모교육론, 가족복지론, 가족관계론, 지역사회복지론</td><td>4과목(12학점) 이상</td></tr>
<tr><td>보육 실무</td><td colspan="2">아동관찰 및 행동연구, 보육실습</td><td>2과목(6학점)</td></tr>
<tr><td colspan="4">17과목(51학점) 이상</td></tr>
</table>

출처: 「영유아보육법 시행규칙」[별표 4].

영유아 프로그램 개발과 평가 교과목의 교재로 시중에 출판된 책들을 보면 '영유아 프로그램' 외에도 '영유아교육 프로그램', '영유아보육 프로그램', '보육 프로그램' 등 다양한 제목이 사용되고 있다. 본 장에서는 어린이집은 물론이고 유치원 외에 영유아를 위한 다양한 유형의 활동들을 영유아 프로그램으로 소개하되, 구체적인 프로그램의 개발과 평가 방법 등은 어린이집 상황, 즉 보육에 초점을 두어 설명하고자 한다.

2) 영유아 프로그램의 개념

'영유아 프로그램'은 만 3~5세 유아를 대상으로 반일제를 근간으로 운영하는 유치원 프로그램보다는 0~5세 영유아를 대상으로 종일제를 원칙으로 하는 보육 프로그램을 지칭하는 개념으로 보아야겠지만 우리나라에서 보육에 관한 체계적인 연구나 교사 양성제도가 확립된 역사가 짧기 때문에 먼저 유아교육 분야에서 통용되어 온 '프로그램'의 개념을 살펴보고자 한다. 유아교육 분야에서 유아교육 프로그램이란 용어가 일반화되기 시작한 것은 1965년 미국의 헤드스타트 운동에 의해 교육학자, 심리학자, 아동학자, 유아교육학자들이 다양한 교육이론이나 심리학 이론에 기초하여 유아의 성장과 발달을 돕기 위한 교육 프로그램을 개발하면서부터이다. 이러한 관점에서 이영석(1998)은 유아교육 프로그램이란 유아교육 과정의 한 유형으로서 어떤 특정 유아교육 이론이나 유아교육 사상가의 관점에 따라 유아교육 활동을 체계적, 조직적으로 구성한 형태라고 정의했다. 따라서 유아교육 프로그램은 유아교육이나 아동발달 이론에 따라 구분될 수도 있고, 유아교육 사상가나 학자들의 견해에 따라 분류될 수도 있다.

우리나라에서는 어린이집의 전문성과 보육 상황을 고려하지 못한 채 유치원 교육 과정을 기초로 하여 보육 프로그램을 실행해 왔다. 이는 보육 프로그램을 교육 과정과 동일하게 사용하면서 유아교육 과정과 보육 프로그램의 차이를 간과

한 것이라 할 수 있다. 엄밀한 의미에서 어린이집에서의 프로그램은 보호와 교육이 통합된 형태에서 보육대상, 시설의 유형, 보육시간, 보육주제, 보육철학 등에 따라 다양하게 적용되어야 하기 때문에 교육 과정 혹은 커리큘럼으로 한정시켜 설명하는 것은 무리가 따른다. 따라서 보육 프로그램이란 어린이집에서 영유아를 건강하고 안전하게 보호, 양육하고 발달특성에 적합한 보육서비스를 제공하기 위하여 보육이론과 보육철학에 따라 보육경험을 선정하고 조직하여 보육경험의 질을 구체적으로 실행, 관리, 평가하는 과정으로 보아야 한다. 요컨대 보육 프로그램은 보호와 교육이라는 두 가지 측면을 포괄하는 것으로 어린이집에서 실행 가능한 형태로 계획, 운영되는 보육과정이라 할 수 있다(조복희·강희경·김연주·김현지·손경화·안은숙 외, 2009).

이상과 같이 볼 때, 영유아 프로그램이란 0~5세 영유아를 대상으로 다양한 장소에서 다양한 방식으로 행해지는 활동을 포괄하는 개념으로 볼 수 있다. 또한 프로그램의 사전적 의미는 '진행되는 계획이나 순서, 혹은 목록'이므로 영유아 프로그램이란 영유아를 대상으로 진행되는 일련의 계획표 또는 그 차례이다. 따라서 프로그램은 어떤 내용이나 목적, 목표 혹은 내용만을 단순히 일컫는 것이 아니라 상당히 과정적인 개념으로서(민성혜·김송이·김영애, 2008) 영유아교육기관에서 영유아를 위해 계획하고 실천하고 적용하고 있는 일련의 과정으로 정의할 수 있다(곽혜경·한유미, 2010).

한편, 목표, 교사의 역할, 일과시간 운영, 공간배열, 시설과 설비 등과 같은 요인에서 명확한 윤곽을 가지고 있는 특정 프로그램을 프로그램 모형이라고 한다(이영자·이기숙, 1990). 대표적인 프로그램 모형으로는 몬테소리 프로그램, 피아제 프로그램, 발도르프 프로그램 등이 있는데, 학급을 운영할 때 교사는 영유아 프로그램에 대한 충분한 이해와 특정 프로그램 모형을 일관성 있게 적용해야 할 필요가 있다. 그렇지 않을 경우 서로 이론적 기초가 다른 프로그램을 한 기관에서 시간대별로 운영하여 혼돈을 가져올 수 있기 때문이다. 예를 들어, 영유아는 특정 시간에는 가만히 앉아서 매트를 깔고 주어진 방법대로 활동을 해야 하는 반면, 다음 시간에는 주제를 던져 주고 어떤 생각이 나는지 자유롭게 이야기해 보라는 교사의 주문을 받게 될 수 있다. 어떤 시간에는 교사가 가르치는 대로 그림을 그려야 하는데 어떤 시간에는 구조화되지 않은 재료를 가지고 자기만의 표현을 해야 할 수도 있다(민성혜 외, 2008). 또한 교사는 프로그램이란 실제 현장인 영유아교육기관에서 직접 실행해 볼 수 있는 것이어야 하며, 매일의 일상 속에서 영유아들에게 적용하는 수업들로 영유아들과 가장 직접적으로 연관된 활동임을 인식해야 한다. 아무리 좋은 프로그램이라 할지라도 영유아에게 의미 있는 경험으로 조직되어 제시되지 않는다면 그 가치를 인식하기는 어렵기 때문이다(김수영·김수임·송규운·정정희, 2004).

1980년대 이후 프로그램의 내용과 교수 방법에 있어서 이론과 실제와의 연결이 필요하며 나아가 프로그램의 특성과 프로그램의 대상이 되는 영유아와의 합의점을 위한 최적의 조건이 무엇인가에 대해 관심이 이어져 왔다(김혜경, 2008). 연구 결과 프로그램에 따라 학급에서 교사나 영유아의 행동이 다르게 나타나며, 적어도 단기적으로는 설정한 목표대로 그 효과를 갖는 것으로 밝혀졌다(심성경, 1998).

3) 보육 프로그램과 보육과정

유아교육 분야에서는 프로그램이라는 용어가 교육 과정이라는 개념과 혼용되거나 대치되어 사용되기도 하지만 프로그램은 어떤 특정 이론에 의해 조직된 교육 과정의 모델로서, 일반적인 교육 과정의 개념보다 구체화되고 실제 현장에서 가르치는 교육 내용을 상세하게 기술한 협의의 개념으로 볼 수 있다(이영자·이기숙, 1990). 이와 마찬가지로 한국보육진흥원(2013)에서는 보육 프로그램을 어린이집에서 특정 철학 및 근거에 기초한 보육과정을 바탕으로 영유아에게 적합한 보육계획을 수립하고, 이를 원활하게 실행하기 위해 보육환경을 배치하며 하루일과를 구성하고, 일상생활활동과 놀이활동을 선정하여 적용하며 평가하는 일련의 과정으로 규정하고 있다.

보육 프로그램과 유사한 용어로 보육과정이 있는데, 이 두 개념을 비교하면 다음과 같다.

보육과정은 첫째, 어린이집 영유아의 건강한 성장, 발달을 위해 계획되고 의도된 주요 경험과 학습의 결과를 포함하는 기본 틀이자 기준이며 둘째, 보육철학, 보육목표, 조직화된 보육내용이 포함된다. 셋째, 보육과정은 크게 중앙정부에서 제시한 국가 수준의 보육과정과 지역, 개인 수준에서 자율적으로 개발하여 적용하는 지역별, 개별 시설 수준의 보육과정이 있다.

보육 프로그램은 첫째, 보육과정을 근거로 어린이집 현장에서 실시할 수 있는 보육계획 및 실행, 환경 구성, 하루일과, 평가 등으로 구성된다. 둘째, 보육과정을 이해하고 보육내용을 어린이집 현장에서 적용할 수 있도록 계획하고 실행하는 일련의 보육과정의 실제이다(한국보육진흥원, 2013).

특정 보육과정과 그 보육과정을 기초로 한 보육 프로그램을 예를 들어 살펴보면, 보육과정과 보육 프로그램의 차이를 명확히 이해할 수 있다. 국가 수준의 보육과정인 어린이집 표준보육과정은 0~1세 보육과정, 2세 보육과정과 3~5세 누리과정으로 구성된다. 이 중 0~1세 및 2세의 보육과정과 보육 프로그램을 비교하면 다음 〈표 1-2〉와 같다.

〈표 1-2〉 0~1세, 2세 보육과정과 어린이집 영아보육 프로그램

4차 어린이집 표준보육과정	어린이집 표준보육과정에 기초한 영아보육 프로그램
• 추구하는 인간상 • 목적과 목표 • 구성의 중점 • 편성 · 운영 • 교수 · 학습 • 평가 • 0~1세 영역별 목표 및 내용 • 2세 영역별 목표 및 내용	• 0~2세 영아보육 프로그램의 특징 • 0~2세 영아의 발달적 특성 • 영아를 위한 프로그램의 계획 · 운영 및 평가 • 영아를 위한 일상생활 운영 • 영아를 위한 적응기간 운영 • 가정 및 지역사회와의 연계

출처: 보건복지부(2013); 보건복지부(2020).

보육과정과 보육 프로그램의 개념을 구분하는 것이 중요한 이유는 교사가 이 두 개념을 혼돈할 경우 다음과 같은 오류가 발생할 수 있기 때문이다. 첫째, 보육과정이 제시되면 그 자체가 보육 프로그램이라고 생각하고 이를 그대로 프로그램으로 적용하게 된다. 둘째, 국가 수준의 보육과정이 제시되면 그 자체가 하나의 보육 프로그램이라고 이해하여 모든 어린이집이 동일한 보육 프로그램으로 진행되어야 한다고 생각하고 실행할 수 있다. 셋째, 보육과정과 보육 프로그램을 동일하다고 생각하여 보육실의 흥미 영역 이름을 보육과정 이름으로 표기하여 영유아 활동을 계획하고 실행하는 데 어려움을 초래할 수 있다(한국보육진흥원, 2013).

2. 영유아 프로그램의 유형

1) 대상에 따른 분류

(1) 영아 프로그램

과거에는 영아 프로그램이 주로 신체 보호를 중심으로 구성되거나 유아 프로그램의 축소판으로 인식된 경향이 있으나 영아 프로그램은 영아기의 독특한 발달적 특성과 요구에 맞게 프로그램을 구성해야 한다. 예를 들어, 영아기에는 발달의 개인차가 크므로 영아 프로그램은 집단활동이나 형식적 활동보다는 개별활동과 비형식적 활동이 위주가 되어야 한다. 만 3세 미만 영아 프로그램은 일반어린이집의 영아반과 특수어린이집으로 분류되는 영아전담어린이집[1)]이 대표적이다.

(2) 유아 프로그램

만 3세부터 취학 전까지의 유아를 대상으로 하는 프로그램으로 어린이집 유아반이나 유치원이 대표적이다. 우리나라 유치원의 경우 만 5세만을 대상으로 하였으나 1993년 이후 만 3~5세로 대상이 확대되었다. 일부 국가들의 경우 초등학교 직전 연령 유아의 프로그램의 경우에는 영유아교육기관이 아닌 초등학교 안에 편입하기도 한다. 미국의 K-grade나 북유럽의 유아학급(preschool class) 또는 유아학교(preschool)가 이에 해당한다.

---

1) 영아전담어린이집은 2004년 이전 영아전담시설로 지정받았거나 국고보조금으로 영아전담 신축비를 지원받은 시설로 원장과 교사의 인건비를 국가로부터 지원받는 시설이다.

〈심층탐구〉 입학 직전 연령의 유아를 위한 프로그램: 북유럽의 사례

Wagner(한유미·권정윤·신미자 역, 2011)에 의하면, 북유럽에서는 아동과 아동기 그 자체를 소중히 여기며 아동기에 대해 낭만주의적인 관점을 취하고 있다. 이에 부모들은 자녀가 해야 할 일과 원하는 일을 자신의 속도에 맞추어 할 수 있도록 시간을 주고, 자녀가 즐겁게 아동기를 보낼 수 있도록 관심을 갖고 기회가 닿는 한 '아이답게 지낼' 수 있도록 돕는다. 또한 이들은 아동과 성인이 여러 면에서 동등하다고 여기며, 아동이 성인의 지나친 통제와 감독에서 벗어나야 한다는 생각 때문에 이러한 원칙을 법률로 정하였다. 그리하여 북유럽 아동은 자신에게 영향을 미치는 결정을 할 때 강력한 발언권을 가지며, 성인의 간섭 없이 관심 가는 대로 실내외를 뛰어다니며 나무에 오르거나 성인용 전동 공구를 사용하는 것과 같이 위험해 보이는 활동에도 참여한다.

북유럽의 아동 중심성을 나타내는 또 다른 지표는 늦은 취학연령이다. 대부분의 현대 국가에서는 6세에 취학을 하고 5세 취학조차 별다른 논란이 없음에 비하여 북유럽에서는 취학 연령을 7세*에서 6세로 하향화하려는 정부의 제안이 많은 저항에 부딪혔고, 결국 6세아를 위한 무상교육 프로그램의 실시가 대안으로 선택되었다. 6세아 프로그램은 의무가 아니라 선택사항이지만 두 나라 모두 거의 모든 6세 아동들이 참여하고 있다.

스웨덴에서는 유아학급(preschool class)이라는 명칭으로 불리며, 대부분 초등학교와 같은 건물에 설치된다. 연간 운영시간이 525시간인 반일제 프로그램이므로 방과후 보육인 레저타임센터와도 연계하여 운영된다. 취학 전 교육 과정(Lpfö 98)의 적용을 받는 보육시설과 달리 유아학급은 의무교육 교육 과정(Lpo 94)의 적용을 받으며, 학교교육 안에 포함되지만 영유아교육기관과 초등학교 간의 전이단계로서의 성격이 강하다.

이러한 프로그램이 핀란드에서는 유아학교(preschool)라고 불린다. 유아학교는 공립어린이집이나 가정보육모의 집, 학교, 기타 적절한 기관에서 실시된다는 점에서 독립된 공간의 기관이라기보다는 기존의 기관에서 운영되는 교육 과정으로 볼 수 있다. 이는 유아학교가 교육부의 관할과 기본교육법(Basic Education Act)의 적용을 받지만, 보육시설 안에 설치된 경우에는 보육교사나 아동의 수에 관한 보육법의 조항을 적용받는다는 점에서도 확인된다. 서비스 제공자의 다양성 때문에 시설마다 질적인 차이가 크고 운영시간도 주당 몇 시간(교회)에서 21시간(학교)까지 다양했으나 현재에는 교육시간이 주당 18시간으로 강화되었다. 또한 자신만의 교육 과정(Core Curriculum for Pre-school Education)을 갖고 있는 등 보육시설과 초등학교 사이에서 독립된 지위를 갖고 있다.

이상과 같은 북유럽의 6세아 프로그램은 유아기가 인생의 황금기이며 초등학교 입학은 유아기의 종말이라는 국민들의 생각에서 비롯된 것으로 결과적으로 북유럽 아동들이 유예된 유아기를 가지고 자신의 속도에 맞추어 보다 안정적으로 성장할 수 있게 하였다.

* 과거 러시아에서는 7세에 입학을 했으므로 러시아의 지배를 받았거나 인접하고 있는 국가들에서는 7세부터 초등 의무교육을 시작해 왔다. 또한 인구가 희박하고 등교거리가 멀기 때문에 어둡고 추운 계절을 견뎌낼 만큼 신체적으로 충분히 성숙할 필요가 있었다.

출처: 한유미(2013).

(3) 장애아 프로그램

장애아동을 위한 기관으로는 장애아전문어린이집과 장애아통합어린이집이 있다. '장애아전문어린이집'은 과거 장애전담어린이집으로 불리던 것으로 장애아복지지원법에 따라 12명 이상의 장애영유아를 보육할 수 있는 시설이다. '장애아통합어린이집'은 3명 이상의 장애영유아를 보육하는 곳으로 정원의 20% 이내에서 장애아종일반을 별도로 편성하거나 별도로 편성하지 않은 채 미취학 장애아를 3명 이상 통합보육할 수 있다. 이들 어린이집에서는 장애영유아 3인당 교사 1인을 배치하며, 장애영유아가 3인을 초과할 때마다 교사를 1인씩 증원해야 한다. 장애아 9명당 교사 1명은 반드시 특수교사 자격소지자로 배치하되 장애아전담교사 대신 특수교사로도 배치가 가능하다(보건복지부, 2013). 한편, 통합교육이 강조됨에 따라 장애전문어린이집에서 분리된 교육을 받고 있는 장애영유아 비율은 조금씩 감소하고 있지만(정정희·최효정·배재정, 2014) 장애전문어린이집은 물리치료, 놀이치료 등 장애어린이에 맞춘 교육이 이루어지는 것과 같은 뚜렷한 장점도 있다.

〈심층탐구〉 장애아 프로그램의 예: 손인형으로 말하며 인사해요

<table>
<tr><td rowspan="5">활동목표

1. 손인형 놀이를 통해 자신의 생각이나 경험을 보다 친밀하게 표현한다.(사회관계〉정서 인식과 조절〉자신과 다른 사람의 여러 가지 정서를 인식하고 표현하기)
2. 손인형으로 상황에 따른 적합한 이야기를 한다.(의사소통〉말하기〉상황에 맞는 언어 사용하기)</td><td colspan="3">목표 수정</td></tr>
<tr><td>활동목표</td><td colspan="2">1. 손인형 놀이를 통해 다양한 감정 상태를 표현할 수 있다.
2. 손인형으로 친구와 여러 가지 상호작용을 할 수 있다.</td></tr>
<tr><td rowspan="3">개별교수목표</td><td>교사 A</td><td>(언) 선택할 기회가 주어졌을 때 물건의 이름을 말하며 "~주세요"하고 표현할 수 있다.
(사) 손인형으로 친구에게 인사하는 흉내를 낼 수 있다.</td></tr>
<tr><td>교사 B</td><td>(언) 선택할 기회가 주어졌을 때 원하는 손인형을 손가락으로 가리킬 수 있다.</td></tr>
<tr><td>교사 C</td><td>(사) 손인형으로 친구에게 인사하는 흉내를 낼 수 있다.
(소) 엄지와 검지로 작은 물건을 집을 수 있다.</td></tr>
<tr><td rowspan="2">활동자료

여러 가지 손인형
(동물이나 사람)</td><td colspan="3">자료 수정</td></tr>
<tr><td colspan="3">• 입 부분에 벨크로테이프를 붙여서 물건이 고정될 수 있도록 한다.
• 손인형의 입에 넣을 수 있는 작은 물건에 벨크로테이프를 붙인다.</td></tr>
<tr><td rowspan="2">활동방법

1. 유아들과 손인형을 함께 끼우고 움직이며 이야기를 나눈다.(안녕? 내 이름은 ㅇㅇㅇ야. 넌 이름이 뭐니?)
2. 유아들과 이름, 어느 반에서 왔는지 등 개별적인 대화를 나눈다.(이름이 'ㅇㅇㅇ'구나. 어? 내 이름에도 '이'자가 들어가는데 우리 똑같이 이름에 '이'자가 들어가네).</td><td colspan="3">방법 수정</td></tr>
<tr><td>참여 증진</td><td colspan="2">
• 여러 가지 손인형 중에서 선택할 수 있도록 기회를 준다.
• 가능하다면 집에서 익숙한 손인형을 가져오도록 하여 활용하면 더 잘 참여할 수 있다.
• 확 트인 공간보다 놀이집이나 울타리가 있는 곳에서 활동하면 상호작용에 더 잘 집중할 수 있다.
• 교사나 친구가 말을 할 때 손인형의 입을 움직이는 흉내를 내어 유아들이 눈으로 활동을 보고 따라할 수 있게 한다.</td></tr>
</table>

<table>
<tr>
<td>3. 유아들과 손인형으로 이야기를 나누고 함께 할 수 있는 놀이를 제안해 본다.(나는 그림책 보는 것을 좋아하는데 우리 같이 볼까? 여기 푹신한 방석에 앉아서 같이 보자).</td>
<td>상호작용 증진</td>
<td>
• 손인형으로 소꿉놀이를 한다. 이때 친구의 손인형에 구슬사탕, 작은 음식 모형 등을 넣어 줄 수 있고 반대로 손인형으로 받아먹는 흉내를 낼 수 있다.
• 손인형을 끼고서 서로 악수하는 흉내 내기, 손인형끼리 껴안기, 손인형끼리 인사하기 등을 교사와 함께 해 보고 자연스럽게 친구와도 해 보도록 촉진한다.</td>
</tr>
<tr>
<td>확장활동</td>
<td>교수삽입</td>
<td>• 자신이 원하는 손인형을 고르도록 기회를 주고 원하는 것을 가리키도록 지도한다(교사B).
• 손인형을 들고 유아를 쳐다보면서 "손인형 주세요"하고 말하기를 잠깐 기다린다. 유아가 말하지 않으면 시범을 보이고 따라 말하도록 한다(교사A).
• 손인형을 끼고 손인형끼리 마주보고 인사를 하도록 지도한다(교사A, 교사C).
• 엄지와 검지를 이용해서 구슬, 작은 음식 모형 등을 집어넣어 친구나 교사가 끼고 있는 손인형의 입 부분에 넣어주도록 지도한다(교사C).</td>
</tr>
<tr>
<td rowspan="4">주의사항

손인형을 끼고 유아들과 대화를 나눌 때는 교사의 어조가 아니라 인형들이 이야기를 나누듯 자연스럽게 대화를 하여 친밀감을 느낄 수 있도록 한다.</td>
<td colspan="2">가정 연계 및 일반화</td>
</tr>
<tr>
<td colspan="2">유아들이 손인형에 익숙해지고 따라해 보고자 하는 관심을 가질 수 있도록 이야기 나누기 등의 활동에서도 교사가 손인형을 자주 소개하고 다양한 움직임을 보여준다.</td>
</tr>
<tr>
<td colspan="2">기타</td>
</tr>
<tr>
<td colspan="2">다툼이 일어나지 않도록 손인형의 수와 영역 내의 유아 수를 적절히 조절한다.</td>
</tr>
</table>

※ (언) 언어, (사) 사회관계, (소) 소근육

출처: 보건복지부(2009).

2) 운영시간에 따른 분류

(1) 반일제

오전 또는 오후 반나절 등 일일 3~5시간 운영하는 것으로 유치원의 경우 전통적으로 반일제를 근간으로 해 왔다.

(2) 연장제

반일제로 운영되는 유치원의 교육시간이 짧아 부모들의 욕구를 충족시키기 어려워지자 점심 식사 후 2~3시 정도까지 연장 운영하는 대안으로 등장한 것이다. 연장제 프로그램은 대개 일일 5시간 이상, 8시간 미만으로 운영된다.

(3) 종일제

반일제 프로그램에 기본적인 욕구 충족과 신체적인 보육 등을 추가한 경우로 일일 8시간 이상 운영을 기본으로 한다. 어린이집은 이러한 종일제를 원칙으로 하는데, 시간이 길어서 오전활동의 심화 및 개별학습이나 소집단 활동이 가능한 반면 장시간 가정과의 격리로 영유아가 어릴수록 육체적·정서적 피로가 발생할 수 있다.

(4) 24시간제

부모의 야간 경제활동, 한부모 또는 조손가정 등의 사유로 불가피하게 주간보육(07:30~19:30)과 야간보육(19:30~익일 07:30)을 모두 이용해야 하는 부모를 위해 24시간 운영되는 프로그램이다. 숙박보육이라고도 하며 가정과 같은 편안한 분위기와 여유 있고 융통적인 일과 운영이 요구된다.

(5) 야간

야간에 직장에 다니거나 교대 근무제로 일하는 부모를 위해 야간(19:30~익일 07:30)에만 이루어지는 경우이다

(6) 일시/시간제

부모의 필요나 요구에 따라 일정 시간만 이용할 수 있는 프로그램이다. 예를 들어, 서울시에서 여행프로젝트(女幸) 일환으로 추진한 보육 토탈서비스센터인 영유아플라자에서 운영하는 시간제 프로그램의 예는 다음과 같다.

〈표 1-3〉 영유아플라자의 시간제 프로그램의 예

	프로그램	대상	내용	비고
도봉구 영유아플라자	작은 놀이방	누구나 회원가입 후 이용 가능	여성센터 수강생 지원, 기타 일시돌봄지원 가능	9:00~17:00
서초구 영유아플라자	시간제 보육실	18개월~만 5세	시간제 보육 제공	시간당 3,000원 (최대 4시간)
은평구 영유아플라자	가온 시간제 보육실	1) 24개월~취학 전 유아 2) 은평구민의 자녀	일시적인 보육이 필요한 부모에게 믿고 맡길 수 있는 시설 제공	시간당 2,600원

3) 장소에 따른 분류

(1) 시설 중심

시설 중심 프로그램은 가정이 아닌 건물에서 일정 수 이상의 영유아들에게 일정 시간 이상 교육과 보육을 제공하는 프로그램을 말한다. 이는 교사에 의해 계획된 체계화된 프로그램을 통해 교육적 측면이 강하다는 장점과 교사 대 아동의 높은 비율로 인해 개별적 상호작용이 적을 수 있다는 단점이 있을 수 있다(김두범·김미경·김현희·최광희, 2008). 국가나 공공단체, 법인, 개인 등이 운영하는 어린이집이나 유치원 등 대부분의 영유아 프로그램이 이에 해당한다.

〈표 1-4〉 시설 프로그램의 장점과 단점

장점	단점
• 정식 인가와 관련 관청의 관리와 감독 • 운영시간이 일정하여 안정적 • 전문적 훈련을 받은 교사 • 풍부한 교구와 자료를 갖춘 안정된 장소 • 영유아에게 교육적 기회 • 또래와 함께 노는 기회	• 영유아의 개인적 특성을 살릴 수 있는 융통성이 부족 • 교사와 영유아 간의 상호작용 부족 • 영유아 1인당 공간이 좁음 • 다수의 영유아가 함께 있어서 질병과 전염병에 노출

출처: 서영숙·김경혜(2003).

(2) 가정 중심

유치원이나 어린이집 등 시설을 이용하지 않는 영유아들은 조부모나 친인척, 베이비시터 등 개인에 의해 제공되는 서비스를 주로 이용하는 것으로 나타난다. 장소는 주로 영유아의 가정이나 돌봄 제공자의 가정에서 이루어지며, 제공자는 혈연과 비혈연으로 구분된다. 유아보다 영아에게서 현저하게 나타나며, 이유는 영아가 너무 어려서 기관 적응이 어려울까 하는 염려에서이다. 특히, 영유아의 연령이 어릴수록(특히, 0세) 조부모에 대한 의존율이 가장 높게 나타난다(유해미·서문희·한유미·김문정, 2011).

〈표 1-5〉 돌봄 제공자의 가정에서 이루어지는 프로그램의 장점과 단점

장점	단점
• 운영시간의 융통성 • 집에서 가까운 곳을 선택하여 편리 • 영유아 가정과 생활양식이나 가치관이 비슷한 가정을 선택 • 아버지가 없는 영유아에게 가정에서의 남성 모델 제공 • 가정적 분위기로 인한 심리적 안정감 • 혼합연령 집단 구성으로 형제관계 경험	• 비공식적이므로 안정성 부족 • 교사의 전문적 훈련 부족 • 프로그램의 일관성 부족 • 교재, 교구, 활동의 다양성 부족 • 야외학습 기회 부족

돌봄 제공자의 가정에서 이루어지는 경우 시설 프로그램에 비해 비형식적 특성을 갖고 있어 여러 가지 문제점이 지적되지만 어린 영아의 경우에는 나름대로의 장점도 갖고 있어 적지 않게 사용되고 있다.

이와 반대로 돌봄 제공자가 영유아의 가정을 방문하는 경우도 있다. 예를 들어, 가까이 사는 이웃에게 자녀를 맡기거나 직업 등의 이유로 주중에 자녀를 돌볼 수 없어서 아예 조부모 집에 맡기고 주말에만 아이를 데리고 오는 경우 등이다.

최근에는 이러한 개인적 차원을 넘어 공적인 차원에서 여성가족부가 80시간의 전문교육을 받은 아이돌보미를 만 12세 이하 아동을 둔 가정에 파견하는 아이돌봄 지원사업(https://idolbom.mogef.go.kr)이나 훈련된 보육교사를 만 2세 미만 영유아를 둔 가정에 파견하는 경기도 가정보육교사제(http://gyeonggi.childcare.go.kr) 등 체계적인 가정 중심 프로그램도 운영되고 있다.

〈표 1-6〉 영유아의 집에서 이루어지는 프로그램의 장점과 단점

장점	단점
• 부모가 보육자를 선택할 수 있음 • 시간적 융통성이 있음 • 자녀가 여럿인 경우 경제적임 • 자녀를 데리고 이동하지 않아도 됨 • 영유아가 자기 집에 머물러 정서적으로 안정적임 • 상호작용이 많아 개별적 관심이 가능함 • 이웃의 또래와 계속 놀 수 있음	• 보육자가 아플 때 대안을 구하기 어려움 • 보육자에 대한 감독이 어려움 • 보육자 개인에 따라 질의 차이가 큼 • 체계적인 교육 경험이 부족함 • 고비용임 • 교재 교구가 제한적임

출처: 서영숙·김경혜(2003).

〈사례〉 경기도 가정보육교사제

국가에서 인증한 보육교사 자격증을 가진 교사가 집으로 찾아가 1:1로 보육하는 제도

• 이용자격: 부모-맞벌이가정으로서 24개월 이하 자녀를 둔 경기도민
교사-보육교사 자격 소지자 중 출산양육 경험이 있거나 2년 이상 실무경력

• 보육료 지원(8시간 이상 지원 지원금)

(단위: 천 원)

구 별	지원금 합계	이용 부모 이용지원금	보육교사 활동지원금
0세(0~11개월)	367	197	170
1세(12~23개월)	343	173	170

• 연계방법

– 육아종합지원센터에서 부모(교사)가 희망하는 보육기간, 보육료 등에 부합하는 교사(부모)와 연계

– 부모와 교사가 상호 면담, 당사자 간 계약 체결 후 가정보육교사 지원

• 이용신청 순서

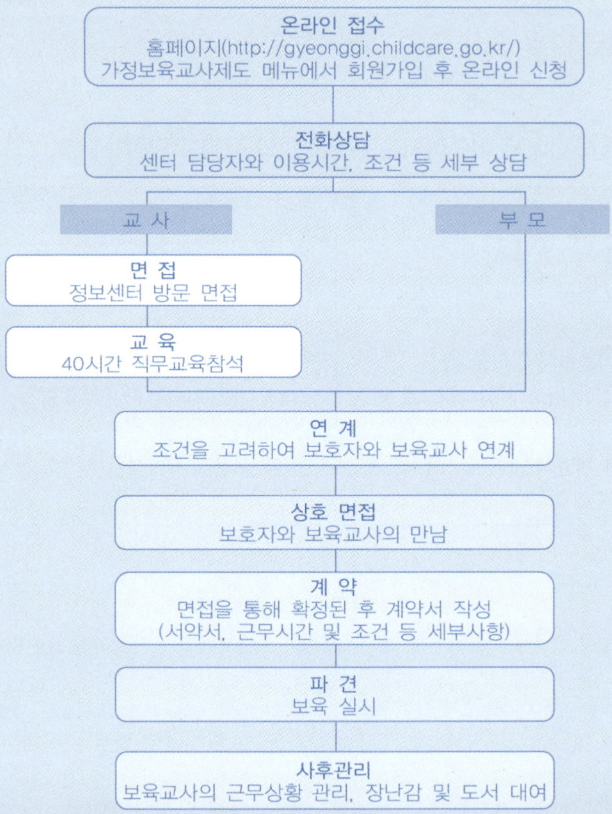

홍보 동영상: http://cafe.daum.net/homechildcareteacher/
출처: http://gyeonggi.childcare.go.kr/

4) 운영주체에 따른 분류

(1) 국공립

국공립 프로그램은 국공립어린이집과 국공립유치원에서 운영된다. 국공립어린이집은 국가나 지방자치단체가 설치·운영하는 시설로서 국가·지방자치단체가 직접 운영하거나 법인·단체 또는 개인에게 위탁하여 운영할 수 있으며, 취약 및 저소득층 밀집지역에 우선 설치한다. 국공립유치원은 초등학교와 나란히 있는 형태로 운영되고 교장이 원장을 겸하고 대부분 원감은 교감이 겸임하는 병설유치원과 전용 건물을 갖고 전임원장과 원감이 있고 5학급 이상인 단설유치원으로 나뉜다(정혜손, 2008). 보육선진국으로 알려진 스웨덴의 경우 국공립이 압도적으로 많지만(한유미·권정윤·강기숙·백석인, 2005) 우리나라에서는 국공립 시설에 대한 부모들의 만족도와 요구도가 높은 반면, 국공립 시설의 수가 워낙 적어서 취업 경쟁률이 높고 대기자 수가 많은 실정이다.

(2) 사립

우리나라의 경우 영유아 프로그램은 유치원이나 어린이집 모두 사립 시설에 의해 발전해 왔고 현재에도 사립에 대한 의존도가 높다. 사립 프로그램은 법인이나 개인 등으로 설립 주체가 구분된다. 법인 시설로서는 영유아와 관련 학과가 설치된 대학에 부속된 기관에서 다양한 프로그램이 개발되어 왔다.

〈표 1-7〉 대학부속 프로그램의 예

대학부속 기관	프로그램
이화여자대학교 부속 유치원	이화 유치원 교육 과정: 단원을 중심으로 한 생활 중심 프로그램
연세대학교 어린이생활지도연구원	개방주의 프로그램
중앙대학교 부속 유치원	활동 중심 통합교육 프로그램
덕성여자대학교 부속 유치원	상호작용 이론에 기초한 프로그램

한편, 2011년 하반기 사립 시설에 해당하는 민간어린이집과 가정어린이집 중 우수한 시설의 품질을 지속적으로 향상시키고 공공성을 강화하여 공공인프라를 확충하기 위해 공공형 어린이집 시범사업이 시작되었다. 2020년 6월 말 현재 전국 2,167개소의 공공형 어린이집이 운영 중이다.

[그림 1-1] 공공형 어린이집 리플릿

(3) 직장

우리나라의 경우 영유아보육법에 의거하여 사업주는 사업장의 근로자를 위하여 단독 또는 공동으로 사업장이나 사업장 근로자 밀집 주거지역에 어린이집을 설치, 운영해야 한다. 직장어린이집은 근로자의 이직률 감소, 육아로 인한 결석률 감소, 생산성과 직무 집중도 향상, 사기 진작, 직원 채용의 유인체계 등의 효과를 갖고 있는 것으로 알려졌다(이영자·이기숙, 1990). 직장어린이집은 영유아 5인 이상을 보육할 수 있으며 1/3 이상이 동 사업장 근로자의 자녀이어야 한다.

2013년 12월 현재 전국적으로 619개소가 있는데, 이 중 40% 정도는 회사 건물 일부에, 그리고 25% 정도는 회사 내 단독 건물에 위치하며, 20% 정도는 일반주택이나 아파트에 위치하고 7% 정도는 회사 밖 단독 건물에 위치한다(서문희·이혜민, 2013).

〈표 1-8〉 직장과 관련된 영유아 프로그램

기관	내용
삼성복지재단	• 삼성복지재단이 보육 프로그램을 자체 개발하여 전국 계열사의 어린이집에서 운영 • 1989년부터 삼성복지재단이 어린이집을 설립, 운영하면서 사회경제적 수준에 따라 차별화된 보육 프로그램을 제공하기 위해 개발한 프로그램 • 중산층 영유아를 위한 아동 중심 보육 프로그램과 저소득층 영유아를 위한 포괄적 보육 프로그램으로 개발
푸르니보육지원재단	• 대교, 하나은행, 한국IBM 등 세 회사가 공동설립 • 2003년 9월 푸르니 서초어린이집 개원을 시작으로 2014년 현재 145개 어린이집을 위탁 운영 중
모아맘	• 직장어린이집 위탁 경영을 전문으로 하는 비영리 단체임

(4) 부모

부모가 운영주체인 대표적인 프로그램으로는 부모협동어린이집(공동육아 어린이집)이 있다. 말 그대로 부모들이 직접 조합비를 출자해 설립하고 운영 전반을 관리한다. 예를 들어, 반·연령별 부모모임, 이사회·운영위원회 회의내용 공개, 부모교육 및 개별상담 등을 실시하고, 청소·시설보수, 총회, 일일·보조교사, 현장체험학습, 원내·외 캠프 등에 부모들이 적극적으로 참여한다. 자녀 1명당 평균 출자금은 약 544만 원으로 매월 조합비 약 28만 9천여 원을 부담해야 함에도 불구하고, 이용 부모들은 '보육철학과 보육 프로그램', '어린이집 운영 전반에 대한 부모

참여', '어린이집 환경', '조합원 간 관계', '교직원의 자질 및 전문성' 등을 장점으로 꼽고 있다(김미정, 2013; 유혜미·김문정, 2013).

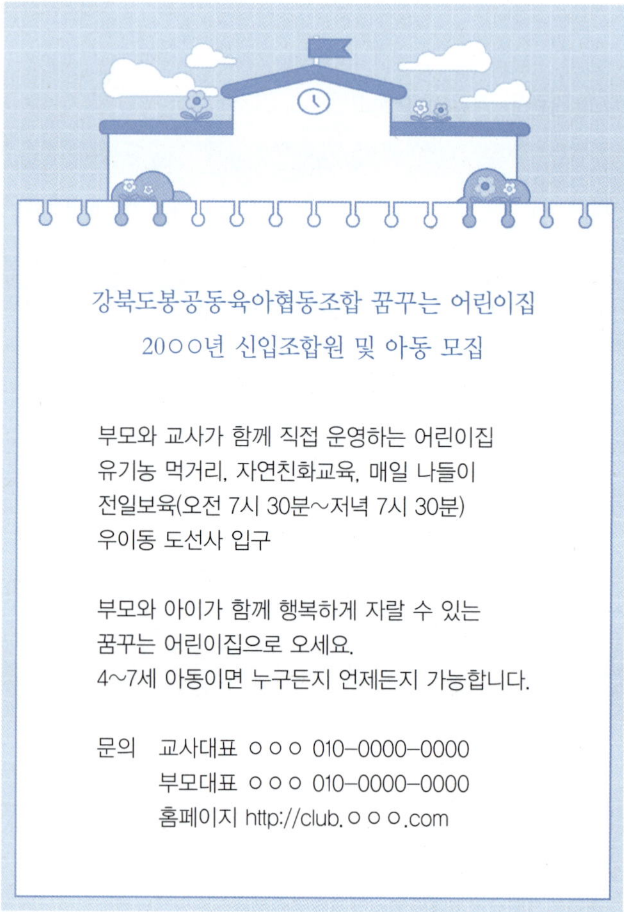

[그림 1-2] 부모가 운영주체인 프로그램

C·H·A·P·T·E·R 02

영유아 프로그램의 이론적 기초

본 장에서는 영유아 프로그램 개발에 필요한 철학적 기초와 심리학적 기초 그리고 사회적 기초에 대한 이해를 높이는 것을 목적으로 한다. 먼저 영유아 프로그램의 철학적 기초로서 고대, 중대, 근대, 현대 사상가들의 아동관 및 영유아교육에 대한 견해를 살펴볼 것이다. 다음으로 20세기 이후 등장한 생물학적 이론, 정신분석학, 학습이론, 인지이론, 생태학 이론 등 영유아발달에 대한 다양한 심리학 이론들을 소개할 것이다. 마지막으로 빈곤해결이나 가족의 변화, 여성취업, 저출산, 다문화 등 현대사회의 다양한 특성들을 살펴볼 것이다.

1. 철학적 기초

영유아가 어떻게 발달하고 학습하며, 어떠한 내용을 어떠한 방식으로 배워야 하는가에 대한 여러 사상가들의 생각은 오늘날 영유아 프로그램의 이론과 실제에 많은 영향을 미쳤다. 과거 사상가들의 신념을 이해하는 것은 자신의 신념을 명확하게 해 주며(Morrison, 1996), 현장에서 영유아에게 바람직한 교수 방법을 제공하도록 해 준다.

1) 고대

(1) Platon

소크라테스의 제자인 Platon(B. C. 427~347)은 영유아기는 정신과 성격이 형성되는 시기이며, 영유아교육은 인격의 기초를 도야하는 교육으로서 성인기 삶의 주춧돌과 같은 것으로 보았다. 그는 놀이나 게임을 영유아에게 적절한 교육 방법으로 제시하면서 강제적 학습이나 체벌을 반대하였다. 또한 그는 고대 사상가들 중에 유일하게 남녀평등 교육을 주장한 학자이기도 하다.

[그림 2-1] Platon

(2) Aristoteles

Platon의 아카데미에 들어가 수학했던 Aristoteles(B. C. 384~322)는 교육을 통해 개인의 행복과 국가의 발전이 이루어질 수 있다고 보았다. 그는 영유아기는 양육의 시기로서 건강이 최우선이므로 모유 수유와 신체활동을 권장해야 한다고 주장하였다. 또한 그에 의하면, 영유아의 교육 목표는 습관형성과 모방인데 놀이를 통해 좋은 습관을 형성하고 장래의 직업을 모방하는 데 몰두할 수 있다고 보았다.

[그림 2-2] Aristoteles

2) 중세

기독교의 권위가 최고조에 이르렀던 중세에는 가정에서도 기독교 교육이 실시되었고, 유아 역시 수도원에 보내져 엄격한 교육을 받았다. 인간은 원죄를 갖고 태어난 존재이므로 끊임없는 감독과 훈육이 교사의 역할로 강조된 반면, 영유아의 자발적인 놀이는 죄악시되었다. 따라서 영유아의 잘못된 행동에 대해서 벌이 엄격하게 적용되고, 체벌이 중요한 교육 방법으로 여겨지기까지 하였다. 이는 영유아기를 독특한 발달단계로 인정하지 않음에서 비롯된 것이기도 하다. 실제로 중세의 미술작품에서 영유아들이 크기만 작을 뿐 신체 비율이나 얼굴 형태는 성인과 동일하게 그려진 것처럼 영유아는 성인의 축소판으로 간주되었고, 단지 장원을 위한 군사적, 경제적 학보 수단으로서의 가치를 갖고 있었다.

3) 근대

(1) Luther

[그림 2-3] Luther

종교개혁의 전반적인 분위기로 가정교육이 회복되는 가운데, Luther(1483~1546) 역시 가정에서 부모의 교육권을 강조하였다.[2] 그러나 그는 부모가 교육적 책임을 제대로 수행하지 못하는 경우가 많기 때문에 공교육의 필요성을 주장하고, 교회가 아닌 국가와 지방자치단체가 그 지역 모든 아이들의 교육에 책임을 진다는 의미에서의 공교육 개념을 정립했다. 또한 독일 모든 도시의 시장과 의

2) http://jungpaul1.tistory.com/97 루터는 독신을 신성시하던 중세의 전통을 깨고 수녀들을 해방시키고 본인이 그중 한 명과 결혼했으며, 가정의 식탁에서 교육을 수행했다.

회에 유아학교의 필요성을 역설하는 편지를 내는 등 유아교육의 필요성을 공식적으로 주장한 최초의 독일인이기도 하다.

(2) Comenius

근대교육의 아버지라 불리는 Comenius(1592~1670)는 영유아에서 성인에 이르기까지 발달단계에 따라 적절한 교육 제도와 방법을 수립했다. 대표적 저서인 『대교수학(The Great Didactics, 1682)』에 출생에서 6세까지의 영유아기는 '어머니 학교'로서 어머니로부터 받는 가정교육이 매우 중요한 것으로 제시되어 있다. 인간의 내재적 가능성을 믿고 영유아를 선한 존재로 본 그는 가능한 일찍 교육을 시작해야 하지만 영유아가 준비가 되기 전에 강요하거나 체벌을 사용해서는 안 되며, 영유아의 자연적 발달 순서에 따라 교육 활동을 제시하는 합자연의 원리에 따라야 한다고 주장했다. 또한 과학적 실학주의의 대표자로서 영유아의 이해를 촉진하기 위해 문자뿐만 아니라 내용을 설명하는 그림을 넣은 세계 최초의 시각 교재인 『세계도회(Orbis Sensualium Pictus)』를 제작하였다.

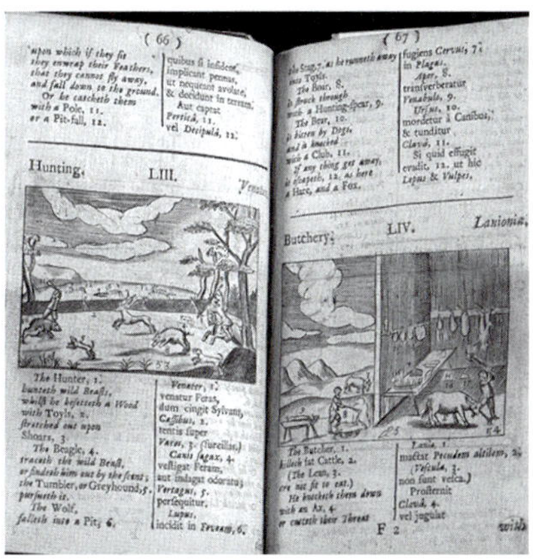

[그림 2-4] 세계도회

(3) Locke

[그림 2-5] Locke

17~19세기 문예부흥 시기에 Locke(1632~1704)는 인간이 선하지도 악하지도 않은 백지와 같은 상태로 태어난다는 백지설(Tabula Lasa)을 제안하였다. 백지설은 영유아의 선천적인 능력보다는 후천적인 교육의 영향력을 중시하며, 물리적·사회적 환경과 자극을 강조한다. 유전보다 환경의 영향을 우선시한 Locke는 헤드스타트와 같이 불리한 환경의 영유아를 위한 보상 프로그램에 영향을 주었다. 또한 그는 영유아의 흥미를 유발하기 위하여 놀잇감을 학습에 최초로 도입했다. "건전한 신체에 건전한 정신이 깃든다"면서 Locke는 심신의 조화로운 발달을 교육 목적으로 제시하였으며, 건강교육을 인격형성의 기초로 중요시하고, 지적 교육보다 도덕 교육을 강조했다. 교육 방법에 있어 중요한 것은 영유아의 올바른 습관 형성으로 가능한 영유아가 즐겁게 학습할 수 있도록 해야 한다면서 엄격한 훈육과 체벌의 사용을 반대했다.

(4) Rousseau

[그림 2-6] Rousseau

Locke보다 더 자연주의를 제창한 사상가인 Rousseau(1712~1778)는 "자연으로 돌아가라"는 주장과 더불어 영유아의 흥미를 고려한 자연주의적 경험의 중요성을 강조하였다. 또한 그는 영유아는 성인의 축소판이 아니라 각 발달 시기마다 완성해야 할 독자적인 세계가 있는 인격적 존재라는 아동존중 사상을 펼쳤다. 저서 『에밀(Emile, 1762)』에 의하면, 출생에서 언어를 습득하는 2세까지의 영유아기에는 신체활동을 통해 가장 잘 배울 수 있고, 이후 3~12세의 아동기는 환경에 대한 탐색과 직접적 경험을 통해 가장 잘 학습할 수 있는 감각교육기라고 주장하였다. 또한 그는 "건전한 감각만 갖고 있으면 머지않아 이성의 꽃이 필 것이다"라면서 암기에 의한 지식교육은 효과가 없음을 지적했다. 아울러 부모나 교사가 사회적, 감각적 경험을 통한 교육으로 영유아를 통제할 수 있지만 교육이란 성인의 사고나 도덕을 주입하는 '적극적 교육'이 아니라 만연한 오류나 악덕으로부터 영유아를 보호하는 '소극적 교육'이어야 한다고 주장했다.

(5) Pestalozzi

교육사상가이자 교육실천가였던 Pestalozzi (1746~1827)는 Rousseau의 영향을 받아 농장을 사서 노이호프(Neuhof)라는 학교를 운영했다. 이러한 경험을 통해 그는 교실에서의 실물교육(object teaching)을 최초로 제안하게 되었다.

[그림 2-7] Pestalozzi

언어적 교수 방법과 달리 실물교육에서는 사물을 세심히 관찰하고, 단순 기억보다는 감각을 이용하는 등 영유아의 직접 경험을 강조하였다. 또한 그는 『게르트루트는 어떻게 자녀들을 가르치는가(How Gertrude Teaches her Children)』나 『어머니들을 위한 책(Books for Mothers)』 등에서 가정에서 어머니가 타인의 도움 없이 자녀를 가르칠 수 있는 방법을 설명하는 한편, 모성애를 교사의 제1조건이자 원동력으로 제시하였다. 이러한 Pestalozzi의 사상은 오늘날 가정 중심 영유아 프로그램에 많은 시사점을 준다.

(6) Owen

영국에서 공장을 경영하면서 산업혁명의 병폐를 몸소 체험한 Owen(1771~1858)은 노동연령을 높이고 공장법을 제정하는 등 아동노동의 문제점을 개선하고자 했다. 인간을 외부 환경에 의해 영향을 받는 존재로 인식한 그는 유아교육을 통해 평화적으로 사회개혁을 이루고자 1816년 방직공장 직원 자녀들을 위한 성격형성학원(New Institution of the Formation of Character)을 설립하고, 그중 2~6세를 위한 학급을 '유아학교(Infant School)'로 칭했다. 또한 환경론자로서 영유아의 호기심을 유발할 수 있는 환경을 구성해야 함을 제안하고, 유아학교 교실을 동물의 그림, 정원, 나무의 그림과 지도들로 꾸몄다. 유아학교는 단순히 노는 시설이 아닌 지적 교육이 동시에 이루어지는 곳으로 좋은 습관, 협동, 친절, 인내심 등의 성격 형성은 물론 읽기 및 쓰기와 산수 등의 지적 교육과 다양한 예체능 활동이 포함되어 있다. 이러한 입장에서 그는 영아반과 유아반 분리의 필요성을 주장하였고, 특히 유아반은 학령기 아동반과의 연계를 목표로 지적 교육을 제공하였다. Owen의 사상과 실제는 오늘날 조기교육을 주장하는 교육자나 교육을 통해 사회를 개선하고 보다 나은 세상을 구현하고자 하는 유아교육 전문가들에게 영향을 미치고 있다(김수영 외, 2004; 조복희 외, 2009).

[그림 2-8] 뉴마르크의 Owen의 학교(1820년 경)

(7) Fröbel

Comenius의 모친 사상과 Rousseau의 자연주의 사상 그리고 Pestalozzi의 교육법으로부터 영향을 받은 Fröbel(1782~1852)은 1840년 세계 최초로 '어린이를 위한 정원'이란 의미의 '유치원(Kindergarten)'을 설립했다. 신성을 강조하고 인간과 신과 자연의 통합을 주장하면서 그는 정원에서 여러 가지 꽃들이 자유롭게 자라나듯이 영아도 본성을 꺾지 않고 자연스럽게 자라나도록 교육해야 한다고 하였다. 이에 프뢰벨 유치원에서는 영유아의 창조적 활동을 방해하지 않고 영유아를 관찰하고 안내하는 것을 교사의 역할로 본다. 또한 Fröbel은 놀이를 단순한 시간 소비로 보았던 통념에서 벗어나 특별한 의미를 부여했다. 즉, 영유아에게 놀이는 생활 그 자체이기 때문에 건강한 영유아는 끊임없이 놀이에 참여하며 이것이 곧 자연의 법칙에 따르는 교육이라는 것이다. 나아가 그는 자신의 놀이이론을 바탕으로 은물(Gifts)이라는 교구를 고안 제작하고, 이를 통해 우주의 조화, 다양성, 상호 관련성 등을 배우게 했다. '신의 선물'을 뜻하는 은물은 최초의 체계적인 교구 개발로 평가되고 오늘날까지 사용되고 있지만 지나친 상징주의와 획일적인 사용법, 형식적인 지도 등으로 비판을 받기도 한다. 그러나 Fröbel은 아동 중심 교육 과정 개발과 영유아 프로그램의 내용과 교수 방법을 체계화하는 데 기여함으로써 현대 유아교육의 아버지로 불린다.

[그림 2-9] Fröbel Kindergarten

출처: http://migueltanco.com/2013/10/28/froebel-gifts/

4) 현대

(1) Dewey

20세기에 들어와서는 Dewey(1869~1952)를 중심으로 실용적 교육을 강조하는 진보주의(Progressivism) 교육사상이 지배적이었다. Dewey는 기존의 이상주의적이고 기계주의적인 교육을 비판하면서 영유아는 경험, 즉 환경과의 상호작용을 통해 성장한다고 했다. 예를 들어, Fröbel은 영유아 자신이 내면의 학습의 씨앗을 자연스럽게 전개해 나간다고 보았지만 Dewey는 영유아는 성장 가능성만을 갖고 있으며 환경과의 상호작용을 통해 변화한다고 여겼다(황해익·송연숙·최혜진·남미경·고은미·정명숙, 2010). 이러한 입장에서 그는 50명 정도의 많은 유아들이 교실에 앉아서 읽기나 쓰기, 셈하기의 기초를 기계적인 방법으로 배우고 있던 전통적 교육을 비판하면서 1896년 준-초등학교(sub-primary school)를 설립하고 교과 중심 교육 과정이 아닌 흥미 중심, 생활 중심 교육 과정을 제창했다. Dewey의 실험학교에서는 실외놀이나 견학 등이 주요 일과였으며, 영유아의 생활 주변과 실생활에 유용한 경험 안에서 주제가 선정되고, 분리된 사실의 암기나 반복 연습이 아닌 일상생활의 문제 해결을 통한 교육 방법이 강조되었다. 또한 그는 Montessori의 체계적이고 계획된 교육이나 Fröbel의 형식적이고 구조적인 교육 방법에도 반대하면서 은물 중 나무 적목의 가치만을 인정했는데, 그 결과 나무 적목의 크기가 커졌을 뿐만 아니라 기하학적 모형 구성이나 형태의 탐색보다는 창의적 쌓기놀이활동으로서 사회적 역할놀이나 극놀이에 활용하는 데 가치를 두게 되었다(홍혜경, 2004). 우연적이고 개별적인 놀이를 통한 학습의 강조는 우발적 학습이론(Incidental Learning Theory)으로 이어지고 Piaget의 인지적 구성주의 이론에도 결정적인 영향을 미쳤다.

[그림 2-10] Dewey의 실험학교

(2) Montessori

[그림 2-11] Montessori

이탈리아 최초의 여의사로서 1906년 3~7세를 위한 '어린이의 집(Casadei Bambini)'을 세운 Montessori(1870~1952)는 영유아를 스스로 탐색하고 학습하는 능동적인 존재로 인식하고, 이를 교육의 시발점으로 삼았다. 예를 들어, 특정 행동에 대한 발달적 민감기(질서는 1개월~2세; 걷기는 18개월~3세)가 있는데, 이 시기에 영유아는 내부에 잠재된 흡수정신을 통해 환경을 빨아들이듯 강하게 학습하며 스스로 경험을 통해 배운다. 따라서 민감기에 감각교육을 제공하면 인지발달이 이루어지며, 교사가 직접 가르치지 않더라도 영유아가 교구와의 상호작용을 통해 스스로 실수를 발견하고 수정하는 자동교육(Auto Education)이 일어날 수 있다. 자동교육이 이루어지기 위해서는 준비된 환경을 제공하는 것이 중요하므로 Montessori 학교의 교사는 안내자나 지도사 등으로 불리며 영유아를 도와주는 역할을 한다. 또한 그는 일상생활교육, 감각교육, 읽기와 쓰기, 수학 등을 교육 내용으로 제안하고, 이와 관련된 다양한 교구도 개발하였다. 몬테소리 교구는 오감 중, 특히 시각과 촉각에 초점을 두고 같은 과제를 반복하는 방법을 통해 감각발달을 도와주도록 고안되어 있는데, 오늘날 영유아교육 현장에서도 널리 사용되고 있다.

2. 심리학적 기초

영유아의 발달 기제를 설명하는 새로운 이론들이 소개됨에 따라 특정 이론을 기초로 한 다양한 영유아 프로그램들이 등장하였다. 영유아발달에 관한 대표적인 이론은 크게 생물학적 접근, 정신분석 접근, 행동주의적 접근, 인지론적 접근, 생태학적 접근 등으로 분류할 수 있다(Linden, 2003). 질 높은 영유아 프로그램을 개발하기 위해서는 영유아의 발달 심리에 대한 이론적 이해가 절대적으로 필요하다.

1) 생물학적 접근

영유아의 발달이 유전에 의해 결정된다는 생물학적 성숙 개념은 18세기 프랑스 철학자 Rousseau로 거슬러 올라간다. 그에 의하면, 발달의 각 단계는 고유한 특성을 갖는 동시에 다음 단계를 위한 준비 조건이 된다. 이후 영국의 생물학자 Darwin은 동물 연구 결과를 인간행동의 이해에 적용할 수 있다는 인식을 심어줌으로써 초창기 아동발달 연구자들에게 많은 영향을 미쳤다. 뿐만 아니라 그는 자신의 아들을 상세히 관찰, 기록하여 진화론의 관점에서 인간발달을 이해하기 위한 자료로 사용함으로써 진화론의 창시자일 뿐만 아니라 아동 연구의 개척자로도 불리게 되었다. 이와 같이 Rousseau와 Darwin의 이론을 배경으로 한 생물학적 접근의 핵심은 영유아의 발달에 미치는 환경의 영향은 최소한이며, 유전적 요인이 발달의 원동력이라는 것이다.

(1) Gesell

Gesell(1880~1961)은 일란성쌍생아를 대상으로 계단 오르기 훈련 효과를 실험했다. 그 결과 처음에는 훈련을 받은 쌍생아가 계단을 잘 올라갔으나 결국에는 훈련 받은 쌍생아나 받지 않은 쌍생아나 똑같이 계단을 잘 올라간 것으로 나타났다.

이는 성숙 전의 조기훈련은 일시적 효과만 있을 뿐이고 성숙이 되었을 때의 구체적인 가르침이 더 효과적임을 시사하는 것으로서 준비도(readiness) 개념이 확립되는 데에 영향을 미쳤다. 또한 그는 특정 연령까지 영유아가 어떠한 행동을 할 수 있는지에 관해 방대한 자료를 수집함으로써 발달 순서는 성숙이라고 불리는 생물학적 과정에 의해 결정됨을 밝혔다. 이러한 Gesell의 연구는 '발달규준(developmental norms)'이나 '이정표(milestones)'란 개념이 받아들여지는 데 공헌했다.

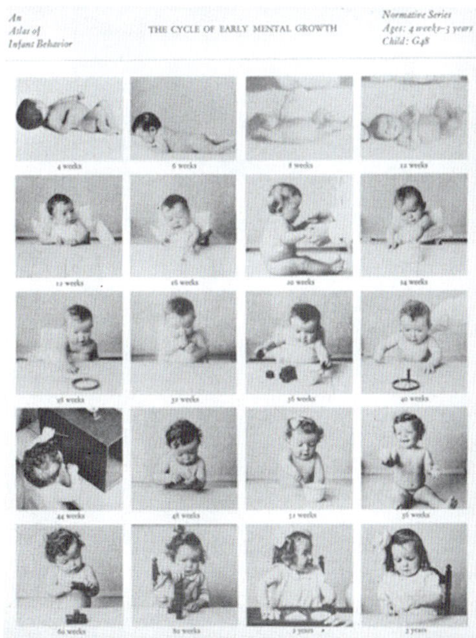

[그림 2-12] Gesell의 저서『An Atlas of Infant Behavior』에 제시된 영아의 인지발달

(2) Lorentz

자연관찰 방법을 통해 동물행동학을 창립한 Lorentz(1903~1989)는 주로 곤충이나 물고기, 새를 연구했지만 기본 원리는 인간에게도 적용할 수 있다고 보았다. 그는 새끼 거위가 갓 부화한 직후에 어미 거위나 혹은 어미가 아니더라도 처음 본 대상에게 각인을 형성함을 관찰하였다. 나아가 그는 각인은 결정적 시기에 일어나며, 일단 결정적 시기가 지나면 각인이 불가능하다고 주장했다. 결정적 시기란 특정 기능의 발달이 가장 용이하게 이루어지는 최적의 시기를 말하는데, 이후 Lorentz의 생각만큼 결정적 시기가 엄격하게 정해져 있다거나 회복이 불가능한 것은 아님이 밝혀져 일부 학자들은 결정적 시기의 대안으로 민감기(sensitive periods)라는 용어를 채택하기도 한다.

[그림 2-13] Lorentz에게 각인된 거위들

출처: gentilelagosospirante.blogspot.com/

2) 정신분석

정신분석학이 출현하기 전에 심리학은 의학의 영역에 속해 있었고 정신의 문제는 뇌의 어느 부분이 다쳤기 때문이므로 약이나 특정 치료법에 의해서만 고칠 수 있다고 인식되었다. 그러나 정신분석학은 심리적 문제가 뇌세포나 신경의 이상이 아닌 마음의 문제에서 비롯될 수 있으며, 무의식 속에 억압되어 있는 심리적인 문제들을 치유해야 해결될 수 있다고 보았다. 정신분석학은 Freud에서 시작하여 딸 Anna Freud와 제자이자 라이벌이었던 Jung과 Adler, Erikson, Lacan 등 다양한 분파로 나뉘지만 이들은 대부분 무의식적인 사고를 중시하고 성격발달에 일차적 관심을 가졌다.

(1) Freud

정신분석학의 창시자인 Freud(1856~1939)는 인간의 정신세계를 빙산에 비유하면서 의식과 무의식으로 나누고 그 중간단계로 전의식을 설정했다. 그에 의하면, 인간의 행동은 의식적인 생각뿐만 아니라 무의식적인 생각과 감정에 의해서 영향을 받는다. 또한 그는 원초아(id)와 자아(ego), 초자아(superego)가 상호작용하여 성격을 구성하며, 자아가 원초아와 초자아를 중재하여 세 가지 성격 구조가 조화를 이룰 때 건강한 성격이 발달한다고 보았다. 정신과 의사였던 그는 환자의 문제가 어린 시절 경험한 성적인 갈등에서 비롯된다는 것을 발견하고, 성적 본능인 리비도(libido)의 위치에 따라 인간발달을 구강기, 항문기, 성기기, 잠복기, 생식기 등으로 나누었다. 그는 인생 초기의 경험을 중요시하면서, 특히 어머니와의 애착이나 도덕성, 성역할, 공격성 등은 초기의 부모-자녀관계에 의해 많은 영향을 받는다고 했다.

[그림 2-14] Freud

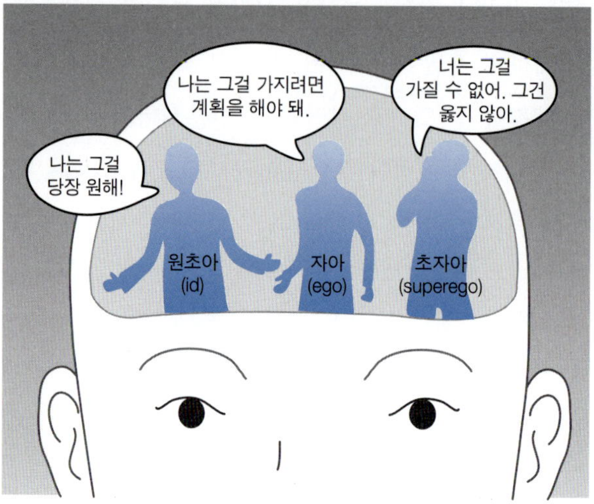

[그림 2-15] 성격의 구조

출처: www.makingthemodernworld.org.uk/

(2) Erikson

[그림 2-16] Erikson

Freud가 어린 시절의 꿈이나 사고, 기억의 분석을 통해 원초아를 강조했음에 비해 Erikson(1902~ 1994)은 사회적 경험을 통해 이루어지는 자아 분석에 초점을 두었다. 예를 들어, Erikson은 Freud와 마찬가지로 성인기의 문제(예: 배우자와의 관계에 어려움)는 아동기의 미해결된 갈등(예: 영아기의 신뢰감 형성 문제)을 나타낸다고 믿었지만 Freud와 달리 개인의 성적 충동뿐만 아니라 가족이나 친구, 사회, 문화 등 사회문화적 요인의 영향을 중요시했다. 또한 그는 각 단계에서 겪어야 하는 발달위기를 서로 대립되는 양극의 개념(긍정적 발달과 부정적 발달)으로 제시하면서 출생에서 노년기에 이르기까지 8가지 발달단계를 설정함으로써 평생발달 관점을 도입하였다.

3) 학습이론

정신분석이론에 대한 반격으로 등장한 학습이론(Learning Theory) 또는 행동주의(Behaviorism)는 내면의 감정이나 마음을 연구하기보다는 직접 관찰하고 측정할 수 있는 행동을 연구해야 한다고 주장했다. Locke의 백지설에 바탕을 둔 이들은 인간의 행동은 환경, 즉 보상과 처벌에 의해 형성되며, 발달의 개인차 역시 유전이 아니라 개인의 과거 경험에 의한 것으로 여겼다. 학습이론의 원리는 처음에는 동물 실험을 통해 이루어졌다. 그러나 인간이 선택에 의해 모방을 하며, 구체적인 보상뿐만 아니라 감정에 의해서도 동기를 부여받고, 행동뿐만 아니라 사고에 대해서도 경향성을 나타낸다는 것을 인식하면서 사회적 맥락에서 습득된 영유아의 발달을 설명하는 데에 적용하였다.

(1) Watson

미국 행동주의의 창시자 Watson(1878~1958)은 Pavlov의 실험을 흰쥐를 이용해 알버트라는 영아에게 적용하여 공포나 분노, 사랑 등의 정서 역시 고전적 조건화(classical conditioning)에 의해 학습될 수 있음을 밝혔다. 그는 학습의 기본 단위는 '자극-반응'의 연합이며, 자극(S)에 대한 반응(R)은 다시 앞으로 일어날 사건에 대한 자극으로 작용하고, 이러한 자극과 반응의 연합이 계속 확대되어 복잡한 학습을 구성한다고 했다. 나아가 그는 "12명의 건강한 아이들을 주면 재능이나 취미, 성향, 능력, 적성 그리고 인종에 관계없이 의사나, 변호사, 예술가, 경영자 심지어 거지와 도둑에 이르기까지 어떠한 전문가로도 키울 수 있다"고 했으며, 이러한 입장에서 영유아를 어린 성인으로 대하고 엄격하고 규칙적으로 기를 것을 제안한 그의 양육서는 당시 선풍적인 인기를 끌었다.

[그림 2-17] Watson

시도 1	S1 → R1			
	⋮			
시도 2		S2 → R2		
		⋮		
시도 3			S3 → R3	
			⋮	
			R4	

[그림 2-18] S-R 연합의 연속

(2) Skinner

[그림 2-19] Skinner

Skinner(1904~1990)는 고전적 조건화가 반사나 반응적인 행동을 설명하는 데에는 유용하지만 인간의 자발적인 행동을 설명하는 데에는 한계가 있다고 보고 행동이 자극(강화)을 유발한다(R-S)는 조작적 조건화(operant conditioning)를 제창했다. 즉, 자발적인 행동은 특정 자극에 의해 자동적으로 유발되는 것이 아니라 과거 그 행동을 했을 때 어떠한 보상(강화)을 받았느냐에 따라 달라진다는 것이다. 정적 강화와 부적 강화, 내적 강화와 외적 강화, 연속적 강화와 간헐적 강화, 고정적 강화와 유동적 강화 등의 개념은 영유아 프로그램에 많은 영향을 주었으며, 특히 행동수정의 중요한 원리로서 오늘날까지 활용되고 있다.

(3) Bandura

Bandura(1925~)는 동물을 대상으로 실험실에서 수행된 Skinner의 조작적 조건화는 사회적 상황에서 이루어지는 인간의 행동을 설명하는 데는 적절치 못하

[그림 2-20]
Bandura

다고 생각했다. 같은 학습이론가면서도 Bandura는 인간은 동물과 달리 직접적 강화 없이 타인의 행동을 단순히 관찰하는 것만으로도 새로운 행동의 학습이 가능하다고 보았으며, 이러한 학습은 일상적인 사회생활에서 많이 이루어지기 때문에 사회학습이론(Social Learning Theory)이라고 명명했다. 즉, 사회학습이론에 의하면 학습은 보상이나 벌을 통해서 이루어지는 것이 아니라 아동 자신이 모델의 행동을 관찰하여 모방함으로써 이루어지는데, 이러한 점에서 사회학습이론을 모방학습(Modeling)이론 또는 관찰학습(Observational Learning)이론이라고도 부른다.

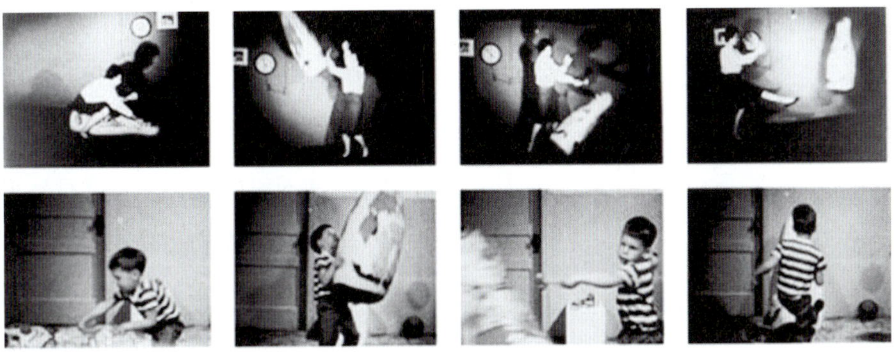

[그림 2-21] 영화를 통해 공격성을 학습한 유아

4) 인지이론

인지이론(Cognitive Theory)은 영유아가 어떻게 생각을 하며 환경을 이해하는가에 관심을 두고 있다. 이와 같이 내면적인 사고과정을 중요시하는 것은 행동주의와 달리 인간을 능동적인 존재로 보고 성숙이나 환경이 아니라 인간이 어떻게 환경적 요인들을 받아들이고 처리하느냐에 따라 행동이 결정된다고 여기기 때문이다. 또한 정신분석이론과 마찬가지로 인지이론에서도 정신구조가 매우 중요한 의미를 갖지만 정신분석학자들이 무의식적인 사고를 중시하고 성격발달에 관심을 가졌던 반면, 인지이론가들은 의식적인 사고와 그 발달 과정에 초점을 두고 있다는 점에서 차이가 있다. 인지이론의 선구자인 Piaget는 사회·정서적 발달에는 관심을 덜 기울였지만 이후 인지론자들은 Piaget가 설정한 고정적인 발달단계를 수정할 뿐만 아니라 사회적 맥락의 영향력을 연구하는 쪽으로 확대하였다.

(1) Piaget

[그림 2-22] Piaget

Piaget(1896~1980)는 영유아와 환경 간의 상호작용을 강조하고 영유아를 지식을 구성하는 능동적인 존재로 보았다. 이에 인지적 구성주의자로 불리는 그는 인지구조의 질적 변화에 따라 인지발달단계를 나누었는데, 첫 단계인 감각운동기에는 영아가 감각과 운동을 통해 주변 환경을 이해한다. 언어의 급속한 습득과 더불어 전조작기가 되면서 유아는 사물이나 행동을 표상하고 상징을 사용하는 능력이 발달하긴 하지만 아직 논리적 조작 능력이 충분히 발달하지 못하여 자아중심성, 직관적 사고, 물활론, 인공론 등 비논리적인 사고 특성을 보인다. 인지발달단계를 중요시한 그는 교육이 발달을 촉진할 수 없다고 보았다. 따라서 교육 내용을 선정할 때에도 영유아의 인지발달 수준을 일차적 기준으로 삼아야 하며, 영유아의 사전경험이나 학습상황 심지어 영유아의 흥미도 이보다 우선시할 수 없다고 주장했다.

(2) Vygotsky

Vygotsky(1896~1934)는 개인의 내부에서 일어나는 인지발달의 기제에 초점을 두고 있는 Piaget와 달리 인지발달에 미치는 사회적 요인의 영향을 강조했다는 점에서 사회문화적 구성주의자라고 불린다. 그의 입장에서 영유아는 타인과의 관계에서 영향을 받으면서 성장하는 '역사-사회적 존재'(historic-societal being)이며, 자기 혼자 할 때보다는 유능한 또래나 성인과의 상호작용을 통해서 더 어려운, 그리고 더 많은 문제를 해결할 수 있다. 그는 교사가 이와 같은 근접발달영역(zone of proximal development) 내에서 교육 내용을 선정해야 하고 비계설정(scaffolding)을 제공해야 한다고 하며 Piaget보다 적극적인 교사의 역할을 강조했다.

[그림 2-23]
Vygotsky

5) 생태학적 접근

20세기 전반기의 학자들은 영유아가 자신이 살아가고 있는 장소와 방법 등과 무관한 것처럼 영유아를 다소 고립된 맥락에서 연구하는 경향이 있었다. 20세기 후반 여러 이론에서 영유아가 학습하는 사회적 또는 문화적 맥락의 중요성을 인정하기 시작했다. 생태학이란 19세기 말 독일의 생물학자 Haeckel이 처음 사용한 용어로 Darwin의 생존경쟁 상황에 적용되는 생물들의 복잡 다양한 모든 상호 연관관계를 연구하는 학문을 말한다. 1920년대에 들어와서 생태학을 인간사회로 확대하기 위해 인간생태학이라는 용어가 사용되기 시작하면서 1960년대 중반 환경오염과 관련하여 생태학이라는 용어가 유행했고, 능동적으로 성장하고 있는 인간유기체와 그가 살고 있는 변화하는 속성을 지닌 인접 환경 간에 전생애에 걸쳐 일어나는 점진적인 상호조절과정을 과학적으로 연구하는 학문으로서 인간발달생태학의 정의가 정립되었다.

(1) Bronfenbrenner

[그림 2-24]
Bronfenbrenner

헤드스타트 창시자 중 하나이면서 프로그램 개발에 실제적 역할을 담당했던 Bronfenbrenner(1917~2005)는 인간발달을 유기체와 생태계라는 용어로 설명했다. 미시체계는 개인이 대면적인 상호작용에 참여하는 환경을 말한다. 예를 들어, 오전만 어린이집을 다니는 영유아의 경우 어린이집은 오전의 미시체계이며, 가족은 오후의 미시체계이다. 중간체계는 개인이 참여하는 두 가지 이상의 미시체계 간의 연결망으로 정의된다. 예컨대 위 영유아의 중간체계는 미시체계인 부모와 또 다른 미시체계인 어린이집 간의 관계이다. 미시체계들 간의 상호작용은 개인의 발달에 커다란 영향을 미칠 수 있다. 예를 들어, 보육경험이 영유아의 발달에 미치는 영향은 어린이집의 프로그램뿐만 아니라 부모가 어린이집의 방침에 신뢰를 하고 어린이집 역시 부모 참여를 적극적으로 유도하는 경우와 그렇지 않은 경우에 따라서도 달라진다. 외체계는 개인이 직접 참여하지는 않지만 개인의 발달에 간접적으로 영향을 주는 좀 더 큰 환경을 말한다. 맞벌이 가족의 경우 부모의 직업, 직급, 근무시간, 수입 등의 직업 환경은 영유아에게 강력한 영향력을 미치는 외체계이다. 거시체계는 문화, 정치, 사회, 법, 종교, 경제, 교육에 대한 가치관 및 정책 등 보다 광범위한 사회적 맥락을 의미한다. 개인의 삶에 직접 개입하지는 않기 때문에 간접적이기는 하지만 거시체계는 매우 강력한 영향력을 발휘한다. 예를 들어, 과거의 우량아 선발대회가 사라지고 날씬한 몸매에 대한 선호도가 높아진 것도 거시체계의 건강 및 외모에 대한 기준이 변화했기 때문이다.

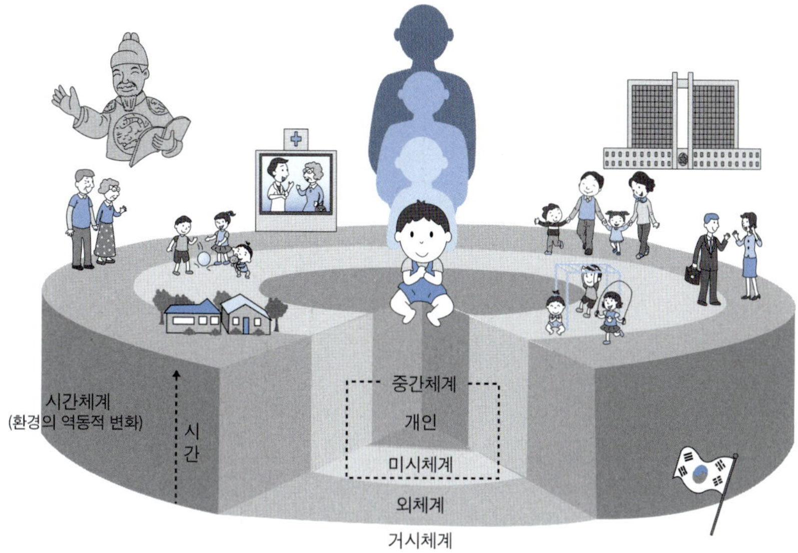

[그림 2-25] 인간발달생태학 모델

출처: 한유미(2014).

3. 사회적 기초

역사적으로 영유아 프로그램은 사회적 개혁과 변화를 위한 시도에서 시작되었다. 예를 들어, 1880~1890년대 산업화로 도시 빈민가가 형성되었을 때 사회복지관과 더불어 유치원은 이들의 가난과 열악한 환경을 개선할 수 있는 해결책으로 여겨졌다. 이와 같이 교육을 통해 인간과 사회를 바꾼다는 비전하에 사회적 행동의 변화를 일으킬 수 있는 다양한 프로그램들이 개발되어 왔다(Weber, 1981). 또한 현대사회의 급속한 변화로 인해 영유아는 부모 세대와 다른 행동 특성을 나타내고 있을 뿐만 아니라 영유아기나 보육에 대한 사회적 인식 또한 변화하고 있다. 이에 영유아 프로그램의 사회적 기초를 이해하기 위해 현대사회의 변화와 특성을 살펴보고자 한다.

1) 빈곤문제 해결

영유아기의 환경은 가족의 문제를 상쇄하고 가족을 지원할 수 있는 중요한 역할을 한다. 빈곤가정의 자녀는 저체중으로 태어나고 아동기에 질병과 사고를 경험할 확률이 높으며, 영양상태가 안 좋아 건강과 발달에 문제가 있을 수 있다. 빈곤은 영유아뿐만 아니라 부모의 정서에도 부정적 영향을 미치는데, 주 양육자의 영향을 받아 영유아가 역시 일반아동에 비해 자아존중감이 낮고 불안이나 반항심 등은 높아 사회·정서 발달이 저조한 것으로 나타난다(황옥경·정선욱·김진석·김형모·신혜령·안순옥 외, 2014). 또한 자녀를 많이 먹이고 옷을 입히기 위해 부모는 희생을 하게 되는 경우가 많으며, 이러한 가족 스트레스는 자녀의 학업성취를 낮출 수 있다(Lindon, 2003). 이에 미국의 헤드스타트 프로그램이나 영국의 슈어스타트 프로그램 그리고 우리나라의 드림스타트 프로그램 등 많은 프로그램들이 저소득층 영유아의 건강한 발달을 위해 고안되었다. 특히, 농어촌이나 저소득층이 몰려 있는 도시에서는 교육뿐만 아니라 복지적 차원에서 포괄적인 프로그램을 개발하는 것이 바람직하다.

〈심층탐구〉 드림스타트 사업

드림스타트 사업의 목적은 취약계층 아동에게 맞춤형 통합서비스를 제공하여 아동의 건강한 성장과 발달을 도모하고 공평한 출발기회를 갖도록 함으로써 궁극적으로 빈곤의 대물림에서 벗어날 수 있도록 지원하는 것이다. 사업대상은 0세(임산부)~만 12세(초등학생 이하)로 아동의 성장 및 복지여건이 취약한 가정을 대상으로 하되, 만 12세 이상 아동 중에서도 초등학교 재학 아동은 포함되며 국민기초수급 및 차상위계층 가정, 결손가정, 성폭력피해아동, 한부모가정, 다문화가정, 조손가정 등에 대한 우선지원 원칙을 갖고 있다. 지역복지자원 네트워킹을 통해 빈곤아동의 전반적인 삶의 다양한 욕구에 적합한 건강·복지·보육·(교육) 등 '맞춤형 통합서비스'를 제공하며 개인별·가구별 욕구조사 및 사례관리에 기반을 두어 아동 생활 전반에 필요한 통합서비스를 제공한다.

지원 과정

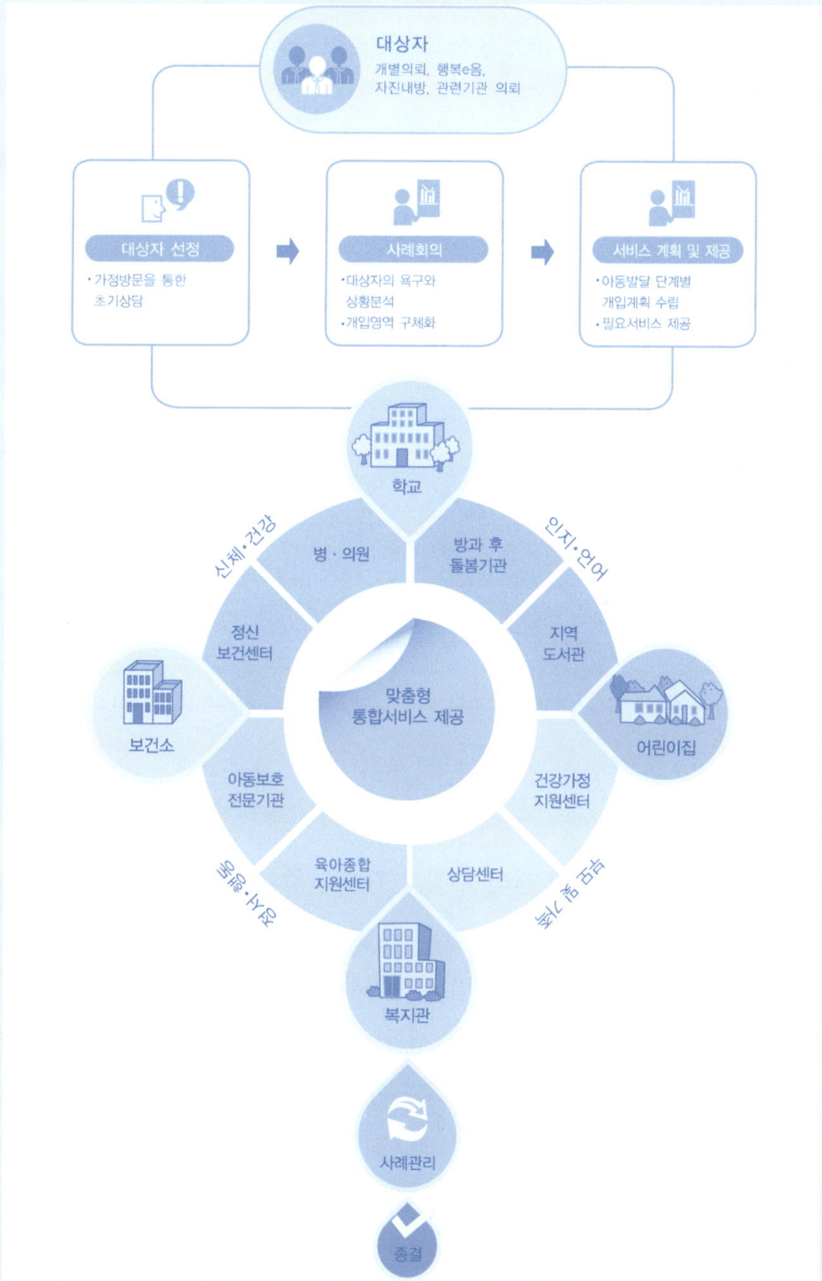
대상자
개별의뢰, 행복e음,
자진내방, 관련기관 의뢰
대상자 선정
• 가정방문을 통한 초기상담
사례회의
• 대상자의 욕구와 상황분석
• 개입영역 구체화
서비스 계획 및 제공
• 아동발달 단계별 개입계획 수립
• 필요서비스 제공
학교
신체·건강
인지·언어
병 · 의원
방과 후 돌봄기관
정신 보건센터
지역 도서관
맞춤형 통합서비스 제공
보건소
어린이집
아동보호 전문기관
건강가정 지원센터
육아종합 지원센터
상담센터
정서·행동
부모 및 가족
복지관
사례관리
종결

서비스 구분	서비스 내용	프로그램(예시)
신체 · 건강	• 아동의 건강한 성장과 신체발달 증진 • 건강한 생활을 위한 건강검진 및 예방, 치료 • 아동발달에 필요한 신체/건강 정보 제공	건강검진, 예방접종, 건강교육, 영양교육 등
인지 · 언어	• 아동의 의사소통 및 기초학습 능력 강화 • 맞춤형 인지/언어 서비스를 통한 아동의 강점 개발	기초학력검사, 기초학력배양, 경제교육, 독서지도 등
정서 · 행동	• 자아존중감 및 긍정적 성격 형성을 위한 정서발달 서비스 제공 • 사회성 발달 및 아동권리 신장을 위한 교육	사회성발달프로그램, 아동학대예방, 심리상담 및 치료, 돌봄기관 연계 등
부모 · 가족	• 부모-자녀 상호작용 및 적합한 교육환경을 위한 부모 역량 강화 • 부모의 유능감 및 자존감 강화 • 부모의 양육기술 지원 • 임산부의 건강한 출산 및 양육 지원	부모교육, 가족상담 및 치료, 부모취업지원, 산전산후관리 등

출처: 드림스타트(2021). https://www.dreamstart.go.kr/contents/sub01_03_01.asp

2) 가족의 변화

과거 농경사회에서는 세대 간의 수직적 관계가 중시되는 대가족이 대부분이었으나 산업화에 따라 부부와 미혼자녀로 구성되는 핵가족이 보편적이 되었다. 나아가 최근에는 핵가족의 주요 특성인 공동거주마저 충족시키지 못하는 주말부부가족이나 주말부모가족이라는 새로운 생활양식이 등장하고 있다. 또한 이혼이나 사별 등으로 인한 한부모가족이 증가하고 있다. 이러한 가족의 변화를 잘 나타내주는 지표 중 하나가 평균 가족원 수의 변화이다. 우리나라에서 평균 가족원 수는 1970년 5.0명이었으나 2000년에는 3.1명, 2005년에는 3.0명 이하로 떨어지기 시작하여 2010년 2.7명, 2019년에는 2.4명을 나타내고 있다(통계청, 2020).

이상과 같은 가족의 변화는 양육문제를 초래할 수 있다. 예를 들어, 핵가족에서는 대가족에서처럼 조부모 세대의 직접적인 양육 도움을 받을 수 없으며, 한부모가족의 경우에는 가계 부양자와 가사 노동자로서의 이중역할을 하고 축소된 가족관계에 적응하면서 혼자서 자녀양육을 도맡아야 하는 어려움을 겪게 된다. 가족에 대한 가치관의 변화에 따라 이러한 다양한 유형의 가족은 앞으로 더욱 증가할 전망이므로 이를 지원할 수 있는 영유아 프로그램이 요구된다.

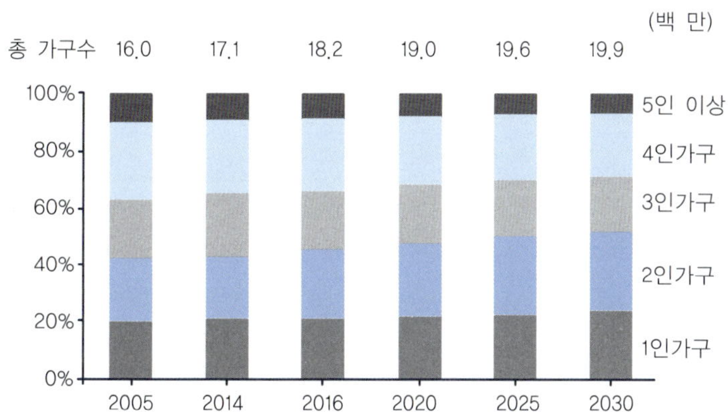

[그림 2-26] 가구원 수별 비중 추이

출처: 통계청(각 년도).

3) 여성의 취업 증가

현대사회에서 직업노동은 남성뿐만 아니라 여성에게도 생계수단을 뛰어넘어 자아실현으로서의 의미를 갖는다. 과거에는 상당수 여성이 가정에 전념하거나 결혼 전까지만 취업하는 것이 바람직하다는 태도를 갖고 있었으나 오늘날에는 대부분의 여성들이 직업을 갖고자 하며 결혼 후에도 일을 지속하기 원한다. 우리나라에서도 여성취업에 대한 태도의 변화와 더불어 남녀고용평등법의 실시로 인해 지난 40년간 경제활동에 참여하는 여성의 수는 꾸준히 증가해 왔다. 〈표 2-1〉과 같이 2018년 현재, 우리나라 여성 경제활동 참가율은 57.2%로, 1960년대 37.0%보다는 현저히 증가하긴 하였으나 OECD 국가들과 비교할 때 여전히 낮은 수준이다.

〈표 2-1〉 OECD 주요국 여성 고용률(15~64세)

(단위: %)

	2000년	2005년	2010년	2014년	2015년	2016년	2017년	2018년
독일	58.1	59.6	66.1	69.5	69.9	70.8	71.5	72.1
네덜란드	62.7	64.1	69.4	69.1	69.2	70.1	71.3	72.8
캐나다	65.6	68.2	68.8	69.4	69.4	69.7	70.6	71.0
영국	65.7	66.7	65.3	67.4	68.5	68.9	70.1	70.5
호주	61.3	64.6	66.1	66.1	66.8	67.4	68.1	69.2
일본	56.7	58.1	60.1	63.6	64.6	66.1	67.4	69.6
미국	67.8	65.6	62.4	63.0	63.4	64.0	64.9	65.5
OECD 평균	–	58.4	59.5	61.2	62.1	63.0	64.0	65.0
프랑스	54.3	58.4	59.8	60.9	61.1	61.4	61.7	62.5
OECD*	55.0	56.0	56.6	58.0	58.6	59.4	60.2	61.0
한국	50.1	52.6	52.7	55.0	55.7	56.1	56.9	57.2
스페인	42.0	52.5	53.5	52.0	53.4	55.1	56.5	57.8
이탈리아	39.6	45.4	46.1	46.8	47.2	48.1	48.9	49.5
멕시코	39.6	41.8	43.2	44.2	44.7	45.1	44.9	45.6
터키	26.2	22.3	26.2	29.5	30.5	31.2	32.2	32.9

출처: 고용노동부 여성고용정책과.

* 자료: OECD, Stats.OECD.org (2018년 기준 내림차순, OECD 35개국 중 28위)(2020. 1. 23. 추출)

또한 연령별로 볼 때, 우리나라의 여성 경제활동 참가율은 20대 후반부터 30대까지의 참가율이 현저히 낮은 M자 형태를 띠고 있다. 이러한 M자형 쌍봉 구조는 1980년대 이후 선진국에서는 사라진 후진국형 패턴이다. 이는 우리나라에서 많은 여성들이 결혼 초기에 출산과 양육에 대한 부담으로 취업을 포기하고 전업주부로서의 일을 선택하며, 일정 기간이 지나 가사부담으로부터 비교적 자유롭게 되면 다시 취업을 희망함을 시사한다. 그러나 기혼여성이 일정 기간의 경력 단절을 거친 후 노동시장에 재진입할 때에는 주로 단순직을 중심으로 형성되어 있는 2차 노동시장으로만 진입할 가능성이 크기 때문에 기혼여성이 가정과 직장을 양립할 수 있는 사회적 장치, 특히 질 높은 영유아 프로그램이 확립되어야 한다.

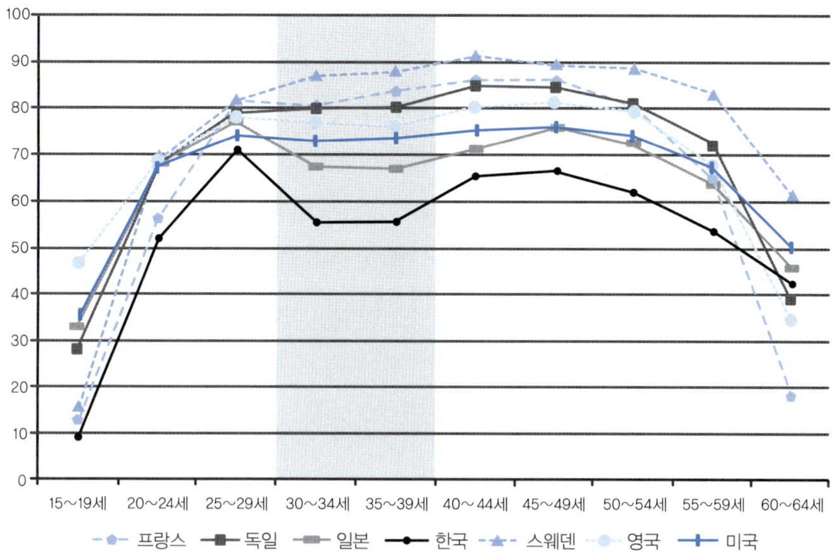

[그림 2-27] 연령별 여성 경제활동 참가율

출처: http://www.ohmynews.com/nws_web/view/at_pg.aspx?CNTN_CD=A0001843460/

4) 출산율 저하

우리나라에서는 1970년대 4.0이던 출산율이 1980년대 중반부터 인구유지를 위한 대체출산율 2.1 이하로 떨어진 이후 줄곧 세계 최저수준을 기록하고 있다. 이로서 과거 인구증가를 억제하기 위해 정부가 가족계획사업을 펼쳐 오던 나라에서 이제는 출산율 저하로 인해 인구감소 및 노령화로 인한 국가 경쟁력 저하를 우려하는 상황이 된 것이다. 이는 국가적 차원에서 영유아 프로그램의 개발과 제공에 많은 관심을 기울여야 할 필요성이 있음을 시사한다.

출산율 저하는 영유아의 입장에서는 과거처럼 여러 형제자매와 함께 자라지 못하고 혼자 성장할 가능성이 높음을 의미한다. 그러나 영유아가 건전하게 발달하기 위해서는 성장과정에서 다른 영유아들과 집중적으로 상호작용해야 하므로 영유아 프로그램을 통해 형제자매를 대신하여 또래집단과 상호작용할 수 있는 기회를 제공하는 것이 바람직하다. 또한 출산율 저하는 운영자 입장에서 다음과 같이 양면적 의미를 가질 수 있다. 먼저 출생아 수의 지속적인 감소는 곧 영유아 프로그램 수요자의 감소를 의미하며, 심각한 경우 폐원 또는 정원 미달 사태를 예상할 수 있다. 따라서 미래에는 좀 더 차별화된 영유아 프로그램으로 특화하거나 유치원이나 어린이집을 이용하지 않는 영유아를 대상으로 하는 대안적인 영유아 프로그램을 포함하는 등 다각적인 전략이 필요하다(곽혜경·한유미, 2010). 이와 반대로 희소성의 경제 원리상 출산율 저하는 각 자녀의 중요성을 증가시키고 이로 인해 자녀에 대한 부모의 관심과 투자가 증가한다는 지적도 있다(Gaffney, 1981). 이러한 입장에서 볼 때, 부모는 자녀에게 어릴 때부터 질 높은 교육적 경험을 제공하고자 할 것이므로 부모의 높은 욕구를 충족할 수 있는 고급화된 영유아 프로그램을 공급할 필요가 있다.

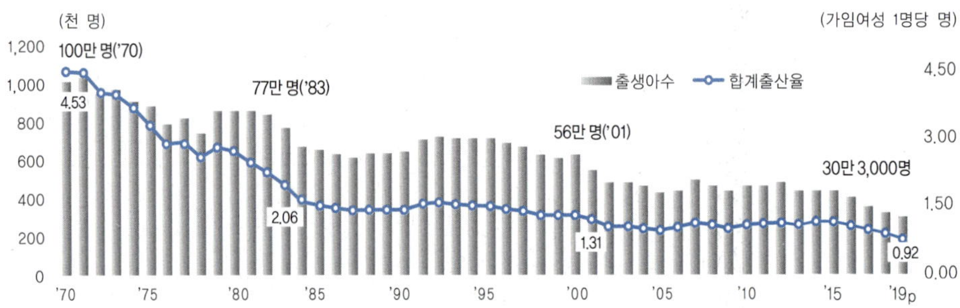

[그림 2-28] 출생아 수 및 출산율 추이

출처: 통계청(2020).

5) 다문화 사회

과거 우리나라는 외국인이 많지 않았지만 근래에는 [그림 2-29]와 같이 결혼이주자나 외국인 노동자의 유입으로 인해 다문화가족이 급속히 증가하고 있다. 순혈주의에 입각하여 단일민족임을 자랑스럽게 여기고 혈연관계를 중시하는 우리 사회의 분위기는 이들에게 정서적 어려움을 가중시키며 자아정체감 형성에 부정적 영향을 미친다. 이외에도 다문화가족은 언어와 문화의 차이에 의한 가족 갈등, 자녀양육 및 교육의 어려움, 사회의 편견과 차별, 배우자의 폭력이나 아동학대 등 많은 문제를 안고 있으나 이들을 도와줄 사회적 지원 체계가 부족한 실정이다. 특히, 다문화가족이 많은 농촌의 경우에는 다문화 영유아에 대한 특별한 관심과 배려뿐만 아니라 부모교육 등 이들 가족에 대한 지원이 필수적이다.

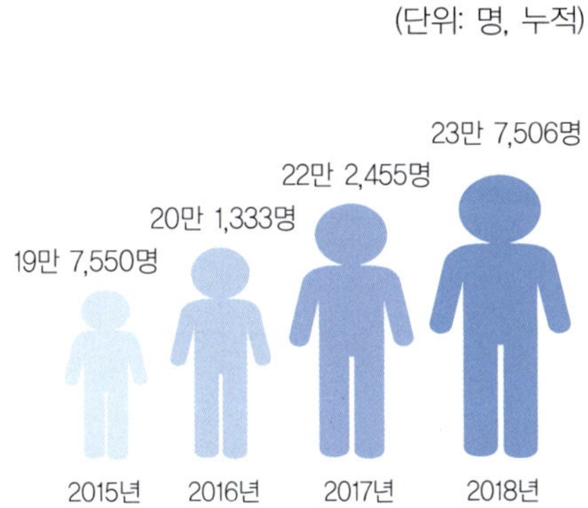

[그림 2-29] 18세 이하 국내 다문화가정 자녀

출처: 행안부(2018). 2018년 외국인 주민현황 조사.

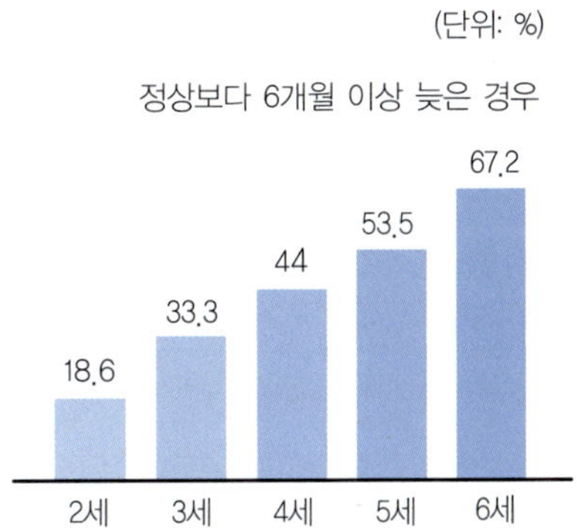

[그림 2-30] 다문화가정 어린이 언어장애 비율

출처: 보건복지부.

한편, 다문화주의란 민족이나 국가라는 거시적 차원뿐만 아니라 사회 내에서 무시되었던 계층의 문제나 여성 문제 등 미시적 문제에까지 시선을 확대하여 사회의 모순과 편견에서 벗어나 다양성을 서로 이해하고 존중하는 것 또한 포함하는 개념이다. 이러한 입장에서 교사는 영유아에게 인종이나 민족, 성, 계층, 언어 및 문화적 배경 등이 다른 사람들을 존중하는 태도를 길러 주어야 한다. 이를 위해 교사가 갖추어야 할 능력으로 Morrison은 문화의 다양성에 대한 인식, 유아의 학습 양식에 대한 이해, 협동학습의 격려, 갈등 해결 전략의 증진 및 사용 그리고 부모 및 지역사회 인사의 참여 등을 들고 있다(김수영 외, 2004).

〈심층탐구〉 속담으로 살펴본 양성평등 의식의 변화

속담은 한 사회의 공통된 가치를 담고 있기 때문에 속담을 통해 한국사회에 남아 있는 전통적 가치관의 연속과 단절 그리고 변화를 파악할 수 있다. 과거 농경사회에서 아들은 노동력 확보라는 경제적 가치뿐만 아니라 가문을 잇는다는 윤리적 측면도 있고 노후에 아들에게 의지할 수 있다는 사회보장적 의미도 갖고 있었다. 특히, 가족주의가 강한 우리나라에서는 가부장적인 가치관으로 인해 아들에 대한 선호가 강했다. 그리하여 구전되는 속담에는 자녀의 성별에 대한 가치가 다르게 표현되고 남아선호적인 가치를 드러내는 속담들이 많다. 그러나 남아선호사상 속담에 대한 동의 비율을 조사한 1998년과 2008년의 연구 결과를 비교하면 급속한 변화가 발견된다.

속담	1998년* (N=470)	2008년** (N=385)
1. 아들은 내 조상 묘를 돌보나 딸은 남의 조상 묘를 본다.	3.75(.92)	2.42(1.16)
2. 아들이 있어야 남들이 넘보지 않는다.	3.51(1.17)	2.21(1.07)
3. 아들은 장가를 가면 반은 남이 되고, 딸은 시집을 가면 온전히 남이 된다.	3.47(1.11)	2.20(1.08)
4. 영감 밥은 누워 먹고 아들 밥은 앉아 먹고 딸의 밥은 서서 먹는다.	3.30(1.19)	2.20(1.07)
5. 딸은 하나도 많고 아들은 셋도 모자란다.	3.61(.99)	1.48(.007)
6. 아들네 집에 가서 밥 먹고 딸네 집에 가서 물 마신다.	3.30(1.00)	2.15(.98)
7. 다남(多男)은 천복(天福)이다.	2.93(1.23)	2.27(1.01)

* 조복희·이진숙(1998).
** 조복희·한유미(2009).

출처: 조복희(2014).

C·H·A·P·T·E·R 03

국내 영유아 프로그램

본 장에서는 오랜 기간 국내에서 안착되어 운영되고 있는 교육 프로그램 중에서 비교적 이론적 체계 및 교육 과정 구성요소를 갖추어 운영되고 있고, 출판물로도 널리 알려진 프로그램을 중심으로 소개하고자 한다. 국내에서 영유아를 대상으로 실시되고 있는 국내 프로그램 중에는 외국에서 개발된 교육프로그램을 도입하여 운영해 온 경우가 다수였다. 최근에는 국내에서 개발된 교육 프로그램이 널리 적용되기도 한다.

본 장에서 소개하는 프로그램 이외에도 각 교육기관에서 교육자의 신념이나 철학에 따라 운영되고 있는 프로그램들이 있다. 한편, 운영자가 강조하고 싶은 내용을 중심으로 구성한 교육 프로그램들도 있다. 예를 들어, 인성교육 프로그램, 사회성 증진 프로그램 등이 해당되며 이에 대한 내용은 '영유아교육 프로그램 개발' 부분에서 다루고자 한다.

본 장에서는 국내 유아교육 프로그램 중에서 연세 개방주의 교육 과정에 기초한 유아교육 프로그램, 이화 유치원 교육 과정에 기초한 유아교육 프로그램, 생태 유아교육 프로그램, 사회적 요구에 부응하는 포괄적 보육서비스에 기초한 유아교육 프로그램, 놀이를 강조한 푸르니 보육 프로그램을 다룬다.

1. 연세 개방주의 유아교육 과정에 기초한 교육 프로그램

1) 배경

연세 개방주의 유아교육 과정에 기초한 교육 프로그램(이하 연세 개방주의 유아교육 프로그램)은 연세대학교 '어린이생활지도연구원(Child Development Research Institute)'에서 개발하고 약 40년간 운영해 온 프로그램이다. 우리나라에서 최초로 만 3세아를 대상으로 유아교육 프로그램을 운영하였다. 프로그램은 '만 3, 4세반 교육프로그램'과 '만 5세반 교육프로그램'으로 구성되어 있다. 그 외에도 '엄마와 아빠가 함께하는 영아교육 프로그램'이 운영되고 있으나 여기에서는 '만 3, 4세반 교육 프로그램'과 '만 5세반 교육 프로그램'에 대하여 소개하고자한다.

2) 유아관

유아에 대한 신뢰와 존중을 바탕으로 학습의 '개별화'와 '상호작용'을 강조하고 있고, 이는 다음과 같은 교육 신념에서 비롯된다.

- 유아는 고유한 본성을 지닌 독립된 인격체이다.
- 유아는 타고난 잠재력을 발달시킬 수 있는 존재이다.
- 유아는 배울 수 있는 능력을 지닌 존재이다.
- 유아는 놀이하는 존재이다.
- 유아는 관계 속에서 성장하는 존재이다.

위와 같은 기술에 의하면, 유아에 대한 존중심, 유아의 주도성, 유아의 능동성 등을 강조하고 있다는 것을 알 수 있다.

이와 같은 기본 신념에 기초한 '연세 개방주의 유아교육 프로그램'을 통해 추구하는 인간상은 건강한 사람, 자율적인 사람, 창의적인 사람, 유능한 사람, 즐기는 사람 그리고 사회문화의 가치를 존중하는 사람이다. 이를 그림으로 표현하면 다음과 같다.

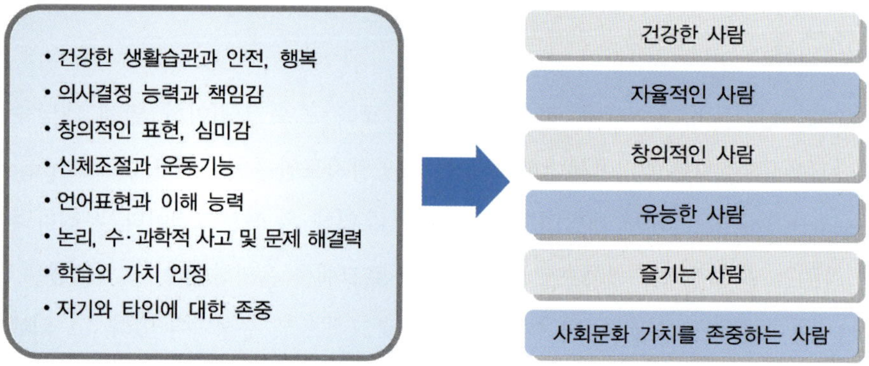

[그림 3-1] 연세 개방주의 유아교육 프로그램을 통해 추구하는 인간상

출처: http://yonseichild.org/edu/info.asp에서 참조.

3) 이론적 기초[3)]

'연세 개방주의 유아교육 프로그램'에서 기저로 삼고 있는 철학적, 심리적, 이론적 기초를 알아보면, 첫째, Dewey의 실용주의 철학, 둘째, Piaget의 발생학적 인식론, 셋째, 인본주의 심리학이라고 할 수 있다. 나아가 이론적 기초에서 비롯된 핵심적 가치가 목표 설정과 추구하는 인간상 설정에 반영되어 있다. 다음은 각 이

3) 이론적 기초는 '연세 개방주의 유아교육 과정(1999)'의 28쪽~35쪽 사이에서 발췌함.

론적 기초를 통해 '연세 개방주의 유아교육 과정'에서 강조하고 있는 내용을 살펴보겠다.

(1) Dewey의 실용주의 철학

Dewey의 실용주의 철학이 영유아교육에 시사해 주는 내용을 알아보면 다음과 같다.

첫째, 유아가 습득하는 지식은 개별적으로 형성해 나가는 것으로 계속적이고 변화한다.

둘째, 지식은 관념적이기보다 실제적인 것이 중요하며, 다양한 자원을 통해 통합적으로 얻어진다.

셋째, 교육은 유아가 자신을 둘러싼 환경과의 상호작용 속에서 문제를 해결해 나가는 과정이며, 이때 귀납적인 방법으로 해결해 가는 것이 효과적이다.

넷째, 학습은 유아의 경험을 재구성하는 과정이다.

위에 제시된 Dewey 실용주의 철학에서 비롯된 시사점을 토대로 연세 개방주의 유아교육 프로그램에서 강조하는 점을 알아보겠다.

첫째, 유아의 흥미와 요구를 중시하고, 유아에게 의미 있는 경험과 경험의 과정을 중요시한다.

둘째, 귀납적 추론과 문제 해결과정을 유아가 직접 경험하도록 한다.

셋째, 다양하고 광범위한 실내외 환경에서 유아에게 의미 있는 경험을 제공한다.

넷째, 모든 활동에서 창의성을 중요시한다.

이상과 같은 Dewey의 이론적 기초는 연세 개방주의 유아교육 프로그램의 주요 기저를 이루고 있다고 하겠다.

(2) Piaget의 발생학적 인식론

Piaget의 이론을 통해 유아교육에 대해 주는 시사점을 정리하면 다음과 같다.

첫째, 유아의 사고는 성인의 사고와는 질적인 차이를 보이므로 유아 스스로 지식을 구성할 수 있도록 기회를 제공한다.

둘째, 유아는 자신의 학습과정에 적극적으로 참여하도록 한다.

셋째, 유아가 스스로 학습할 수 있도록 기회와 자료를 충분하게 제공하도록 한다.

넷째, 유아의 과거 경험과 근접한 경험 그리고 풍부한 환경을 마련해 준다.

다섯째, 놀이는 학습과정과 지식 구성과정에서 중요한 맥락을 제공한다.

이러한 시사점을 토대로 연세 개방주의 유아교육 프로그램에서 특별히 강조하는 점을 알아보겠다.

첫째, 교육 과정 전반에 걸쳐 중요한 학습 방법으로 놀이를 활용한다.

둘째, 놀이과정에서 유아가 적극적이고 능동적으로 참여하도록 다양한 방법을 가능한 한 지원한다.

셋째, 유아의 학습경험은 개별적 또는 소집단 형태로 제공하여 유아가 흥미에 따라 선택할 수 있도록 한다.

넷째, 하루일과 동안 유아와 유아 간, 유아와 교사 간의 상호작용을 극대화한다.

다섯째, 다양하고 풍부한 물리적 환경을 제공한다.

(3) 인본주의 심리학

인본주의 심리학의 기초에서 영유아교육에 대해 시사해 주는 내용은 다음과 같다.

첫째, 성인은 유아가 새로운 경험을 추구하고 스스로 성장해 간다는 것을 믿는 것이 중요하다.

둘째, 유아의 행동 변화는 스스로 계획하고 평가함으로써 이루어진다.

셋째, 유아를 교육하기 위해서는 정서, 만족감, 대인관계가 중요하다.

넷째, 정서적인 측면과 인지적인 측면은 통합적으로 교육해야 한다.

다섯째, 유아의 안정감, 애정, 소속감, 자존감에 대한 욕구를 만족시키기 위해서는 의미 있는 성인의 역할이 중요하다.

이상의 시사점을 토대로 연세 개방주의 유아교육 프로그램에서 중점을 둔 점을 살펴보면 다음과 같다.

첫째, 유아의 잠재력에 대한 기본적인 신뢰를 바탕으로 학습에서의 자율성을 보장해 준다.

둘째, 교사는 유아의 개인 내 변화과정을 평가하며, 특히 유아의 자기평가를 중요하게 다루어 준다.

셋째, 유아에게 의사결정을 위한 선택과 결정의 기회를 제공해 준다.

넷째, 유아의 창의적 표현을 강조하고 학습에서 자발적인 동기를 중요시한다.

다섯째, 학습의 태도, 상황이해, 문제 해결력 등 바람직한 가치관 형성을 중요하게 여긴다.

4) 교육 프로그램 특징

연세 개방주의 유아교육 프로그램의 특징은 개방성, 상호작용, 혼합연령 집단구성, 팀티칭이라고 할 수 있다.

(1) 개방성

개방성에는 공간의 개방성, 교육계획안 조직의 개방성, 일과 운영의 개방성을 들 수 있다. 여기에서 개방성의 의미는 완전한 개방성이라기보다 유아의 안정과 안녕에 위배되지 않고 타인의 유익에 저해되지 않는 한도 내에서의 개방성을 의미한다.

(2) 상호작용

연세 개방주의 유아교육 프로그램에서 강조하는 학습의 원리는 상호작용의 원리이다. 상호작용에는 교사-유아 간, 유아-유아 간, 그리고 유아-교구 간의 상호작용이 포함된다. 상호작용하는 가운데 자발적으로 자신의 잠재력을 넓히고 보완하며 자신과 타인의 요구를 조절하는 과정도 서로 간의 상호작용을 통해 이루어 간다.

(3) 혼합연령 집단 구성

3, 4세 유아의 혼합연령 집단을 구성하여 프로그램을 운영하고 있다. 혼합연령 집단 운영의 경우 단일연령 집단보다 사회적 상호작용과 사회적 기술을 적용할 수 있는 사회의 장이 마련된다는 점에서 특징적이다. 아래 연령 유아가 위 연령 유아의 행동을 모델링하는 기회를 얻게 되고, 상대적으로 위 연령 유아는 자신의 행동에 자신감을 가지는 기회가 된다.

(4) 팀티칭

연세 개방주의 유아교육 프로그램의 특징 중 하나는 교사들의 팀티칭이다. 팀티칭은 교사의 성향과 경력을 다양하게 조합하고, 교사와 다수의 유아 간에 최적의 상호작용을 유지하여 교육적 효과를 높이기 위함이다. 경력이 많은 교사와 초임교사의 조합, 활동성이 강한 교사와 조용한 성향의 교사 등 팀을 이루는 조합의 기준은 다양하며 팀티칭을 통한 교사의 특성이 상호 보완될 수 있도록 한다.

5) 교육 목표와 내용

연세 개방주의 유아교육 프로그램의 철학적 배경에서 핵심적 가치를 반영하고, 추구하는 인간상을 중심으로 구체적인 목표를 설정하였다. 3, 4세반과 5세반 교육 프로그램에 따라 교육 목표를 제시하면 다음과 같다.

〈표 3-1〉 연세 개방주의 유아교육 과정에 기초한 유아교육 프로그램의 목표

유아교육 프로그램의 목표	
[목표 1] 신체조절 및 운동기능	[목표 7] 환경과 주변 자원 탐색 및 이용
[목표 2] 긍정적인 자아 개념	[목표 8] 논리, 수 · 과학적 사고 및 학습 가치 인정
[목표 3] 언어표현 및 이해 능력	[목표 9] 창의적인 표현
[목표 4] 건강한 생활습관과 안전	[목표 10] 창의적으로 사고하고 문제를 해결
[목표 5] 욕구조절 및 표현	[목표 11] 다른 사람에 대해 관심을 갖고 존중
[목표 6] 의사 결정 능력과 책임감	

교육 내용의 경우는 위에서 제시한 교육 목표에 기초하여 만 3, 4세 그리고 만 5세 유아의 발달 수준에 적합한 구체적 학습경험을 선정하여 조직하고 세분화한 후 강조할 내용을 구체화한 것이다. 다음은 [목표 2]의 긍정적인 자아개념에 관련된 교육 내용을 예로 제시한 것이다.

[목표 2] 긍정적인 자아 개념

- 자신의 소중함 느끼기
- 자기가 한 일에 대한 만족감 느끼기
- 자신감 갖기
- 자기 자신의 능력이나 감정을 수용하고 표현하기

교육 내용은 교육 목표에 관련된 다양한 학습 경험으로 아동의 발달 수준에 적합하게 선정된 교육주제를 통해 구현된다. 이를 바탕으로 아동들이 보이는 흥미에 따라 교육계획안을 융통적으로 수정, 운영하여 미리 선정된 교육 내용 이외에도 여러 학습 경험들이 다루어진다. 교육주제를 중심으로 통합된 형태의 주간계획안과 일일계획안을 작성하도록 한다. 교육주제와 교육 내용을 토대로 제공되는 교육 활동은 '흥미 영역별 활동' 또는 '학습센터별 활동'으로 조직되어 있다. 연령에 따라 차이가 있는 교육주제를 살펴보면 다음과 같다.

〈표 3-2〉 연령에 따른 교육주제

3, 4세반	
주제	소주제
우리 반	우리반과 선생님 재미있는 놀이 놀이실의 생활 우리반 친구들
봄	봄의 날씨와 변화 봄에 피는 꽃 봄에 볼 수 있는 곤충들
나와 우리가족	나의 몸 나의 마음 소중한 나 우리 가족의 생활 소중한 우리 가족
동물	여러 가지 동물 동물의 생김새/소리/움직임 동물이 사는 곳/먹이 동물을 사랑하는 마음
여름과 건강	여름의 날씨와 변화 시원한 여름 놀이 건강하게 보내는 여름
	즐거웠던 여름방학
교통 기관	여러 가지 교통기관 교통안전
우리 나라/ 가을	우리나라의 생활 우리나라의 놀이 우리나라를 나타내는 것
	가을의 날씨와 변화
가을/ 우리이웃	가을의 곡식과 열매
	내가 사는 동네 우리 동네 생활 우리를 도와주시는 분들
겨울	겨울의 날씨와 변화 겨울의 생활 성탄절
	즐거웠던 우리반 형, 언니가 되어요

5세반	
주제	소주제
어린이 생활지도 연구원과 우리반	새로운 놀이실과 선생님 놀이실에서 지켜야 할 약속 우리반 친구들 우리들의 어린이생활지도연구원
봄	봄의 날씨와 변화 봄의 식물 봄의 곤충
동물과 자연	내가 좋아하는 동물 내가 알아보고 싶은 동물 동물을 사랑하는 마음
우리의 이웃	내가 사는 동네 우리 동네 기관 여러 가지 직업 함께하는 지역사회
여름과 건강	여름의 날씨와 변화 여름철 위생과 건강
편리한 생활	기계와 도구 생활 속의 힘
우리나라와 세계	우리나라의 생활과 문화 자랑스러운 우리나라 세계 여러 나라 세계 여러 나라의 생활과 문화 더불어 사는 지구촌
지구와 우주/ 가을	우리가 살고 있는 지구 지구의 변화/가을 우리가 지켜야 할 지구 신비로운 우주
겨울	겨울의 날씨와 변화 성탄절 및 겨울방학
즐거웠던 어린이생활 지도연구원	즐거웠던 어린이생활지도연구원 초등학교에 가요

출처: 연세대학교 어린이생활지도연구원의 2017년도 보고서.

6) 교수학습 방법

연세 개방주의 유아교육 프로그램에서는 Dewey의 실용주의 철학에 입각하여 '변화', '계속성' 그리고 '상호작용'의 교수 방법 원리를 적용한다. 한 가지의 교수 방법보다는 유아 개개인의 흥미와 능력을 고려하여 다양한 방법을 제시하고, 교사가 지시하기보다는 유아가 스스로 발견하도록 도움으로써 귀납적 결론에 도달하도록 한다.

3, 4세반에서 교사는 유아 개개인의 흥미와 능력을 고려하여 다양한 방법을 제시하고 유아가 스스로 발견하도록 돕는다. 3, 4세반의 유아들은 흥미 영역에서 개별적으로 선택하는 놀이와 교사가 소집단으로 진행하는 센터 활동을 경험한다. 이때 교사는 주로 유아와 개별적으로 상호작용하고 교사 중심이 되기 쉬운 대집단 활동은 가급적 축소한다. 그러나 5세반의 경우는 초등학교와의 연계성을 고려하여 반구조화 프로그램으로 운영한다. 즉, 매일 대집단 활동 시간을 운영하여 초등학교 일과와의 연계를 고려한다. 유아는 심화되고 확장된 놀이뿐만 아니라 보다 구조화된 학습시간을 경험하고 집단에서의 협동과 공동작업에도 참여한다. 더 나아가 5세반의 학습 공간을 지역사회의 기관으로 확대하여 3, 4세반과 달리 한 가지 주제에 대해, 적절한 장소로 외부 견학을 가거나 대중매체를 활용함으로써 직·간접적으로 경험하도록 하고 이 경험을 교육주제와 놀이로 반영한다. 또한 교사가 작성한 교육계획안에 기초하여 제공하는 모든 활동과 놀이는 유아의 흥미와 요구에 따라 전개되므로 계획된 교육 내용과 실제로 실시된 활동 간에는 차이가 나타날 수 있다.

(1) 하루일과 운영

하루일과는 크게 실내 자유놀이 시간과 실외 자유놀이 시간으로 나뉜다. 하루일과의 순서나 시간 분배는 날씨와 유아들의 흥미 및 요구, 특별 행사에 따라 융통성 있게 조절한다. 교육 프로그램을 처음 운영하던 시기부터 3, 4세반 교육 프로그램과 5세반 교육 프로그램 모두 3시간을 기준으로 하루일과를 운영해 오다가 2009년부터 프로그램의 변화를 가졌다. 점심식사를 포함한 4~5시간을 기준으로 하루일과를 운영하고 있다. 3, 4세반과 5세반의 하루일과를 살펴보면 다음과 같다.

〈표 3-3〉 학급 특성에 따른 하루일과의 예시

<table>
<tr><th colspan="2">3, 4세반</th><th colspan="2">5세반</th></tr>
<tr><td rowspan="2">9:30~11:10</td><td rowspan="2">등원 및 4세 놀이계획
실내 자유놀이, 간식</td><td>9:00~9:10</td><td>등원 및 놀이계획</td></tr>
<tr><td>9:10~10:40</td><td>실내 자유놀이, 간식</td></tr>
<tr><td>11:10~11:20</td><td>정리정돈 및 전이</td><td>10:40~10:50</td><td>정리정돈 및 전이</td></tr>
<tr><td>11:20~11:35</td><td>소 · 대집단 활동</td><td>10:50~11:50</td><td>실외 자유놀이</td></tr>
<tr><td>11:35~12:40</td><td>실외 자유놀이, 정리정돈</td><td>11:50~12:50</td><td>점심 및 양치</td></tr>
<tr><td rowspan="2">12:40~13:30</td><td rowspan="2">점심식사
양치 및 3세 귀가</td><td>12:50~13:00</td><td>휴식 및 놀이평가</td></tr>
<tr><td>13:00~13:20</td><td>대집단 활동</td></tr>
<tr><td>13:30~14:20</td><td>4세 오전 자유놀이 연계 활동</td><td>13:20~13:50</td><td>집단연계 소그룹 활동</td></tr>
<tr><td>14:20~14:30</td><td>정리 및 안녕 인사</td><td>13:50~14:00</td><td>정리 및 안녕 인사</td></tr>
<tr><td>14:30</td><td>4세 귀가</td><td>14:00</td><td>귀가</td></tr>
</table>

출처: 연세대학교 어린이생활지도연구원의 2017년도 보고서.

특히 3, 4세반에서는 3세아가 4세아보다 1시간 일찍 귀가를 한다. 그 이후 4세아는 단일연령 집단으로 활동을 진행하게 된다. 이로써 4세아의 경우 혼합연령 집단과 단일연령 집단 구성을 모두 경험하게 된다.

(2) 교사 역할

교사 역할은 놀이를 활성화시키기 위한 역할, 학습의 안내자, 촉진자로서의 역할, 정서적 지원자로서의 역할, 일상생활 지도를 위한 역할로 요약된다. 이를 위해 교사는 유아들의 흥미와 수준에 적합한 학습을 위해 계획하고 준비한다. 또한 합리적인 교육계획안의 수립을 위해 유아의 학습 상황과 수행 능력을 지속적으로 관찰하고 평가한다.

(3) 학습 환경의 구성

학습 환경은 크게 실내 환경과 실외 환경으로 구분되며, 실내외 환경은 '흥미 영역'과 '학습 센터'로 구성된다.

우선 '흥미 영역'은 유아의 흥미를 자극하기 위한 일정한 놀이 공간을 뜻하며, 영역별로 어느 정도 고정된 시설물과 놀잇감이 포함된다. 실내 흥미 영역으로는 미술 영역, 소꿉 영역, 쌓기놀이 영역, 음률 영역, 언어 영역, 수·조작 영역, 과학 영역, 간식 영역이 있고, 실외 흥미 영역으로 신체활동 영역, 음률활동 영역, 탐구활동 영역, 작업활동 영역, 물·모래활동 영역, 극화활동 영역이 있다.

'학습 센터'는 특별한 개념이나 기술을 유아에게 교수할 목적으로 교사가 특별히 준비한 자료와 활동을 의미한다. 학습 센터는 놀이실 내외의 어느 곳에서나 준비될 수 있다. 대체로 하루에 1~2개의 센터가 제시되며, 학습 센터의 활동은 유아의 관심도에 따라 하루에서 일주일 정도까지 지속된다.

7) 평가

연세 개방주의 유아교육 프로그램에서는 교육을 위한 평가의 목적은 체계적인 평가 활동을 통해 개방주의 교육의 의미가 잘 반영되고 있는지 그리고 유아에게 바람직한 변화가 일어나고 있는지 알고자 평가를 실시한다. 평가는 '프로그램에 대한 평가'와 '유아발달에 대한 평가'로 나누어 진행한다.

(1) 프로그램 평가

교육 프로그램에 대한 평가를 하기 위해서는 교육 과정 운영 분석, 일일 평가 및 놀이상황 분석(에피소드)을 진행한다. 교육 과정 운영평가에서는 원장 및 교사 전체가 참여하여 학급의 특성에 따른 교육계획의 적절성 및 교육 활동에 대한 분석이 실시된다. 이와 더불어 프로그램 운영 전반에 대한 평가가 함께 진행된다. 일일평가 및 놀이 상황 분석을 위해서는 주로 교사 스스로 또는 교사들 간에 자체평가가 진행된다. 주간 교육계획안에 비추어 당일 실시된 활동내용과 교육일지에 대한 분석도 실시된다. 예를 들면, 실내외 환경의 구성과 배치, 활동을 진행하는 가운데 흥미 영역이 확장되거나 교육적 자극의 필요성, 교사 역할 등에 관해 수시로 논의하고 평가하여 교육계획에 반영한다. 또한 유아의 자발적인 놀이상황(에피소드)을 기록한 후 교육 목표와의 관련성을 분석한다.

프로그램 평가 시기는 정기적인 평가와 수시 평가로 구분된다. 정기적으로 개방주의 철학과 목표를 기초로 전반적인 평가가 이루어지고 그 외에도 교사회의를 통해서 교육계획안의 수립 및 결과에 대한 평가, 실내외 환경 구성, 하루일과 운영상의 논의점, 활발한 가정과의 연계를 위한 방안, 실시될 행사에 대한 평가가 수시로 진행되고 있다.

프로그램 평가를 위한 방식으로는 교사의 자기평가, 부모를 통한 평가 등을 진행하고 있다. 교사의 자기평가는 자신의 일일 평가 및 놀이상황 분석을 통해 개방주의 교육에 적합한 행동과 태도를 갖고 있는지 스스로를 평가한다. 부모를 통한 평가에서는 부모 설문지, 부모와의 면담 또는 간담회를 통해 프로그램에 대한 부모의 견해를 수집하고 이를 프로그램에 대한 평가에 활용한다.

(2) 유아평가

유아평가는 교사의 관찰기록, 작품집(Portfolio), 유아의 놀이평가와 검사를 통한 평가를 실시한다.

교사의 관찰기록으로 교사는 자유놀이 시간에 흥미 영역별로 이루어지는 유아 개개인의 행동과 놀이를 일화식으로 기록하여 유아의 발달 수준 변화상태 및 흥미 영역 참여에 대한 경향을 파악한다.

작품집(Portfolio) 평가는 5세 유아를 대상으로 실시한다. 평가 자료는 유아가 그린 그림, 유아가 직접 제작한 입체 구성물과 활동 과정을 사진으로 찍어 기록하여 유아의 발달 과정의 궤적을 수집한 후 분석한다. 작품집을 통해 1년 동안 유아가 참여한 놀이와 작품, 놀이와 작품에서의 변화 과정 등 유아의 실제 수행에 관하여 평가한다. 만 3, 4세 유아의 경우 학기별로 교사가 유아의 그림이나 기록, 만들기와 놀이 사진을 수집하여 보관하는 방식으로 자료를 보관한다.

유아가 놀이를 선택하고, 평가하는 놀이 평가는 개별적으로 실시되며, 유아의 연령 수준에 따라 차별화하여 적용한다. 여기에서 중요한 것은 유아가 스스로 의사결정하며 자신의 계획을 반영해 나가는 것이다.

검사를 위한 유아발달 평가를 위해서 '영유아발달 검사(이은해·최혜영·박주희, 2005)', '한국 웩슬러 유아지능검사(박혜원·곽금주·박광배, 1996)'를 연령에 따라 실시한다. 또한 유아 모두에게 '그림 어휘력 검사(김영태·장혜성·임선숙·백현정, 1995)'를 실시한다. 검사를 통한 평가결과는 유아의 개인발달 평가 및 부모와의 면담 시 자료로 활용된다.

2. 이화 유치원 교육 과정에 기초한 교육 프로그램

1) 배경

이화 유치원 교육 과정에 기초한 교육 프로그램은 이화여자대학교 부속 유치원(이하 이대부속 유치원)에서 운영하는 교육 프로그램이다. 이대부속 유치원은 한국 어린이를 위한 최초의 유치원을 표방하며 다양한 이론적 기초에 바탕을 둔 유치원 교육 과정을 구성해서 운영하여 왔다. 1914년 기독교 정신을 토대로 서구의 교육적 담론과 교육사상이 영향을 미쳤으며 일제 치하에서 우리나라 유아를 교육하기 위한 교육 과정을 운영하였다. 최근에 이화 유치원 교육 과정의 교육 원리는 초기 시기의 교육 원리와 이념을 계승하고 있으나 70년대 이후에 교육을 구현하는 방법 면에서 변화를 모색하고 있다. 예를 들면, 유아의 사고력, 창의력, 문제해결력을 촉진할 수 있는 교재와 활동을 활용하는 점을 들 수 있다. 이러한 변화는 유아의 발달에 대한 요구, 유아교육 분야의 이념적 담론, 사회문화적인 맥락의 변화로 인한 요구 등에 기인한 것이라고 하겠다.

2) 운영의 특징

이화 유치원 교육 과정에 기초한 교육 프로그램은 기독교 정신을 이어받고, 진보주의 이론에 기초하며 70년대 이후로는 구성주의의 영향을 받으면서 유아의 성장과 발달을 위해 변화를 위한 노력을 기울여 왔다.

이화 유치원 교육 과정 운영상의 특징을 살펴보면 다음과 같다.

첫째, 생활주제를 중심으로 유아의 흥미와 가치를 고려한 하루일과 활동을 구성하여 운영한다.

둘째, 계획된 하루일과를 중시하며 일과는 유아의 집단생활 경험과 개별적 발달 수준에 따라 다양하다.

셋째, 단원, 계절, 행사 등에 따라 유아가 관심을 갖도록 효과적인 환경 구성의 변화를 모색한다.

넷째, 교수원리는 유아의 발달단계와 연령에 따라 단순하고 구체적인 것부터 시작하여 복잡하고 추상적인 것들로 제시되며, 상황에 따라 변화를 갖도록 한다.

현재 반일제와 종일제로 구분하여 교육 프로그램을 운영하고 있는데, 3, 4, 5세 연령별로 반일제 학급을 운영하고 있으며 종일제 학급에서는 4, 5세 혼합연령 학급을 구성하여 교육 프로그램을 운영하고 있다.

3) 이론적 기초

이화 유치원 교육 과정에 기초한 유아교육 프로그램에서 철학적·심리학적 기초가 되는 사상은 우리나라 전통아동교육사상, 기독교와 프뢰벨, 진보주의, 구성주의로 나누어 살펴볼 수 있다.

(1) 전통아동교육사상

우리나라 유아교육 과정은 외국의 유아교육 사조의 영향을 직접적으로 받아온 역사를 가지고 있다. 이런 점에서 이화 유치원 교육 과정의 이론적 기초로서 우리나라의 전통아동교육사상을 가장 먼저 언급하고 있는 점은 의미 있는 일이라고 하겠다(홍용희, 2004).

우리나라 전통아동교육사상이 이화 유치원 교육 과정에 기초한 유아교육 프로그램에 반영된 부분을 정리해 보면 다음과 같다.

첫째, 예절교육을 중시한다. 일상생활에서의 인사, 언행과 태도에서의 예절, 집단생활에서의 예절 등을 강조하여 기본생활습관을 형성하도록 한다.

둘째, 효의 정신을 강조한다. 부모를 공경하는 효행은 우리 민족문화의 중요한 부분으로 이를 수용하고 교육 과정에 반영하고 있다.

셋째, 기본생활습관 형성과 도덕적 기초를 이루기 위한 최적의 시기는 유아기라고 여기고 교육한다.

넷째, 유아는 환경에 영향을 받는 존재로 규정하고 교사 역할의 중요성을 강조한다.

다섯째, 학습에서 유아의 동기를 중요시 여기며 개인차를 고려하여 융통성 있게 교수한다.

이를 요약하자면, 이화 유치원 교육 과정에 기초한 유아교육 프로그램은 아동 전통교육사상에서 환경의 중요성, 유아의 발달, 교사 역할의 중요성 등을 강조하여 반영하고 있다.

(2) 기독교와 프뢰벨

이화 유치원 교육 과정에 기초한 유아교육 프로그램은 기독교 정신을 토대로 하고 있고, 기독교 사상에 기초하여 발전되었던 프뢰벨 사상이 반영된 점을 알아보겠다.

기독교 정신은 교육 이념, 생활주제 설정, 교육 목표 설정에 반영되어 있다. 유아의 일상적인 일과에서 간식 기도, 행사 시 예배예식, 희망사항에 대한 기도 등에 서 나타난다. 그 외에도 계절에 따라 부활절, 추수감사절, 성탄절 같은 행사를 진행하는 것에 반영되어 있다고 하겠다.

프뢰벨의 교육사상은 유아를 자신의 감정과 생각을 표현할 수 있는 능동적인 존재로 보는 점, 놀이를 통한 학습을 강조한 점 등에 반영되어 있다.

(3) 진보주의

진보주의 교육이 미국의 유아교육 분야에 지대한 영향을 준 것과 마찬가지로 우리나라 유아교육 분야에도 영향을 주었다. 특히, Dewey가 강조한 교육 원리를 이화 유치원 교육 과정에 기초한 유아교육 프로그램에 반영한 부분에 대하여 알아보겠다.

첫째, '계속성의 원리'와 '상호작용의 원리'를 기초로 유아의 경험과 흥미를 반영한 생활주제 안에서 통합적으로 교육 과정을 운영하고 있다.

둘째, 자발성과 생활주제 중심 교육을 기초로 또래와 유아, 교구와 유아 간의 상호작용을 통한 학습이 일어나도록 흥미 영역별로 학급환경을 구성하고 자유롭게 활동을 선택하도록 하였다.

셋째, 민주시민의 기초를 반영하고 공동체 규범을 익히게 하는 기본생활습관 교육을 중요시한다.

(4) 구성주의

이화 유치원 유아교육 프로그램에 반영된 Piaget의 인지적 구성주의 이론과 Vygotsky의 사회적 구성주의 이론 측면에서 바라본 교육의 실제에 대하여 알아보겠다.

Piaget의 개인적 구성주의 이론에서는 우선 유아를 능동적인 학습자로 인식하고 교사를 환경 구성자이자 학습의 안내자로서 인식하여 유아와 교사 모두의 능동성을 인정하고 있다고 할 수 있다.

Vygotsky의 사회적 구성주의 이론은 직접 반영되었다기보다 프로그램이 구현되고 있는 상황을 볼 때, Vygotsky의 사회적 구성주의 이론에서 강조한 부분을 찾아볼 수 있다고 하겠다. 이러한 부분으로 비계설정을 해 주는 성인으로서의 교사 역할을 강조하고 있는 점, 이야기 나누기 시간처럼 의사소통에 필요한 언어와 관련된 활동을 강조하고 있는 점 등을 들 수 있다.

4) 교육 이념과 교육 목표

이화 유치원 교육 과정에 기초한 유아교육 프로그램은 유아발달의 일반적인 지식과 전통적인 경험 및 지혜를 바탕으로 유아의 요구에 반응하는 교육 과정이며, 기독교 정신을 토대로 '참된 어린이(眞)', '착한 어린이(善)', '아름다운 어린이(美)'

로 성장하는 데 필요한 교육 과정과 적절한 환경을 제공하여 심신이 건전한 민주 시민으로 육성하는 것을 교육 이념으로 삼고 있다.

이를 달성하기 위한 교육 목표를 살펴보면 다음과 같다.

- 기본적인 감각과 운동기능을 길러 신체의 조화로운 발달을 이루게 하고 안전 의식을 갖게 한다.
- 공동생활에 필요한 예절과 규범을 스스로 지키면서 자율성과 책임감을 기른다.
- 다른 사람의 말을 바르게 듣고 이해하며 자신의 생각과 느낌, 경험을 적절한 방법으로 표현하는 능력을 기른다.
- 자연 및 사회 현상에 대한 이해를 돕고 논리적이고 과학적인 사고를 통해 문제 해결력을 기른다.

이를 토대로 한 교육 원리를 살펴보면 다음과 같다.

- 교육 활동의 계획 및 실행과 평가에서 유아의 발달 수준, 흥미, 관심 등의 개인차를 최대한 반영한다.
- 유아-유아, 유아-교사, 유아-교구 간의 최적의 상호작용을 중시한다.
- 놀이는 학습을 위한 가장 기초적이며 중요한 수단이다.
- 생활주제를 중심으로 교육 활동을 통합적으로 운영한다.
- 생활주제를 통합적으로 운영할 때는 다양한 교육 활동, 교수 방법, 교수매체를 활용한다.
- 가정과 지역사회의 협력을 강조하며, 유아의 사회문화적 배경을 고려한다.
- 유아의 성장과 학습에 필요한 다양한 지원을 최적의 시기에 지원하도록 한다.

5) 교육 내용

교육 내용은 유아가 경험할 수 있는 생활주제를 중심으로 선정되며 이때 유아의 연령, 발달 수준 등을 고려하여 운영될 수 있다. 생활주제는 매년 동일한 주제와 당해 연도에서 특별하게 유아와 공유하고 싶은 주제를 설정할 수 있다.

교육 내용의 선정 및 조직방법은 학급 특성에 따라 차이가 나타난다. 즉, 유아의 연령(3, 4, 5세), 프로그램 유형(반일제, 종일제)에 따라 특성 있게 교육 내용을 선정하여 운영하고 있다. 특히, 종일제 프로그램의 경우는 혼합연령 반이라도 4세반과 5세반의 교육 내용과 동일하게 선정할 수도 있고, 4, 5세가 공통으로 진행할 수 있는 주제도 선정할 수 있다. 아래는 2014년도 이화 유치원 교육 과정에 기초한 교육 프로그램의 교육 내용을 구현하기 위한 학급 특성에 따른 생활주제 및 주제를 살펴보면 다음과 같다.

〈표 3-4〉 이화 유치원 교육 과정에 기초한 유아교육 프로그램의 생활주제 및 주제

<table>
<tr><th rowspan="2">연령구분</th><th colspan="3">2014년 생활주제 및 주제</th><th rowspan="3">2020년*
코로나 상황에서의 주제
(3, 4, 5세 공통)</th></tr>
<tr><th>3세</th><th>4세</th><th>5세</th></tr>
<tr><th>생활주제</th><th colspan="3">주제</th></tr>
<tr><td>즐거운 유치원</td><td>• 유치원에서의 즐거운 생활
• 유치원에서의 안전한 생활</td><td>• 나는 이화 유치원의 ㅇㅇ반 어린이
• 유치원에서의 즐거운 생활
• 유치원에서의 안전한 생활</td><td>• 나는 이화 유치원의 ㅇㅇ반 어린이/ㅇㅇ반 선생님과 친구
• 유치원에서의 즐거운 생활
• 유치원에서의 안전한 생활</td><td rowspan="2">즐거운 유치원</td></tr>
<tr><td>나</td><td>• 너의 이름과 표시 그림
• 나의 몸
• 나의 마음
• 소중한 나</td><td>• 건강한 나의 몸
• 나의 몸이 하는 일
• 나의 마음
• 소중한 나</td><td>• 건강한 나의 몸
• 나의 몸이 하는 일
• 나의 마음
• 내가 할 수 있는 일
• 소중한 나</td></tr>
</table>

<table>
<tr><th>연령구분</th><th colspan="3">2014년 생활주제 및 주제</th><th rowspan="3">2020년*
코로나 상황
에서의 주제
(3, 4, 5세 공통)</th></tr>
<tr><th></th><th>3세</th><th>4세</th><th>5세</th></tr>
<tr><th>생활주제</th><th colspan="3">주제</th></tr>
<tr><td>봄</td><td>• 봄철 날씨
• 봄나들이
*부활절
*식목일</td><td>• 봄철 날씨와 생활
• 봄철 자연의 변화
• 봄나들이
*식목일</td><td>• 봄철 날씨
• 봄철 사람들의 생활
• 봄철 동식물의 변화
• 봄나들이
*부활절
*식목일
*장애인의 날</td><td rowspan="4">봄</td></tr>
<tr><td>가족</td><td>• 가족의 구성
• 가족사랑
• 가족이 사는 동네</td><td>• 가족의 구성
• 가족사랑과 예절
• 가족의 생활</td><td>• 가족의 구성과 관계
• 가족의 역할
• 가족사랑과 예절
• 가족의 생활문화</td></tr>
<tr><td>동네와 지역사회</td><td></td><td>• 내 동네
• 유치원 동네
*단오
*6.25</td><td>• 내 동네
• 유치원 동네
• 지역사회
*단오
*6.25</td></tr>
<tr><td>동물</td><td>• 애완동물
• 농장동물</td><td>• 애완동물
• 농장동물
• 야생동물</td><td>• 애완동물
• 농장동물
• 야생동물
• 중생대 동물
• 상상의 동물</td></tr>
<tr><td>여름 I</td><td>• 여름철 날씨와 생활
• 여름철 안전
• 여름방학
*단오</td><td>• 여름철 날씨와 생활
• 여름철 안전
• 여름철 자연의 모습
• 여름방학</td><td>• 여름철 날씨와 생활
• 여름철 안전
• 여름철 동식물의 모습
• 여름방학</td><td>여름</td></tr>
</table>

<table>
<tr><th>연령구분</th><th colspan="3">2014년 생활주제 및 주제</th><th rowspan="3">2020년*
코로나 상황
에서의 주제
(3,4,5세 공통)</th></tr>
<tr><th></th><th>3세</th><th>4세</th><th>5세</th></tr>
<tr><th>생활주제</th><th colspan="3">주제</th></tr>
<tr><td>여름 II</td><td>• 여름방학
• 다시 시작하는 유치원 생활</td><td>• 여름방학</td><td>• 여름방학</td><td rowspan="3">여름</td></tr>
<tr><td>우리 나라</td><td>• 의식주 생활
• 놀이
• 예술
*추석</td><td>• 의식주 생활
• 전통놀이
• 전통예술
• 상징
*추석</td><td>• 의식주 생활
• 놀이
• 예술
• 상징
• 문화유산
*추석</td></tr>
<tr><td>교통 기관</td><td>• 교통기관의 종류와 기능
• 교통안전을 위한 규칙
• 예술</td><td>• 육상교통기관
• 해상교통기관
• 항공교통기관</td><td>• 육상교통기관
• 해상교통기관
• 항공교통기관
• 우주선</td></tr>
<tr><td>소비 생활
(5세: 환경보호와 소비생활)</td><td>• 아껴쓰기</td><td>• 아껴쓰기
• 나눠쓰기/바꿔쓰기
• 나눠쓰기/다시쓰기</td><td>*개천절
• 환경보호
• 아껴쓰기
• 나눠쓰기/바꿔쓰기
• 나눠쓰기/다시쓰기
• 구매하기
*한글날</td><td rowspan="3">가을</td></tr>
<tr><td>세계 여러 나라</td><td></td><td></td><td>• 생활
• 놀이
• 예술
• 문화유산</td></tr>
<tr><td>가을</td><td>• 가을철 날씨와 생활
• 가을철 자연의 변화
• 추수 감사</td><td>• 가을철 날씨와 생활
• 가을철 자연의 변화
• 추수 감사</td><td>• 가을철 날씨
• 가을철 사람들의 생활
• 가을철 동식물의 변화
• 추수 감사</td></tr>
</table>

<table>
<tr><th>연령구분</th><th colspan="3">2014년 생활주제 및 주제</th><th rowspan="3">2020년*
코로나 상황
에서의 주제
(3, 4, 5세 공통)</th></tr>
<tr><th></th><th>3세</th><th>4세</th><th>5세</th></tr>
<tr><th>생활주제</th><th colspan="3">주제</th></tr>
<tr><td>겨울 I</td><td>• 겨울철 날씨와 생활
• 성탄절
• 겨울방학</td><td>• 겨울철 날씨와 생활
• 자연의 모습
• 성탄절
• 겨울방학</td><td>• 겨울철 날씨와 생활
• 겨울철 동식물의 모습
• 성탄절
• 겨울방학</td><td rowspan="2">겨울</td></tr>
<tr><td>겨울 II</td><td>• 겨울방학
• 형 반 진급
*설날</td><td>• 형 반 진급
*설날</td><td>• 유치원 생활 돌아보기
• 초등학교 생활 알아보기
*설날</td></tr>
</table>

출처: http://www.ewha-kids.com(2014년 인출); *는 http://www.ewha-kids.com(2020년 인출).

교육 활동이 생활주제에 따라 제공되는데, 이는 자유선택활동과 집단활동 그리고 일상생활 관련 활동으로 구분된다. 이러한 활동들은 유아의 발달 수준과 흥미, 교육적 필요성을 고려하고, 생활주제를 토대로 일상생활 속에서 통합적으로 경험하도록 하고 있다. 자유선택활동은 유아가 스스로 선택하여 놀이하는 시간으로 실내와 실외 모두에서 진행된다. 실내 자유선택활동은 흥미 영역을 구성하여 운영되는데, 쌓기놀이, 역할놀이, 언어, 수·조작, 과학, 조형, 음률, 물·모래 등 교사가 제공하는 활동과 유아가 주도하는 놀이를 통해 이루어진다. 이 가운데 유아는 유아-유아 간, 유아-교사 간, 유아-교구 간의 상호작용을 하며 발달해 간다. 실외 자유선택활동은 대·소근육을 증진하는 활동, 자연을 사랑하고 탐구할 수 있는 활동, 물·모래놀이를 통해 사회·정서적 발달을 증진하는 활동이 제공된다. 이때 교사는 적절하고 풍부한 환경을 구성하고, 유아와 질 높은 상호작용을 함으로써 놀이가 지속되고 확장될 수 있도록 하여 유아가 성취감을 가질 수 있도록 지원한다.

집단활동은 유아의 연령과 활동의 종류에 따라 그리고 집단의 크기(대·중·소), 활동 장소, 활동 시간 등을 고려하여 다양하고 융통성 있게 운영된다. 집단활동으로 이야기 나누기, 동시·동화·동극, 음악, 신체, 게임, 탐구·조사, 현장학습 등이 진행된다.

그 외에도 일상생활 관련 활동이 제공되는데 간식 및 점심식사, 정리정돈, 휴식 및 낮잠 시간이다. 간식 및 점심식사 시간 동안 유아는 영양을 고려하고 바른 식습관을 형성하도록 한다. 또한 유아는 놀이 및 활동을 마친 후에 사용한 교재와 교구를 제자리에 정리정돈함으로써 기본생활습관을 형성하게 된다. 하루일과 중 유아는 휴식이나 낮잠 시간을 통해 심신을 안정시키고, 재충전하여 이후의 활동에 효과적으로 참여하도록 한다.

한편 〈표 3-4〉에서 2014년의 생활주제와 주제가 일상적인 상황에서의 운영 사례라고 한다면 *부분에 제시된 2020년 주제는 사회적 환경의 변화가 교육 프로그램에 미치게 된 사례를 보여 준다. 2020년도는 코로나 바이러스가 팬더믹 상황에 놓여 사회환경에도 영향을 미치게 되었다. 이러한 사회적 환경의 대변화는 유아가 경험하는 교육 프로그램에도 직접적인 영향을 미치게 된다. 유아들이 가정에 머물게 되면서 프로그램의 변화를 가져왔고 이러한 변화를 프로그램 운영에서 주제에 반영해 예를 제시하였다. 유치원에서 보내게 되는 상황과 가정에 머물게 되면서 보내는 상황에는 차이가 있으니 유아가 경험하는 환경에서 공통의 환경인 계절에 중심을 두어 주제를 선정한 경우라고 할 수 있다.

6) 하루일과 운영

하루일과는 연령과 프로그램 유형에 따라 일과 운영시간 및 내용에 따라 차이를 두고 운영된다. 즉, 연령이 높아질수록 일과시간 및 일과 내에서의 활동 시간도 달라진다.

〈표 3-5〉 연령 및 프로그램 유형별 하루일과

시간 배정	만 3세 교육 활동	시간 배정	만 4세 교육 활동	시간 배정	만 5세 교육 활동
09:00~	등원 및 실내자유놀이	09:00~	등원 및 실내자유놀이	~9:10	등원 및 계획하기
10:00~	정리정돈 및 화장실 다녀오기	10:00~	정리정돈 및 화장실 다녀오기	9:10~	실내자유놀이
10:10~	간식	10:10~	간식	10:05~	정리정돈 및 화장실 다녀오기
				10:10~	간식
10:30~	소집단 활동(이야기나누기·동극·음률·게임 등)	10:30~	대·중·소집단 활동(동화·음률·게임 등)	10:30~	이야기 나누기
10:40~	실외자유놀이	10:50~	실외자유놀이	10:50~	실외자유놀이
11:40~	점심식사	11:50~	소집단 활동(이야기나누기·동극·실험·조사 등)	11:50~	대·중·소집단 활동(동화·음률·게임 실험 조사 등)
12:50~	대·중·소집단 활동(동화·음률·게임 등)	12:10~	점심식사	12:10~	점심식사
13:10~	평가 및 귀가지도	13:10~	대·중·소집단 활동(동화·음률·게임 등)	13:00~	실내외 자유놀이
		13:30~	평가 및 귀가지도	13:30~	대·중·소집단 활동(동화·음률·게임 등)
				13:50~	평가 및 귀가지도

출처: http://www.ewha-kids.com(2020년 인출).

위 〈표 3-5〉 하루일과에 의하면 각 연령에 따라 하루일과 운영시간과 시간 배정의 차이, 대집단 활동과 소집단 활동 운영의 차이, 대·중·소집단 활동의 회수와 활동내용의 차이 그리고 계획과 평가의 운영 차이 등에서 차별이 되게 운영하고 있음을 알 수 있다. 이는 유아의 발달적 특성을 반영한 예라고 할 수 있다.

3. 생태유아교육 프로그램

1) 배경

생태유아교육 프로그램은 현대사회에서 몸과 마음이 지쳐 아이다움을 잃어버린 유아에게 자연과 놀이 그리고 아이다움을 찾아주고자 시작되었다. 이는 몸과 마음 그리고 영혼이 건강한 유아로 성장시킴으로써 사람과 자연이 하나되고, 사람과 사람이 더불어 살며, 유아가 행복하게 사는 세상을 만들고자 하는 것이다.

2) 교육 이념

생태유아교육은 유아교육 자체를 생태론적 세계관에서 접근하는 것이다. 생태유아교육의 교육 이념은 생명 중심, 공동체 중심, 몸·마음·영혼의 유아교육으로 요약할 수 있다(김은주, 2009).

이를 위한 생태유아교육 프로그램의 교육방향을 알아보면 다음과 같다(임재택, 2007).

첫째, 자연을 찾아 주는 교육이다. 컴퓨터, TV 등에 밀려 자연과 멀어져 있는 유아에게 자연을 찾아주는 것이다. 즉, 산, 들판, 개울, 바닷가에서 자유롭게 뛰놀고 햇빛, 바람, 물, 흙, 별과 어우러져 놀이하며 개미, 메뚜기, 또래들과 함께 자연의 순리를 깨달아 가는 것을 중요시한다.

둘째, 놀이를 찾아주는 교육이다. 유아에게 필요한 놀이는 신선한 공기와 햇빛 아래에서 성인의 간섭 없이 또래와 함께 자유롭게 생각하고 상상하며 뛰어 노는 것이다.

셋째, 아이다움을 찾아주는 교육이다. 현대 산업사회에서 유아들이 어른행세를 하는 모습이 아닌 유아의 본성을 간직하도록 돕는 일이다.

3) 교육 목적

생태유아교육 프로그램의 목적은 생명을 보살피고 기르며 관계를 맺어 줌으로써 서로를 살려 주는 상생에 있다. 근본적으로 생태유아교육은 우주와 생명, 자연 만물, 인간의 몸과 마음이 하나 됨의 지향이며 생명의 가치를 인정하면서 상호 존중을 실천하는 교육이자 '살림교육'의 실천이다(김은주, 2004).

이를 통해 기르고자 하는 유아상은 '신명나는 어린이'로 튼튼한 어린이, 즐거운 어린이, 스스로 하는 어린이, 새로운 것을 생각하는 어린이, 예의 바른 어린이, 생명을 존중하는 어린이, 일을 귀하게 여기는 어린이, 우리 것을 아는 어린이, 지구를 지키는 어린이, 더불어 사는 어린이로 구체화될 수 있다(하정연, 2004).

4) 주제별 교육 내용

생태유아교육의 활동방향은 몸교육·마음교육·영혼교육·이성교육·감성교육·영성교육을 말한다. 마지막으로 교육의 평가는 단순한 평가가 아니라 아이의 몸·마음·영혼의 평가, 유아의 삶 전반에 걸친 발달과 변화보다 '지금 여기에'를 지향한다(김은주, 2009).

교육 내용은 7개의 주제로 삶교육, 감각교육, 땀교육, 관계교육, 앎교육, 감성교육, 영성교육 등이 해당된다. 교육 내용에 대한 주제를 통한 실제의 예시를 살펴보면 다음과 같다.

(1) 바깥놀이 프로그램

유아는 바깥놀이에서 자신이 가지고 있는 지식, 개념, 경험을 펼치게 된다. 이를 통해 호기심과 상상력을 키우고 친구들과 더불어 살아가는 능력을 기르며 생명의 소중함도 깨달아 간다.

(2) 산책 프로그램

산책은 유아가 자연 및 자신의 지역사회 환경에 대해 직접 경험하며 익숙해지도록 하는 체험활동이다. 이를 통해 유아는 오감을 이용하여 사람, 사물, 현상과의 관계성을 알아 간다. 산책은 특별한 행사나 준비된 프로그램이 아니라 일상생활의 일부로 실행되어야 의미가 있다고 하겠다.

(3) 텃밭 가꾸기 프로그램

텃밭을 가구는 것은 유아가 계절과 날씨의 변화, 식물의 성장, 파종과 수확, 자연의 순리와 순환에 대해 직접 경험하면서 자연현상에 익숙해지도록 한다. 더불어 노동의 가치와 즐거움도 체험하도록 한다.

(4) 노인·유아 상호작용 프로그램

노인·유아 상호작용 프로그램은 세대 간 프로그램으로 현대사회에서 단절되기 쉬운 노인과 유아 간의 상호작용 기회를 제공하는 것이다. 이를 통해 노인세대에게는 새로운 보람을 가지게 하고 유아에게는 노인과의 친근한 상황을 접하게 함으로써 세대 간에 익숙한 경험을 공유하도록 한다.

(5) 세시풍속 프로그램

세시풍속은 우리 문화와 전통을 알아 가는 과정에서 조상의 생활과 현재 생활 간의 연속적인 연계를 이루어 가는 것이다. 유아는 계절의 변화에 따른 절기와 세시에 대해 문화와 먹거리, 놀이 등을 통해 알아 간다. 세시풍속은 현재를 살아가는 사회 구성원으로서 과거와 현재의 연결고리와 우리 사회의 정체성을 갖도록 한다.

(6) 동물 기르기 프로그램

유아는 동물을 기르며 생명의 신비로움과 존중 그리고 성장에 대하여 경험한다. 애완동물 중 닭, 토끼 등이 좋아하는 먹을거리, 성장과정, 새끼를 낳아 기르는 과정을 경험함으로써 생명 존중에 대한 생각을 갖게 된다. 생명에 대해서 경외심과 경이로움 그리고 책임감과 사랑을 가지며 더불어 죽음에 대해서도 알아간다.

(7) 명상 프로그램

명상 프로그램은 병약해진 유아의 몸·마음·영혼을 치유하고자 진행한다. 명상을 통하여 유아는 감각이 예민해지고 몸이 건강해지며 안정된 심성을 지니게 된다. 또한 유아가 가지는 창의성, 관용, 용기, 적응력, 협력, 분별, 판단력과 함께 자기 자신을 객관적으로 바라볼 수 있는 힘이 생긴다.

(8) 절제·절약 프로그램

절제·절약 프로그램에는 유아에게 순환과 돌림의 경제를 알고 실천하도록 하는 내용이 포함된다. 영유아교육기관에서 진행되는 프로그램을 통해 유아에게 변화를 이끌고 이러한 변화는 부모의 생각을 바꾸게 하여 나아가 지역사회 전체가 절제와 절약을 실천하도록 생활화하고자 한다.

(9) 식생활 교육 프로그램

바람직한 식습관은 유아시기부터 형성되어 평생에 영향을 주는 아주 중요한 것이다. 좋은 먹거리와 바른 식습관은 건강뿐만 아니라 문화에 대한 정체성을 갖는 일이기도 하다. 건강한 먹거리란, 출처를 확인할 수 있는 음식, 친환경 식재료, 제철 음식, 슬로우 푸드, 조미료를 지양한 먹거리 등이다.

(10) 도시·농촌 교류 프로그램

도시·농촌 교류 프로그램은 유아에게 자연과 먹거리의 소중함을 경험하도록 하기 위한 것이다. 농촌과 도시 유아가 서로의 삶에 대하여 이해하도록 하는 데 의미를 둔다. 먹거리 산지에 방문하여 수확하는 과정을 체험하고, 신선하고 건강한 먹거리의 중요성을 알도록 한다.

(11) 손끝놀이 프로그램

손끝놀이란 유아가 손끝을 사용하는 놀이로 손의 사용을 통하여 머리(head)·마음(heart)·손(hand)이 조화롭게 발달되도록 하기 위한 것이다. 또한 손으로 만드는 과정에서 실용적이고 예술적이며 정교함을 익히도록 한다. 손끝놀이의 예로는 손가락 체조하기, 곡식 옮기기, 숟가락 및 젓가락을 이용해서 옮기기, 종이 접기, 오리기, 붙이기, 구슬 끼우기, 실뜨기 등이 있다.

(12) 몸짓놀이 프로그램

몸짓놀이는 몸을 자극함으로써 오장육부를 튼튼하게 하고 몸을 유연하게 한다. 몸짓놀이의 예를 들면, 도리도리, 짝짜꿍, 곤지곤지, 잼잼, 고네고네, 따로따로, 불무불무, 목말타기, 단지팔기, 까꿍 등이 있다. 그 외에도 몸의 유연성 및 기의 순환을 원활하게 하는 몸짓으로 도인체조, 동물을 형상화한 몸짓, 우리 전통의 무예와 전통 춤을 기초로 한 몸짓을 포함한다.

(13) 미술 프로그램

모든 유아는 예술적 감성을 지니고 태어나며 유아가 지닌 오감으로 체험하는 것을 미술로 표현하려고 한다. 유아는 미술을 통하여 자신의 다양한 감정과 욕구를 풀어 낸다.

5) 교수학습 방법

생태유아교육의 교육 방법은 관계성(接), 순환성(化), 다양성(群), 영성(生)교육으로 생명원리에 따른 교육, 기다림과 느림의 교육, 자유로운 표현을 격려하는 교육, 감각을 살리는 교육, 놀이와 재미를 통한 교육, 삶과 깨달음의 교육을 펼친다.

생태유아교육은 '기다림과 느림의 교육'으로 자연의 순리를 따르는 교육이다. 유아가 기다림을 배우는 과정은 생태적인 소양을 지닌 유아로 자라게 하기 위한 과정이다. 또한 생태유아교육은 '몸을 살리는 교육'으로 살아 있는 흙을 밟아 보고 맑은 공기를 쐬며 자유롭게 놀게 하고 자연의 먹거리를 먹고 자라도록 한다. '삶을 체험하는 교육'으로 교육이 곧 생활이자 삶이 곧 교육이라고 보고 생활 속의 교육을 통해 스스로 살아가는 힘을 갖도록 한다. 그리고 '신명나는 놀이를 통한 교육'으로 교육수단이 아니라 유아가 즐기는 놀이를 되찾아 주려고 노력한다. 신명나는 놀이란 유아가 자유와 해방감을 누릴 수 있는 놀이이다. 마지막으로 '자유를 살리는 교육'으로 모든 활동에서 유아는 자발적으로 움직이고 활동의 선택도 이루도록 한다.

6) 일과 운영

하루를 통해 유아의 리듬에 맞춘 일과 운영을 한다. 자연의 흐름에 따른 시간 감각으로 유아가 자신의 세계에 몰입할 수 있는 놀이시간을 충분하게 주도록 하기 위해 일과 운영은 여유 있게 운영한다. 등·하원 시간은 정해 두되 하루의 세부적인 일과 운영은 교사의 자율에 맡긴다. 어린이집의 하루일과를 예로 제시하면 다음과 같다.

〈표 3-6〉 생태유아교육 프로그램 운영 어린이집 영아반의 하루일과*

시간	활동명	활동내용	비고
07:30~08:50		실내 자유놀이(실내 놀이실)	당직교사 보육
08:50~10:00	등원 및 자유놀이	교사는 영아의 건강 상태를 살피고, 소지품 및 연락장을 정리하며, 영아는 교실에서 자유놀이를 함	담임보육 시작
10:00~11:30	오전 새참 및 집단활동	손을 씻고 새참을 먹은 뒤 자신이 먹은 그릇을 정리(씽크대에 갖다 둠), 이야기 나누기, 신체 및 표현활동 등을 대집단 혹은 소집단으로 진행하거나 산책(부산대학교 계곡이나 뒷산)	주로 과일 제공, 산책 시에는 영아들의 안전을 위해 산책용 노란 조끼 착용, 자원봉사자를 활용함
11:30~12:30	점심 및 휴식	손을 씻고 점심식사	
12:30~13:00	이 닦기, 옷 벗고 정리, 화장실 가기	영아들의 개별 지도에 중점을 둠	
13:00~15:00	낮잠 준비 및 낮잠	다양한 장르의 음악을 들려줌(클래식, 음악동화, 전래자장가 등)	
15:00~16:30	정리 및 오후 새참	이불을 정리하고 새참을 먹음, 씻고 옷입기, 연락장 및 개인 소지품 정리	주로 직접 조리한 음식(튀김, 떡, 전통음료 등) 제공
16:30~17:00	실내외 자유놀이	그림책 보기, 그림 그리기, 퍼즐 맞추기, 종이 오리기 등의 활동이나 바깥놀이 등 자유롭게 놀이함	영아들이 선택해서 놀이함
17:00~18:00	자유 귀가	부모님이 오시는 대로 자유 귀가함	담임보육 끝
18:00~19:30		실내 자유놀이(실내 놀이실)	당직교사 보육

* 부산대학교 부설 어린이집의 하루일과를 정리함

출처: www.ecochild.or.kr:8445/index.php(2020년 인출).

생태유아교육 프로그램은 주제별로 통합된 하루일과 운영을 하며 유아가 장소를 한정 짓지 않고 스스로 공간을 선택할 수 있으며 자유롭게 출입하도록 운영한다. 생태유아교육 프로그램에서 하루일과를 통해 유아는 다른 유아의 대부분과 어울리며 다양한 연령대의 사람들과도 어울려서 지내도록 권장한다.

4. 포괄적 보육서비스에 기초한 아동교육 프로그램

1) 배경

포괄적 보육서비스에 기초한 아동교육 프로그램은 사회문화적 요구 및 시대적 요구와 영유아의 발달과 보육 분야의 연구 결과를 바탕으로 저소득층 영유아와 그들의 가족에 대한 적극적인 지원을 담당하고자 개발되었다. 포괄적 보육서비스 개발에 대한 구체적인 필요성을 살펴보면 다음과 같다.

첫째, 영유아의 기본권을 보장하여 건강하고 안전하게 양육되도록 하기 위함이다. 저소득층 영유아와 그들의 가족에 대해서 경제적인 지원 외에 교육과 문화적으로 적극적인 지원이 요구된다.

둘째, 사회로부터 소외된 영유아에 대한 국가 차원의 지원을 통해 빈부격차를 완화하기 위함이다. 기본적으로 자녀양육은 가정의 책임이기는 하나 저소득층 자녀에 대하여 국가가 개입하여 적극적으로 지원하는 것이 최근의 지원방향이라는 점에 주목한다. 예를 들면, 미국의 Head Start, 영국의 Sure Start, 호주의 Best Start, 캐나다의 Fair Start 등이 있으며 국내에는 유사한 형태의 We Start와 Dream Start가 있다.

셋째, 사회문화적 빈곤에 대한 세대 간 전이를 차단하여 영유아가 공평한 출발을 할 수 있도록 하기 위해서이다. 이를 위해 영유아가 자신의 잠재력을 최대한 계발시키고 미래사회의 중요한 구성원으로서 역할을 할 수 있도록 공평한 출발을 보장하도록 한다.

넷째, 빈곤가정 내 영유아에 대한 지원은 임신시기부터 영유아기에 중점으로 지원하는 것이 최근의 방향이다. 영유아기에 적극적으로 지원하는 것이 향후 사회적 비용을 줄일 수 있는 것으로 여타 국가의 사례를 통해 나타났다.

2) 이론적 기초

포괄적 보육서비스에서 기초로 삼은 발달심리학적 이론은 몇 가지로 집약된다.

첫째, Piaget의 상호작용적 인지이론이다. 유아를 자신의 지식을 스스로 구성해 가는 존재로 믿는다. 그러므로 교사는 발달에 적합하고 질적으로 우수한 환경을 제공하여 유아가 준비된 환경 내에서 주변 환경과 상호작용할 수 있는 기회를 갖도록 환경을 조성하는 것이 중요하다고 보았다.

둘째, Vygotsky의 사회적 상호작용이론이다. 영유아는 사람과의 상호작용을 통해 사회적 환경 내에서 바람직한 방향으로 발달해 간다. 이때 교사는 비계설정을 해 주면서 영유아가 근접발달지대를 넘어설 수 있도록 지원한다.

셋째, Erikson의 심리사회적 이론이다. 인간은 생애발달주기를 거치면서 자신이 속한 사회환경과 상호작용하며 발달과제를 달성해 간다. 영유아기는 신뢰감 형성, 자율성 획득, 주도성 획득이라는 발달과제를 성취해 나가는 시기이다.

넷째, Bronfenbrenner의 생태학적 접근이론이다. 유아는 자신이 속한 환경 안에서 부모뿐만 아니라 부모가 속한 지역사회, 더 나아가 사회의 신념체계까지 영유아가 영향을 받을 수 있는 환경들과 상호작용하며 발달해 간다.

다섯째, 놀이이론이다. 유아는 새롭게 배운 개념이나 지식 그리고 기술을 숙달하고 연습하고자 한다.

그 외에도 저소득층 영유아의 발달적 특성과 관련된 연구 결과를 중심으로 프로그램이 구성되었다.

3) 기본 가정

포괄적 보육서비스에 기초한 아동교육 프로그램에서 설정한 기본 가정을 살펴보면 다음과 같다.

첫째, 저소득층 가정의 만 3~5세 유아의 잠재력을 극대화하기 위해 제 발달 영역을 증진하는 전인적 발달을 이루도록 한다.

둘째, 저소득 가정 영유아의 발달에 필요한 사전경험을 보완하되 개인과 사회문화 특성을 최대한 살릴 수 있도록 한다.

셋째, 저소득 가정의 유아에 대한 중재는 조기에 질적으로 우수한 내용을 포괄적이고도 지속적으로 제공할 때 효과적이다.

넷째, 지역사회 또는 가족의 요구에 기초하여 문화적으로나 발달적으로 적합한 내용을 다루어야 한다.

다섯째, 교육효과를 증진하기 위해서 가정과의 연계활동을 제공하도록 한다.

여섯째, 질적으로 우수한 보육환경을 제공하는 것이 중요하다.

일곱째, 유아 및 가족에 대한 서비스뿐만 아니라 영양, 건강, 안전에 대한 서비스가 통합적으로 제공되어야 한다.

4) 교육 목적 및 목표

포괄적 보육서비스에 기초한 아동교육 프로그램에서는 '유아의 잠재력을 최대로 발휘하도록 하여 자신감 있고 유능하며 대인관계가 원만하고 자신의 욕구를 조절하며 좋아하는 것에 몰두할 수 있는 자율적이고 심신이 건강한 유아로 기르고자 함(김명순·이미화, 2005)'을 목적으로 한다.

위의 교육 목표에 맞추어 다루어야 할 교육 내용을 제시하고 있다. 구체적인 교육 목표와 내용은 다음 몇 가지의 근거에 기초하였다.

첫째, 어린이집에서의 활동과 초등학교에서의 성공적인 학습에 필요한 듣기, 말하기, 읽기, 쓰기 기술을 향상시켜 적절한 의사소통 능력을 발달시키도록 한다.

둘째, 수학과 과학 개념은 생활에 유용한 도구이자 학교에서 학업성취를 위한 기초이다.

셋째, 기본생활에 대한 태도와 실천은 부모와 교사 모두가 강조한 부분이다.

넷째, 교사는 저소득 가정의 유아가 속한 지역사회의 문화와 신념, 가치관 그리고 부모의 양육방식 등에 대한 이해가 필요하다.

다섯째, 교사가 개별 유아의 강점을 발견하여 격려하는 것이 학습을 위한 동기 형성에 중요하다.

여섯째, 유아가 자신을 표현하는 방식은 다양하다.

일곱째, 놀이를 통한 학습에서 유아의 개인적인 속도를 인정해 주도록 한다.

이를 위한 구체적인 교육 목표를 9개로 설정하였다.

첫째, 정서적으로 안정되어 있으며 적절하게 자신의 감정을 표현하고 자기를 통제할 수 있다.

둘째, 놀이에 몰입하며 협동 및 극화놀이를 즐긴다.

셋째, 기본생활습관을 바르게 형성하고 자조 능력을 기른다.

넷째, 효과적인 의사소통 능력을 기른다.

다섯째, 읽고, 쓰기에 대한 관심을 갖도록 한다.

여섯째, 기본적인 수·과학 개념을 형성한다.

일곱째, 친사회성을 증진하여 또래와의 친근한 관계를 지속하도록 한다.

여덟째, 새로운 것을 학습하는 것에 대한 관심과 흥미를 갖도록 한다.

아홉째, 신체가 건강하며 대·소근육을 정교하게 조절한다.

위의 목표 아래 다루어야 할 내용을 선정하였는데 예시를 제시하면 다음과 같다.

[목표 4] 효과적인 의사소통 능력을 기른다

- 다양한 어휘를 이해하고 사용한다.
- 주의 깊게 필요한 이야기를 듣는다.
- 자신의 생각이나 느낌, 경험, 견해를 상황에 적절하게 전달한다.
- 발음을 보다 정확하게 긴 문장으로 말한다.
- 다른 사람의 지시를 듣고 이해한다.

5) 교수학습 방법

(1) 교수학습의 원리

저소득층 유아의 상황과 개인 특성을 이해하여 보육계획이 놀이 중심으로 운영되어야 한다는 것을 강조하며 아래와 같은 교수학습 원리를 제시하였다.

일반적인 유아교육 프로그램의 교수학습 원리와 비교할 때 차이가 나타난다기보다, 특히 유아의 개인 특성과 가족 특성을 고려한 교수학습 방법을 적용하도록 강조하고 있다.

첫째, 유아의 흥미로 시작하여 직접경험을 강조한다. 유아가 직접 경험한 내용을 확장시켜 주어 스스로 지식을 구성하도록 한다.

둘째, 자발적 놀이를 통한 학습을 강조한다. 학습에 있어서 놀이의 역할을 강조하며 유아가 즐겁게 참여하면서 숙달될 때까지 반복하고 몰입하여 스스로 학습을 구성해 가도록 한다.

셋째, 학습 내용은 유아의 경험과 연결되도록 내용 영역 간에 통합적으로 운영한다.

넷째, 유아의 개인차와 유아가 속한 환경을 고려한다. 저소득층 유아의 가정환경을 파악하고 이해하되 이는 존중되어야 할 부분이다. 이들이 가진 차이가 차별이 되지 않도록 하며 이러한 특성을 학습에 적용한다.

다섯째, 어린이집의 환경은 유아에게 친숙할 수 있도록 한다. 경우에 따라서는 유아가 가진 환경과 어린이집 환경 간에 차이가 존재할 수 있음을 인정하고 유아에게 최대한 친근한 환경이 되도록 배려한다.

여섯째, 구체적인 교구와 상황, 경험이 유아의 탐색활동에 중요한 매개체가 되어야 한다.

일곱째, 유아가 긍정적인 자아개념을 갖도록 사회적 상호작용을 자주 제공한다.

여덟째, 부모를 교육 과정에 포함하여 학습결과를 기대할 수 있도록 부모역할을 강조한다.

(2) 교사 역할

포괄적인 보육서비스에 기초한 아동교육 프로그램에서 강조하는 교사 역할은 유아의 발달 수준을 파악하고 이에 적합한 활동을 계획하고 실행할 수 있어야 한다는 것, 유아의 흥미에 적합한 놀이를 구성하고 적극적으로 놀이를 안내하며 개입하도록 하는 것 등으로 기존의 아동 중심 교육 프로그램에서 강조하던 것과 구별되지 않을 수 있다. 특히, 이 프로그램에서 특징적으로 강조하는 교사 역할은 몇 가지로 집약될 수 있다.

첫째, 유아가 성인과 사회·정서적으로 안정된 관계를 맺도록 하는 것과 이를 위한 사회적 행동에 대한 모델링을 보여 주는 것이다.

둘째, 기본생활습관 유지를 위한 활동을 지속적으로 전개하는 것이다.

셋째, 유아의 언어발달을 위한 교사 지원을 강조한다.

넷째, 유아의 부모에 대한 이해를 바탕으로 부모를 지원한다.

다섯째, 유아가 속한 가족과 지역사회 특성, 즉 신념과 가치, 가족문제, 주거환경 등에 대해 이해하며 유아를 둘러싼 환경의 영향을 고려한다.

6) 하루일과

포괄적 보육서비스에 기초한 아동교육 프로그램에서는 종일제로 운영하는데 일과와 내용의 강조점과 유의점을 알아보면 다음과 같다.

〈표 3-7〉 포괄적 보육서비스에 기초한 아동교육 프로그램의 하루일과 및 내용

일과내용	
등원	유아의 건강상태 살피기 유아의 청결상태 살피기 전날 전달사항에 대한 확인하기
오전 간식	간식 지도의 식습관에 대해 유념하기 개인적으로 잘못된 식습관의 경우 수치심이 들지 않도록 지도하기

일과내용	
놀이계획 및 일과소개	스스로 선택하는 기회와 의사결정 시도하기 동기부여하기 스스로 놀이하기 시도하기 놀이의 모델링 제시하기 놀잇감의 소중함 공유하기
정리정돈 및 배변	시간이 걸리더라도 정리정돈의 습관 형성하기 배변활동 시 여유 있게 기다려 주기 정리정돈하기
자유선택놀이 평가 및 대집단 활동	이야기할 순서와 차례에 대해 알도록 하기 또래와의 상호작용을 격려하기 주의집중 시간을 지속하기
점심식사	식습관과 위생관념에 대한 격려하기
실외 자유놀이	실외놀이 흥미 유발하기 실외 놀잇감 정리정돈 지도하기 규칙적인 일과 운영으로 예측할 수 있도록 하기
낮잠	편안한 휴식을 제공하기
낮잠 깨기와 오후 간식	타인에 대한 배려의 시간 제공하기 조리된 건강식 제공하기
오후 대집단 활동	자유로운 분위기 속에서 공동작업 유지하기 다양한 매체를 활용한 활동 제공하기
오후 실내외 자유놀이	오전활동의 연장 산책과 같은 여유 있는 활동으로 대체 가능
정리 및 귀가 준비	전달사항 등 하루일과의 마무리 준비하기

출처: 김명순·이미화(2005).

위에 제시된 바와 같이 하루일과에 따라 교사가 보다 유념해야 할 내용을 강조하여 제시하고 있다.

5. 푸르니 보육 프로그램

1) 배경

푸르니 보육 프로그램은 2003년 맞벌이가정의 자녀양육 지원을 위한 직장어린이집 운영을 목적으로 개발되었다. 영유아의 권익을 보호하고, 질 높은 보육을 통해 부모와 가정을 지원하며, 직장의 참여와 다양한 사회적 지원을 효율적으로 연계하는 일·가정 양립 프로그램을 추구하며 발전해 왔다.

2) 추구하는 어린이상

푸르니 보육 프로그램에서 추구하는 어린이상으로 '궁극적으로 행복한 어린이'를 선정하고 하위로 네 가지 어린이상인 '유능하고 창의적인 어린이', '기쁘게 생활하는 어린이', '스스로 행동하는 어린이', '다른 사람을 존중하는 어린이'로 구분하여 설명하고 있다(그림 3-2).

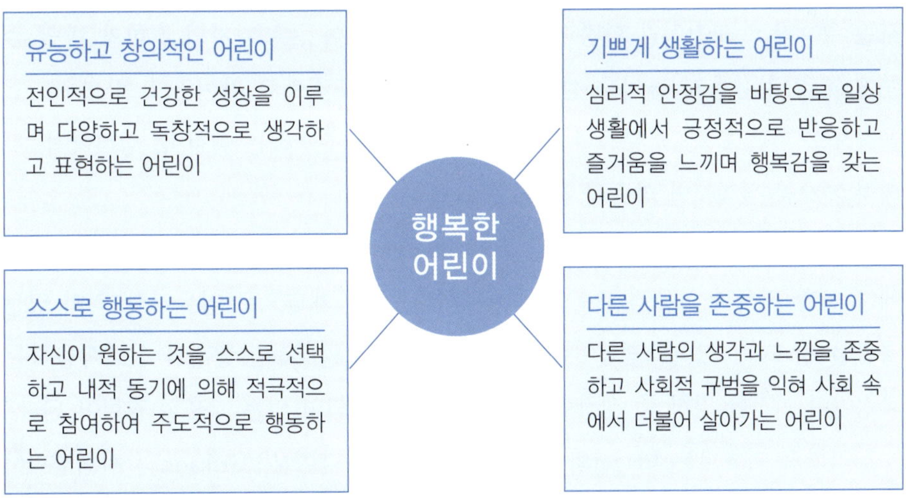

[그림 3-2] 푸르니 보육 프로그램에서 추구하는 어린이상

출처: 푸르니보육지원재단(2016). 푸르니 보육프로그램: 총론. p. 10.

3) 이론적 기초

푸르니 보육 프로그램은 아동 중심 보육철학, 아동 주도적 학습과정 및 전문적인 교사 상호작용을 통한 교육 원리, 직장어린이집이 갖는 고유한 특성을 사회적 기초로 삼는 이론적 체계를 갖추고 있다.

(1) 영유아에 대한 관점

아동 중심 보육철학에서는 아동을 존중하고 아동이 지닌 잠재력에 대한 신뢰를 바탕으로 각 아동을 서로 다른 능력과 특성을 가진 고유한 존재로서 존중하고 개인마다 발달 양상과 발달 속도가 다름을 인정하는 것이다. 아동 개별 존재의 존중, 아동이 가진 잠재력에 대한 신뢰, 아동은 능동적으로 주도성을 가지고 스스로 배울 수 있는 존재라고 믿는 관점을 가지고 있다.

(2) 교육에 대한 관점

영아의 학습과정은 자발적인 선택과 주도적인 활동으로 이루어지도록 한다. 교사는 흥미롭고 도전적인 환경과 활동을 제공하고 아동은 각자의 흥미와 발달 수준에 따라 자유롭게 놀이를 선택한다. 아동은 주도적으로 참여하고 몰입하며 효율적으로 학습해 간다. 푸르니 보육 프로그램에서 추구하는 철학적, 심리학적, 사회적 기초를 살펴보면 다음과 같다.

철학적 기초로는 Dewey의 실용주의(pragmatism) 철학을 기초로 하여 실생활에 유용한 지식과 실용적 교육을 중요시한다. 핵심 개념으로 영유아의 '의미 있는 경험'을 강조하고 있다. 경험이란 영유아가 자신의 일상적인 환경과 상호작용하는 과정이며 이러한 경험 중 성장에 기여하는 경험이 의미 있는 교육적 경험이 된다.

심리학적 기초로는 Piaget와 Vygotsky의 인지발달이론, Erikson의 사회심리이론, Csikszentmihalyi의 몰입이론 등을 포함하고 있다.

사회적 기초로는 직업을 가진 부모의 자녀양육을 지원하기 위한 직장어린이집의 요구를 반영한 종일제 프로그램의 특성을 반영하고 있다. 직장어린이집의 특성은 영유아가 비교적 어린 시절부터 장시간 어린이집에서 생활하게 되므로 교사와의 애착형성을 강조하고 영유아의 발달 속도와 개인차를 인정하는 개별화 교육에 중점을 두는 것이다. 또한 하루 종일 기관에 머물러야 하거나, 기존의 사무 공간을 보육실로 개조한 이유로 자칫 신체발달의 기회가 부족할 수 있다. 이를 보완하기 위해 실외활동 또는 신체활동을 충분하게 제공하는 것이다. 한편 부모의 자녀양육 지원을 강조하며 가정과 기관 간의 연계와 상호협력을 강조한다.

한편, 교육관을 살펴보면 영유아의 자율성과 주도성을 중시하며 영유아가 스스로 선택하도록 교육환경을 제공한다. 이 과정에서 영유아의 몰입이 이루어지도록 지원하게 된다. 몰입의 결과로 효과적인 영유아의 학습이 일어나며 개별 영유아는 스스로 즐기는 가운데 행복감을 느끼고 이 과정에서 자신의 잠재력을 발휘할 수 있다고 믿는다. 즉, 교수학습과정에서의 핵심원리는 '영유아의 흥미에 따른 선택(Interest & choice), 주도(initiative), 몰입(Immersion)이라고 할 수 있다.

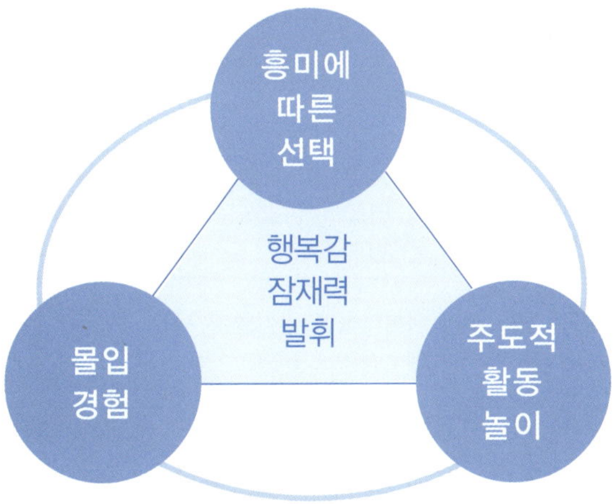

[그림 3-3] 핵심원리의 실현과정

출처: 푸르니보육지원재단(2016). 푸르니 보육프로그램: 총론. p. 15.

교사의 역할에서 강조하는 것은 상호작용이다. 교사는 개별 아동의 특성과 발달 수준을 이해하고 이를 고려한 놀이와 활동을 다양하게 제공하며 아동의 관심과 사고를 확장하고 학습을 촉진하도록 효과적이고 전문적으로 상호작용한다.

4) 보육목표

푸르니 보육 프로그램은 국가 수준의 표준보육과정과 누리과정의 기본틀은 유지하되 영유아의 자발적 선택, 주도, 몰입이 이루어지는 놀이 중심 프로그램이다. 반면 영유아의 연령별 발달 수준에 따른 강조점에서는 각기 차별성을 가지고 있다. 〈표 3-8〉에 푸르니 보육 프로그램의 연령별 보육목표를 제시하였다.

〈표 3-8 〉 푸르니 보육 프로그램의 연령별 보육목표

영역	0~1세	2세	3~5세
기본생활	건강하고 안전한 일상생활을 경험한다.	건강하고 안전한 생활습관의 기초를 마련한다.	(신체운동·건강 영역) 기본운동 능력과 건강하고 안전한 생활습관을 기른다.
신체운동	감각 및 기본 신체운동 능력을 기른다.	감각, 신체조절 및 기본운동 능력을 기른다.	
의사소통	말소리를 구분하고 의사소통의 기초를 마련한다.	의사소통 능력의 기초를 기른다.	일상생활에 필요한 의사소통 능력과 바른 언어사용 습관을 기른다.
사회관계	친숙한 사람과 관계를 형성한다.	나를 인식하고 다른 사람과 더불어 생활하는 경험을 한다.	자신을 존중하고 다른 사람과 더불어 생활하는 능력과 태도를 기른다.
예술경험	아름다움에 관심을 가진다.	아름다움에 관심을 가지고 예술경험을 즐긴다.	아름다움에 관심을 가지고 예술경험을 즐기며, 창의적으로 표현하는 능력을 기른다.
자연탐구	보고, 듣고, 만지면서 주변 환경에 관심을 가진다.	주변 환경에 호기심을 갖고 탐색하기를 즐긴다.	호기심을 가지고 주변 세계를 탐구하며 일상생활에서 수학적 과학적으로 생각하는 능력과 태도를 기른다.

마찬가지로 0~1세, 2세 보육내용은 표준보육과정, 3~5세 보육내용은 누리과정에 따라 연령별 강조점을 제시하고 있다.

5) 교수학습 방법

푸르니 보육 프로그램에서는 영아와 유아의 발달과 특성에 따라 부합되는 교수학습 방법을 적용하고 있다.

(1) 영아보육 프로그램의 교수학습 방법

영아보육 프로그램에서는 안정된 정서를 기반으로 영아의 내재된 잠재력과 흥미를 고려하여 개인의 독자성과 유능함을 최대한 발휘할 수 있도록 지원하는 교수 방법을 적용한다.

민감하고 온정적인 보살핌을 통한 안정애착형성

- 일상생활의 민감한 보살핌과 온정적인 태도로 영아의 신뢰감 형성
- 일관된 상호작용을 통한 교사와 영아 간 안정적 애착형성
- 영아의 생리적 요구를 배려한 편안한 일상생활 운영

영아의 자율적 선택과 참여에 의한 능동적인 학습

- 영아가 스스로 선택한 활동에 즐겁게 참여하는 과정을 통해 능동적인 학습 운영
- 교사는 환경 구성자로서 다양한 감각적 자극을 제공하여 영아의 선택과 학습을 지원

탐색과 놀이를 통한 학습

- 오감을 활용한 자유로운 탐색과 영아가 주도권을 지니는 자유놀이를 강조
- 탐색과 놀이를 위한 충분한 시간과 공간, 자료를 제공하며 민감한 상호작용을 제공

- 영아의 놀이는 영아가 내적 동기에 의해 자발적으로 시작하고 적극적으로 참여하는 활동이며 그 속에 즐거움과 자유로움 그리고 상상적인 요소가 포함

개별화가 강조된 학습

- 영아 개인별 능력과 흥미, 발달적 요구 등의 차이를 인정하고 개별성을 존중하고 배려함으로써 영아가 지닌 개성과 잠재력을 극대화
- 영아의 신체적, 심리적 발달의 개인차, 기질과 성격의 개인차 등을 고려하여 개별적 상호작용을 최대한 강조
- 가정 내 영아의 주 양육자나 부모의 양육방식 등을 고려하여 영아의 반응양식을 이해하고 그에 따라 개별화된 상호작용

지속적인 관찰을 반영한 융통적인 학습

- 영아의 놀이행동을 지속적으로 관찰하여 후속 놀이와 활동에 반영
- 교사의 계획보다 영아의 관심과 흥미에 의해 융통성을 강조
- 개별 영아에 대한 관찰을 토대로 기질과 생리적 요구를 충분히 반영한 융통적인 보살핌 제공

(2) 유아보육 프로그램의 교수학습 방법

유아보육 프로그램에서는 유아의 잠재력과 흥미를 고려하여 개별 유아마다 지닌 독특한 개성과 유능함이 최대한 발휘될 수 있는 교수 방법을 운영한다. 유아의 능동적이고 주도적인 특성을 존중하는 교수학습 방법을 적용한다.

유아의 계획과 주도에 의한 능동적인 학습

- 유아의 계획과 선택, 스스로 선택한 활동에 대한 몰입, 자신의 경험과 활동에 대한 평가 등을 통해 능동적으로 학습

- 유아가 수동적인 자세가 아니라 끊임없이 지적으로 도전하고 능동적으로 행동하면서 배움
- 교사는 조력자, 안내자, 분위기 조성자, 환경 구성자로서 유아의 능동적 학습을 지원

주제 통합을 통한 학습

- 유아의 흥미와 발달적 요구를 고려한 생활주제를 선정하고 모든 교육 활동과 경험이 연계되게 실시되며 궁극적으로 전인발달을 추구
- 준비된 환경과 자료를 통해 교육 활동과 경험이 이루어지며 생활주제를 중심으로 여러 교과 영역과 발달 영역이 포괄되도록 활동을 구성한다. 흥미 영역 간 통합, 유아의 사전경험과 현재 활동 간 통합, 다양한 교과목 간 통합 등을 반영

놀이와 활동을 통한 학습

- 유아가 선택권과 주도권을 지니는 자유선택활동을 강조하고 놀이를 위한 충분한 시간과 공간, 자료를 제공하며 이 과정에서 자유롭고 융통적인 상호작용을 제공
- 외부 규칙에 따라 구속받기보다 놀이를 통해 유아가 생각하고 상호조정하며 문제를 해결해 가는 과정을 통해 개념과 지식을 습득

개별화와 소집단이 강조된 학습

- 유아 개인의 서로 다른 능력과 흥미, 발달적 요구 등의 차이를 인정하여 개별성을 존중하고 배려하는 개별화 교수전략을 사용함으로써 유아가 지닌 개성과 잠재력을 극대화
- 또래 간의 상호작용, 교구와 유아 간의 상호작용 등을 통해 유아가 스스로 지식과 경험을 통합하고 재구성

직접 체험을 통한 학습

- 유아의 주변 환경을 중심으로 방문과 견학, 특정 분야의 전문가 초청 등 다양한 직접 체험과 교류의 경험을 제공하여 영유아의 관심 확대와 특정 분야의 심도 있는 탐구 경험, 이를 통한 사고의 재구성

6) 보육 프로그램 운영

연령에 따라 운영되는 푸르니 보육 프로그램의 연령에 따른 강조점을 살펴보면 다음과 같다.

(1) 0세 안정애착을 위한 개별적 양육

영아의 개별적인 특성과 요구를 반영한 민감하고 온정적인 양육을 통해 건강하고 안전한 일상생활과 안정적인 애착을 이루는 것을 강조한다.

첫째, 개별적인 특성을 고려한 온정적이고 민감한 보살핌

둘째, 개별적인 발달 수준과 생체 리듬을 고려한 일상생활

셋째, 건강하게 생활하고 자유롭게 탐색할 수 있는 안전한 환경

0세 보육 프로그램 운영에서 일상생활, 신체놀이, 언어놀이, 탐색/표현놀이로 구분하여 강조점을 제시하고 있다.

- 일상생활: 위생적이고 독립적인 공간에서 영아마다 서로 다른 개별적인 욕구에 맞추어 수유, 배변, 휴식과 수면 등의 일상생활이 편안하게 이루어지는 것을 강조
- 신체놀이: 안전한 공간에서 신체 움직임을 자극하는 놀이기구로 활발하게 몸을 움직이고 즐기며 대·소근육 운동기술과 신체기능 발달을 강조

- 언어놀이: 영아가 다양한 소리를 듣고 소리를 내어 보는 언어활동, 꾸준한 언어자극, 언어적·비언어적으로 소통하는 경험을 통해 언어적 관심이 증가하고 의사소통을 적극적으로 시도
- 탐색/표현놀이: 관심에 따라 주변을 관찰, 탐색, 조작할 수 있는 풍부한 환경 속에서, 자유로운 탐색을 통해 감각기능이 발달되고 주변 세계에 대한 관심, 지각, 호기심 확장

(2) 1세 자발적 탐색을 위한 오감 체험

안전하고 풍부한 환경 속에서 감각기관을 활용하여 주변을 느끼고 스스로 탐색하는 체험을 통해 주변 세계를 알아간다.

첫째, 개별적 성장에 초점을 맞춘 민감하고 안전한 보살핌
둘째, 관심과 활동의 폭을 넓혀가는 주변에 대한 자유로운 탐색
셋째, 신체발달을 촉진하는 안전하고 도전적인 환경

1세 보육 프로그램에서 신체놀이, 언어놀이, 탐색활동, 표현놀이를 구분하여 강조점을 제시하고 있다.

- 신체놀이: 활발한 신체 움직임을 자극하는 도전적인 놀이기구와 감각적인 자료를 통해 균형감과 안정감 등 신체조절 능력 향상
- 언어놀이: 흥미 있는 놀이를 통해 언어발달을 촉진하고, 언어적 모방을 통해 의사표현 능력이 향상
- 탐색활동: 다양한 오감 자료로 자유롭게 탐색하고 주변 세계에 호기심을 키우며 사물에 대한 기초 개념 형성
- 표현놀이: 다양한 자료를 활용한 놀이를 통해 예술적 요소에 호기심을 갖고 자유롭게 자신의 생각과 느낌을 표현

(3) 2세 자율성 증진을 위한 주도적 놀이

독립된 존재로서 나 자신을 인식하고 원하는 것을 스스로 선택하여 자유롭게 시도하고 표현해 보면서 긍정적인 자아상과 자율성을 기른다.

첫째, 개별적 관심과 흥미에서 시작되는 자발적인 선택과 놀이
둘째, 자신의 생각대로 즐겁게 이끌어 나가는 주도적인 활동
셋째, 자유로운 자기표현을 통한 유능감 및 성공 경험

2세 보육 프로그램에서 신체놀이, 언어놀이, 감각·탐색활동, 역할·쌓기놀이, 표현놀이로 구분하여 강조점을 제시하고 있다.

- 신체놀이: 오르고 내리기와 자전거 타기 등 다양한 움직임을 촉진하는 활동, 끌차와 스펀지 공 등 흥미를 자극하는 자료를 통해 기본운동 능력 및 신체조절 능력 증진
- 언어놀이: 흥미로운 듣기, 말하기 활동과 일상생활에서 제공되는 바람직한 언어 모델링을 통해, 자신의 생각과 느낌을 구체적인 말로 표현하고 짧은 이야기를 듣고 즐기면서 의사소통 능력 발달
- 감각·탐색활동: 인과관계를 경험할 수 있는 조작 놀잇감과 주변 자연물을 탐색하는 과정을 통해 수·과학에 대한 기본 개념과 사고의 기초 능력 형성
- 역할·쌓기놀이: 일상적인 경험을 상상놀이로 표현하면서 경험을 보다 구체화시키고 이 과정에서 사회적 역할과 개념을 자연스럽게 습득
- 표현놀이: 자신의 생각과 느낌을 자유롭게 표현하는 다양한 미술활동과 음률활동을 통해 즐겁게 자신을 표현해 보면서 심미감을 갖고 주변의 아름다운 요소에 관심 증가

(4) 3~4세 사고력 증진을 위한 통합적 활동

인지적 성장과 사회적 관심을 토대로 주제 중심의 통합적 활동을 통해 즐겁게 배우고 스스로 사고하는 능력을 기른다.

첫째, 호기심과 사고를 자극하는 교육환경과 활동

둘째, 흥미에 따라 주도적으로 선택하고 참여하는 즐거운 놀이와 활동

셋째, 여러 영역이 연결되어 확장되는 통합적 학습 경험

넷째, 또래와 즐겁게 함께하는 사회적 관계

- 쌓기놀이: 다양한 형태의 블록과 소품을 활용하여 구성물을 만드는 창의적인 놀이과정을 통해 수학적·물리적 개념이 형성되며 또래와 함께하는 즐거움을 느끼고 친사회적 기술을 습득
- 역할놀이: 역할놀이에서 사회적 지식과 경험을 놀이로 표현해 보면서 사회적 역할에 대한 이해가 증진되고 다른 사람의 생각과 감정을 이해
- 언어활동: 경험 이야기하기, 동시와 동화 즐기기 등 듣고 말하기 활동을 통해 주의 깊게 듣고 자신의 생각과 느낌을 적절한 말과 태도로 표현하며, 글자의 모양, 글과 말의 관계를 인식하면서 친숙한 글자를 중심으로 읽기와 쓰기 등의 기초 능력 발달
- 수·과학활동: 다양한 수학활동을 통해 수와 도형, 공간, 규칙성, 비교, 분류 등 수학적 개념이 발달되며, 자연 현상과 주변 대상을 조사하고 탐구하면서 과학적 사고 능력 발달
- 미술·음률활동: 자신의 생각과 느낌을 여러 가지 재료와 도구, 다양한 방법으로 표현하면서 창의적 표현력이 발달하고, 다른 사람의 작품을 감상하면서 풍부한 감성과 심미적 태도 발달

(5) 5세 초등연계를 위한 통합적 학습

또래와 협력하고 심화된 탐구과정을 통해 몰입을 경험하며 학습에 대한 내적 동기와 올바른 태도를 키워 이후 학교생활의 기초를 마련한다.

첫째, 유아의 관심과 교육적 가치가 있는 주제 중심의 학습

둘째, 주제를 중심으로 관심을 확장해 나가는 심층적인 탐구과정

셋째, 타인과 협력하여 결과를 완성하는 구조적 활동으로의 확장

- 쌓기놀이: 다양한 소품을 활용하여 유아의 구성물이 더욱 풍성해지고, 수학적·물리적 개념과 창의적 구성력을 기르며 협동작업과 문제해결과정에서 타인의 의견을 존중하고 협의하는 경험을 제공
- 역할놀이: 확장된 주제로 전개되는 사회극놀이를 통해 유아는 다양한 사회적 지식을 구성하고 익히며 놀이과정에서의 갈등 상황을 스스로 해결
- 언어활동: 연극놀이, 언어게임 등을 통해 말하기, 듣기, 읽기, 쓰기 영역이 발달하며, 문해활동을 즐기면서 자연스럽게 글자에 대한 관심 증가
- 수·과학활동: 구체물을 활용한 다양한 수활동을 통해 수학적 지식을 구성하고 논리·수학적 사고 능력이 발달하며, 관찰과 실험과정에서 과학적 탐구 방법과 기술을 익히고 문제해결 능력 신장
- 미술·음률활동: 자신의 생각과 느낌을 표현하는 활동이 보다 정교하고 독창적으로 이루어지면서 표현기법과 도구가 확대되고, 또래와 협의하여 진행하는 협동작업 능력이 향상
- 컴퓨터 활동: 컴퓨터를 활용하여 궁금한 문제를 스스로 알아보고 정보를 찾아 이를 통합하는 과정을 익히며, 컴퓨터를 학습의 유용한 도구로 인식하고 올바르게 사용

7) 하루일과

푸르니 보육 프로그램에서 운영하고 있는 하루일과는 식사, 낮잠, 화장실 가기

등의 기본적인 일상생활과 실내외 자유놀이, 대소집단 활동 등의 교육적 활동이 이루어지는 시간으로 구성된다. 영유아의 상태 및 흥미, 어린이집의 상황, 시기 및 계절 등에 따라 융통성 있게 운영하되 기본적이 연령별 하루일과는 일관성 있게 진행된다. 규칙적인 하루일과를 진행하면서 영유아에게 균형잡힌 경험을 제공하고 예측 가능한 일과를 통해 심리적 안정감을 갖도록 한다. 2세반과 3~4세반의 하루일과를 소개하면 〈표 3-9〉와 같다.

〈표 3-9〉 2세반과 3~4세반의 하루일과

2세반의 일과시간	주요 일과	3~4세반의 일과시간
7:30~8:50	등원 및 오전 통합보육	7:30~9:00
8:50~10:30	간식 및 실내 자유놀이	9:00~10:50
10:30~10:40	2세 전이 3~4세는 대소집단 활동	10:50~11:10
10:40~11:40	실외 자유놀이 (실내놀이터 놀이)	11:10~12:00
11:40~12:40	정리 및 점심식사	12:00~13:00
12:40~15:00	낮잠 및 조용한 놀이	13:00~15:00
15:00~17:00	간식 및 실내 자유놀이	15:00~17:00
17:00~18:00	실외 자유놀이 (실내놀이터 놀이)	17:00~17:50
18:00~18:40	저녁식사	17:50~18:30
18:40~22:00	야간 통합보육 및 귀가	18:30~22:00

출처: 푸르니보육지원재단(2016). 푸르니 보육프로그램: 총론.

하루일과를 살펴볼 때 보육 프로그램의 특성상 연령에 따른 운영시간은 동일하나 시간 배정에서 차이가 나타남을 알 수 있다. 또한 제한된 실외 공간에서의 안전하고 효율적인 활용 상황을 고려하여 실외놀이터와 실내놀이터의 이용을 2세반과 3~4세반이 교대로 활용하고 있는 사례라고 할 수 있다.

C·H·A·P·T·E·R 04

국외 영유아 프로그램

20세기를 전후하여 유아를 대상으로 교육하기 위한 프로그램들이 다양하게 개발되고 적용되어 왔다. 각 프로그램마다 토대가 된 철학적 이론에 따라 교수 원리와 방법을 달리하며 교육 내용을 구성하여 운영하고 있다. 각 프로그램에서 강조하는 교육 원리와 방법에 따라 프로그램 간의 유사점 또는 차이점을 나타내기도 하였다. 이들 프로그램은 국내에서도 소개되어 운영되고 있다.

이 장에서는 각기 고유한 특징을 가지고 있는 유아교육 프로그램을 중심으로 소개하고자 한다. 장애아 교육에 관심을 두고 개발되었으나 일반유아에게도 적용된 몬테소리 프로그램, 2차 대전 후 이탈리아에서 유아를 대상으로 혁신적인 교육을 위해 개발된 레지오 에밀리아 접근, 구성주의적 관점에 입각하여 유아를 능동적인 학습자로 간주한 프로젝트 접근법, 인간에 대한 심층적인 이해를 바탕으로 구성된 발도르프 프로그램을 소개한다.

1. 몬테소리 프로그램

1) 배경

몬테소리 프로그램은 Maria Montessori(1870~1952)에 의해 시작되었다. 그는 이태리 최초의 여의사이자 교육자로서 정신의학, 교육학, 인류학 등 다양한 분야에서 일하며 당대에 앞서가는 선각자 역할을 하였다. 특히, Montessori는 유아의 생활을 지원하기 위한 환경을 준비해 주고, 유아가 자유스럽게 생활하는 환경 안에서 관찰해야 하며, 유아가 정서적으로, 정신적으로 자신의 능력을 충분히 발휘하기 위해 환경에 지속적으로 적응해 나가야 한다고 주장하였다. Montessori는 1896년 정신병원에서 정신지체아들의 치료를 담당하면서 이들에게 필요한 것이 치료보다 교육이라는 인식을 가지게 되었다. 이러한 인식의 전환에는 프랑스의 의사 이타르(Jean-Marc Gaspard Itard)와 세귄(Eduard Séguin)의 영향이 컸으며, 이들이 정신지체아를 대상으로 실시한 의학적, 교육적 치료법에 관심을 가지게 되었다. 이를 바탕으로 정신지체아를 교육하기 위해 스스로 고안한 감각교구를 사용하여 효과를 보게 되었다. 이러한 경험을 토대로 1907년에는 로마의 낙후된 빈민지역인 산 로렌조에 어린이집(Casa dei Bambini: The Children's House)을 세워 일반유아에게도 자신만의 교육을 적용하게 되었다. 이후 몬테소리 교육은 세계 각국으로 퍼져 나갔으며 현재도 각지에서 활발하게 운영되고 있다.

2) 유아관과 기본 가정

(1) 유아관

Montessori가 가진 유아에 대한 관점은 유아는 만들어지기를 기다리는 '백지상태(blank state)'의 존재가 아닌 저마다 각자 고유한 잠재력을 가진 존재로 바라보는 것이었다. 이를 보다 구체적으로 알아보면 다음과 같다.

첫째, 유아는 끊임없이 자신을 창조해 낼 수 있는 무한한 잠재적 가능성을 지닌다.

둘째, 유아는 사물과 환경을 적극적으로 탐색하며 지적 성장을 이루어 간다.

셋째, 유아는 독립적인 존재로 인격을 존중해 주어야 한다.

넷째, 유아는 개별적인 존재로 개성을 인정하여 개별화 교육을 하여야 한다.

다섯째, 유아는 선천적으로 내적 에너지가 존재하며 스스로 환경을 탐색하는 적극적인 학습자다.

여섯째, 유아는 창조적 본능을 타고 났으며, 환경을 통해 내적 정신세계를 구축해 간다.

(2) 기본 가정

Montessori는 자신이 고안한 교육을 적용하는 데 필요한 몇 가지 기본 가정을 제안하고 있다.

❶ 유아는 민감기(sensitive period)를 가지고 있다

Montessori는 유아에게 특정 행동을 쉽게 배울 수 있는 민감기가 있다고 믿었다. 유아는 성장하면서 민감기를 통해 보다 적극적으로 환경과 접촉하여 환경에 적응하게 된다(이기숙, 2013). 민감기는 유아마다 나타나는 시기가 상이하나 대체로 0세에서 6세 사이에 걸쳐 있다. 유아의 행동에 따른 민감기의 특성은 질서에 대한 민감기, 혀와 손으로 환경을 탐색하는 민감기, 걷기에 대한 민감기, 세부적인 것을 인식하는 민감기, 언어를 획득하는 민감기, 양손 사용에 대한 민감기 등을 보여 준다. 그 외에도 유아의 성장과정에서 각 행동에 대한 민감기가 지속적으로 나타나며 통합되는 과정을 반복하게 된다.

❷ 유아는 흡수정신(absorbent mind)을 가지고 있다

Montessori는 모든 유아에게는 '흡수하는 정신'이 내재되어 있으며 이를 통해 환경을 받아들이고 자발적으로 경험하며 학습하게 된다고 믿었다. 흡수정신은 초반에는 무의식적으로 환경에서 얻은 경험을 흡수하나, 점차 의식적으로 그리고 계획적으로 흡수하게 된다.

❸ 유아는 '정상화(normalization)'된다

'정상화'는 유아가 어떤 활동을 할 때 흥미를 느껴 집중적으로 활동을 지속하고 반복하며 즐거움과 만족을 가지게 되어 목적지향적으로 작업을 선택해 나가는 과정을 의미한다. 몬테소리 교육은 유아가 환경에 적응하고 사회적 욕구를 받아들이며 정상화하는 데 목적을 둔다.

❹ 유아는 스스로 학습하는 '자동화 교육(auto education)'을 한다

유아는 스스로 선택하고 결정하며 책임질 수 있는 창조적인 존재로 스스로 자신의 잠재력을 펼쳐 나가는 것을 의미한다. 이때 준비된 환경을 제공하여 유아가 스스로 활동해 나갈 수 있도록 한다.

❺ 준비된 환경(prepared environment)이 강조된다

Montessori는 자신이 고안한 교구로 교사가 준비된 환경을 제공하는 것을 중요시 여긴다. 준비된 환경에는 물리적 환경과 심리적(인적) 환경 모두가 포함된다. 몬테소리 프로그램에서는 상호작용의 유형[4)] 중 교구와의 상호작용을 강조하는데, 교사는 관찰을 통해서 유아가 개별적인 속도에 따라 자발적인 학습이 일어나도록 교구를 선택하여 상호작용할 수 있는 환경을 제공해 주어야 한다.

---

4) 상호작용의 유형은 세 가지, 즉 유아-교사 상호작용, 유아-유아 상호작용, 유아-교구 상호작용으로 구분된다. 교육 프로그램에서 추구하는 바에 따라 각각 강조되는 상호작용 유형에 차이가 있다.

3) 교육 목적

몬테소리 교육의 목적은 '정상화'이다. 유아가 정상화되었다는 것은 환경의 질서에 순응하고 전인적인 발달을 균형 있게 이룬 상태를 의미한다. Montessori는 유아의 정상화를 위해서 유아에게 자신의 수준과 흥미에 적합한 준비된 환경을 제공하여 유아가 집중하고 반복하며 과제를 완성하는 과정을 통해 즐거운 상태로 나아가도록 해야 한다고 하였다.

4) 교육 내용

교육 내용은 준비된 환경을 통해 나타난다. 교육 내용을 구현하기 위한 준비된 환경은 약 5개 영역으로 구성되며 각 영역에서 유아가 교구와의 상호작용을 진행하게 된다.

(1) 일상생활 영역

일상생활 영역은 각 나라의 지리적, 문화적 환경 조건 아래 다양한 생활방식을 연습하기 위한 내용을 포함한다. 일상생활과 관련된 연습의 직접적 목적은 매일의 실제생활에서 필요한 기술 습득과 독립심을 기르는 데 있다. 그리고 간접적 목적은 운동조작 능력에 필요한 의지력과 이해력, 집중력과 질서감을 발달시키는 데 있다. 이 과정을 통해 유아는 독립심과 바른 인성을 기르고, 문화적으로 요구되는 내용을 배운다. 일상생활 영역은 움직임과 조작, 개인관리, 환경관리, 예의범절로 구성되어 있다.

❶ 움직임과 조작

움직임과 조작은 일상생활에 필요한 소근육 활동과 대근육 활동으로 구분된다. 예를 들면, 소근육 활동으로 옮기기, 따르기, 짜기, 끼우기, 자르기 등이 포함되고, 대근육 활동으로 선 따라 걷기, 조용한 놀이 등이 포함된다.

❷ 개인관리

개인관리는 유아가 자신의 신변을 관리하기 위한 활동으로 손 씻기, 머리 빗기, 옷 입고 벗기, 옷 걸기, 이 닦기, 코 풀기, 모자 벗고 쓰기 등이 포함된다.

❸ 환경관리

환경관리는 유아가 자신의 주변 환경을 이해하고 관리하기 위한 활동으로 청소하기, 먼지 털기, 빗자루로 쓸기, 수건 빨기, 물 따르기, 거울 닦기, 상 차리기, 동·식물 키우기 등과 관련된 실물을 활용한 경험이 포함된다.

❹ 예의범절

예의범절은 사회적 관계에서 필요한 사회화 행동으로 인사하기, 감사하기, 친구에게 도움 청하기, 축하하기, 사과하기, 초대하기 등이 포함된다.

일상생활 영역에서 사용되는 교재·교구의 조건

- 일상생활에서 사용하는 실물
- 유아의 심신발달에 적합한 크기
- 부주의하면 깨지거나 부서질 수 있는 것
- 매력적인 교구
- 쉽게 닦을 수 있고 씻을 수 있는 위생적인 것

일상생활 영역에서 사용하는 교구의 예시로 옷틀 세트(dressing frames)는 정사각형의 나무틀에 큰 단추, 지퍼, 허리띠, 리본 묶는 옷감으로 구성되어 있다. 옷틀을 이용한 작업과정을 통하여 일상생활에서 스스로 옷을 입고 벗는 능력과 독립심을 기르게 된다.

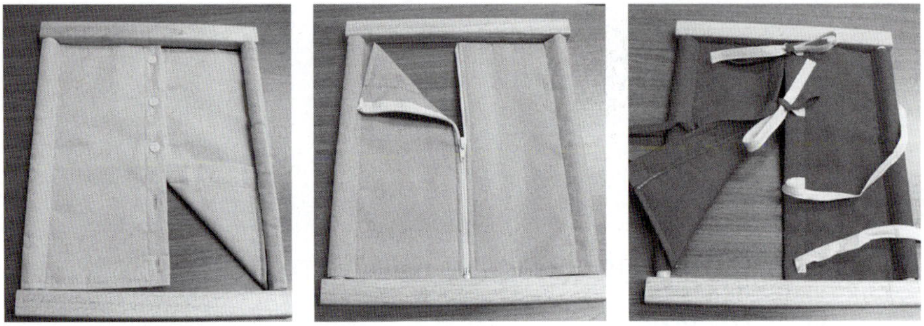

[그림 4-1] 몬테소리 일상생활 영역의 옷틀 세트들

(2) 감각교육 영역

유아는 태어나면서부터 감각을 통해 자신의 주변 환경을 경험하므로 유아가 감각에 대한 민감성을 길러서 사물의 감각적인 특징(크기, 색, 모양, 무게 등)에 흥미를 갖도록 하는 것이 중요하다. 따라서 유아의 감각 능력을 자극하기 위한 감각교육용 교구가 필요하다. 감각교육의 목적은 감각자극을 통한 경험에만 있는 것이 아니라 수학교육, 언어교육, 문화교육에 필요한 논리적 사고력을 기르고, 인격 형성을 위한 기초 능력을 기르는 데 있다.

감각교육을 위한 교구의 내용 구성은 단일감각과 복합감각으로 구분되며 그에 따른 교구의 종류를 살펴보면 다음과 같다.

❶ 단일감각

시각, 촉각, 후각, 청각, 미각 등 하나의 감각을 훈련하기 위한 교구가 포함된다.

- 시각교육
  - 차원지각: 꼭지 달린 원기둥, 꼭지 없는 원기둥, 분홍 탑, 긴 막대, 갈색계단
  - 색깔지각: 색깔판
  - 형태지각: 기하도형 서랍, 기하도형 카드, 직사각형 상자, 삼각형 상자, 작은 육각형 상자, 큰 육각형 상자, 직사각형 상자 등
- 촉각교육: 근육촉각 구별로 거칠고 부드러운 판, 촉각판 맞추기, 직물상자, 곡물 및 단추 종류 분류
- 청각교육: 소리 상자, 종
- 미각교육: 맛보기병
- 후각교육: 냄새 맡기 상자

[그림 4-2] 단일감각교구의 예시

❷ 복합감각

중력감, 온도감 및 입체감 등 복합적인 감각을 훈련하기 위한 교구가 포함된다.

- 입체감: 기하학적 입방체, 비밀주머니
- 온도감: 온도병, 온도판
- 중력감: 무게판

(3) 수학교육 영역

유아는 일상생활에서 수학적 개념을 알아가며 일상 어디에서나 수학적 사고가 필요하다. 예를 들면, 물건을 사고 돈을 계산하는 것, 시계를 보는 것, 달력을 보고 날짜를 계산하는 것 등 생활적응에 필요한 기초적인 수학적 개념을 학습하는 것은 매우 중요한 일이다. 특히, 몬테소리의 수교육은 십진법 체계를 구체물을 이용하여 효과적으로 학습하도록 되어 있다. 또한 연산의 기초를 다지고 감각탐색을 통한 기하개념의 기초를 갖도록 해 준다.

수학교육은 유아의 논리적 사고 증진에 도움이 된다. 수학교육의 직접적인 목적은 생활 경험을 통한 수와 양을 논리적으로 학습하는 데 있고, 간접적인 목적은 인격 형성을 위해 필요한 추상력, 상상력, 이해력, 판단력 등을 기르는 데 있다. 수학교육을 위한 내용 구성을 알아보면 다음과 같다.

- 1~10의 개념: 수막대, 모래판 숫자카드, 물레가락 상자, 숫자와 바둑알, 기억놀이, 색구슬과 수카드 등
- 십진법: 금색 구슬, 카드의 소개, 큰 수의 구성, 은행놀이, 우표놀이, 점놀이
- 연속 수: 세강판, 100과 100의 사슬, 평방과 입방의 사슬
- 가감승제: 뱀 놀이, 작은 수막대와 덧셈, 뺄셈, 색 비즈, 곱셈판, 나눗셈판 등

- 분수: 분수의 개념 소개, 분수봉, 분수철판 도형
- 기하학 도입: 점, 선, 각도, 평면 입체 소개, 기하도형 만들기

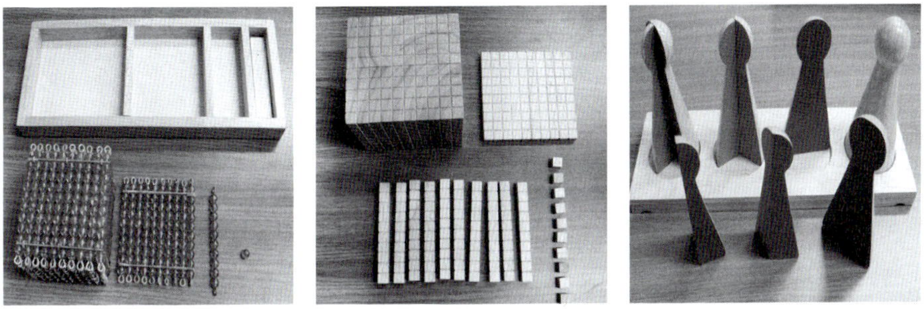

[그림 4-3] 수학교구의 예시

(4) 언어교육 영역

유아가 언어 민감기 동안에 언어발달을 이룰 수 있도록 이에 필요한 언어교육 환경을 제공해 주어야 한다. 언어교육의 목적은 모국어를 정확하게 이해하고 표현하는 기초 능력 증진에 있으며, 모국어를 존중하는 태도를 기르고, 문화의 전승과 창조의 힘을 발달시키며, 논리적 사고력을 기르는 데 있다. 몬테소리 언어교육은 크게 말하기와 듣기의 구어를 위한 교육과 읽기와 쓰기의 문어를 위한 교육으로 구분되며, 보다 구체적으로 듣기, 말하기, 읽기, 쓰기에 해당되는 내용 구성은 다음과 같다.

❶ 언어 내용 구분

- 듣기: 그림책 읽기, 전래동화 읽기, 시작품 낭송, 통신수단 이야기, 주택이야기, 소리변별하기
- 말하기: 그림 보고 이야기 나누기, 의논하기, 발표하기, 극놀이, 이야기 만들기, 반대말, 끝말 이어가기, 수수께끼, 상상해서 말하기

- 읽기: 그림과 명칭 짝짓기, 부분 명칭, 그림 맞추기, 같은 음의 낱말 찾기, 글자수-음절수 세기, 짧은 글짓기, 사물의 명칭, 동작게임, 바르게 말하기, 분류한 그림 찾기
- 쓰기: 자음모음 배열순서 익히기, 연필 잡는 법 익히기, 철판도형, 선긋기, 모래자음모음판, 글자 만들기, 오목글자판, 분필로 글씨 쓰기, 칸 속에 글자 쓰기

❷ 구문 관련 구분

- 어휘력: 사물의 명칭, 그림 짝짓기, 감각교구의 표현, 생활용품 분류, 신체부위의 명칭, 위치 명칭
- 품사: 명사, 관형사, 형용사, 동사, 조사, 부사, 조동사, 대명사, 감탄사, 접속사
- 문법: 품사 분류, 문장 분석, 문장 구성, 단수와 복수, 띄어쓰기

(5) 문화교육 영역

문화는 유아의 사회화를 위해 중요한 맥락이며 유아가 사회 구성원으로 성장하기 위해 배워야 할 생활방식, 습관 등을 포함하고 있다. 문화교육을 통해 유아는 성인의 세계를 인식하고 시험해 볼 수 있게 된다. 또한 문화교육은 풍부한 언어와 다양한 경험을 제공하여 유아의 사고를 확장하고 논리적인 사고를 증진하며, 다양한 환경에 적응하면서 자아 성취를 이루도록 하는 데 의의가 있다. 문화교육의 내용에는 지리, 생물, 역사, 음악, 미술 등이 포함된다. 구체적인 내용 구성은 다음과 같다.

- 지리: 지구, 대륙, 지도, 국가, 국기
- 역사: 생명의 연대표, 세기의 역사

- 생물: 생물계의 역사, 지구의 역사, 생물카드, 계절에 관계되는 식물의 변화
- 음악, 미술: 음표, 리듬, 세계의 문화

5) 교수학습 방법

몬테소리 교육은 교구를 통한 자동교육을 추구하며, 유아가 시행착오를 경험하면서 오류를 수정하는 과정에서 일어나는 학습을 강조한다. 또한 유아를 능동적인 학습자로 간주하므로 유아가 능동적이고 적극적으로 학습하도록 강조한다. 유아와 교구 간의 상호작용을 특히 강조하나 그 외에도 유아-유아 간의 상호작용 및 유아-교사 간의 상호작용 속에서 학습이 일어난다고 본다. 교구를 통한 감각훈련을 하도록 하며 혼합연령으로 학급을 구성하여 잠재적 능력 및 인지발달 향상을 도모하게 된다.

6) 환경 구성

몬테소리 교육에서는 준비된 환경을 중요시하고 유아가 스스로 노력하여 학습할 수 있도록 적합한 환경을 제공하는 것을 강조한다. 준비된 환경을 구성할 때 유의점을 알아보면 다음과 같다.

- 교실환경은 단순하며 질서 있는 세계를 반영한다.
- 환경은 유아의 신체와 눈높이에 적절해야 하며 이용하기 편리해야 한다.
- 풍부한 교육 내용과 자료가 구비되어야 한다.
- 준비된 환경 가운데 자유롭게 선택하고 활동할 수 있어야 한다.

몬테소리 교구의 특징

- 교구는 단순한 것에서 복잡한 것으로, 구체적인 것에서 추상적인 것으로 전개하도록 구성되어 있다.
- 교구는 유아가 앞으로 학습할 것에 대해 미리 준비하도록 구성되어 있으며 수학교구의 경우 매우 체계적이어서 순서에 따라 진행한다.
- 유아는 감각적 경험을 통해 학습하므로 손으로 조작하는 과정을 포함한다.
- 암기보다 반복을 통해 원리를 이해하도록 한다.
- 교구는 유아 스스로 놀이하도록 고안되어 있으나 다음 단계의 교구로 넘어갈 시점에 대한 결정은 교사가 한다. 한 가지 개념을 배운 뒤 교사의 재량에 따라 연관된 교구를 다룰 수 있도록 해 준다.

7) 교사의 역할

교사는 유아에 대한 존중을 바탕으로 유아들이 최적의 환경에서 자신의 잠재력을 발휘할 수 있도록 지원하고 안내하며 촉진하는 역할을 담당해야 한다. 몬테소리 교사는 개별 유아를 관찰하고 있다가 유아의 발달단계에 부합되는 교구를 제공하여 유아가 내적 동기를 발휘할 수 있도록 해야 한다. 이를 위해서 교사는 유아를 관찰하는 방법 교재·교구에 대한 지식과 제시방법에 대하여 알고 있어야 한다. 몬테소리 교사의 주요 역할인 환경제공자 역할, 관찰자 역할, 촉진자 역할에 대하여 알아보면 다음과 같다.

(1) 환경 제공자 역할

교사는 유아의 발달단계와 흥미에 맞게 준비된 환경을 제공해야 한다. 유아가 중심이 되어 환경과 상호작용할 수 있도록 교구를 구성하여 제공한다.

(2) 관찰자 역할

유아의 생활 안에서 일어나는 자연스러운 활동과 자발적인 표현에 대하여 유심히 관찰하는 것이 필요하다. 유아의 행동에 대해 과학적인 관찰 능력을 기르기 위해서는 관찰의 의미와 목적을 분명하게 인식하고 그에 따른 지식과 준비가 있어야 한다. 교사는 유아의 수준과 상태에 대하여 파악하기 위해서 주의 깊게 관찰하여야 하며 관찰하는 동안에는 수동적인 자세를 취하도록 한다. 관찰 후에는 준비된 환경을 제공해 주도록 한다.

(3) 촉진자 역할

교사의 역할은 교구 사용방법을 정확하게 알고 이를 유아에게 시범 보이는 순간부터 시작된다. 촉진자로서의 교사는 유아에게 새로운 과제를 제시해 줄 때 새로운 교구를 소개한 뒤 물러서서 유아의 행동을 관찰해야 한다. 이 과정에서 유아가 작업을 진행하고 싶어 하는지 그리고 관심이 집중되어 있는지를 알아낼 수 있어야 한다. 유아가 교구를 수행하는 정도를 관찰하다가 수행이 원활하게 진행될 경우에는 유아가 독립적으로 학습하도록 물러서 있도록 하며, 수행이 원활하지 않을 경우에는 다음 기회로 미루도록 안내한다.

(4) 부모와 지역사회에 대한 협조자로서의 역할

유아의 가정과 긴밀한 관계를 유지해야 하고, 부모의 요구가 있을 때에는 언제든지 이에 응할 수 있는 용의가 있어야 한다.

2. 레지오 에밀리아 프로그램(Reggio Emilia Program)

[그림 4-4] 레지오 에밀리아 지명

출처: http://onderwijskundevo.webklik.nl/page/opdracht-5

레지오 에밀리아는 이탈리아의 북부지역에 위치한(그림 4-4) 진보적이며 사회주의적인 사회문화적 배경을 가진 소도시이다. 도시 전체에서 행정가, 부모, 교사가 교육에 대한 공동의 목표를 가지고 교육 프로그램을 구성하며 운영해 온 역사를 가지고 있다. 또한 다양한 철학적 배경과 사회문화적 배경이 혼재되어 레지오 에밀리아시만의 교육을 담당하게 되었다. 현재 레지오 에밀리아 프로그램은 전 세계의 국가에 소개되어 확산 적용되고 있고, 각 국가의 사회문화적 배경을 반영하여 지역사회에 적합한 프로그램으로 자리 잡고 있다.

1) 배경

레지오 에밀리아는 도시의 이름이기도 하며 세계적으로 알려진 교육에 있어서 혁신적인 접근방법의 명칭이기도 하다. 레지오 에밀리아 시는 인구 15만여 명 정도이며 상업과 공업이 발달하여 경제적으로 윤택하고 평등과 협력에 대한 사회적 구심점을 지니고 있는 에밀리아 로마냐 지방에 위치한 도시이다. 이 도시에서는 일찍이 여성의 인권보장, 남녀 고용 평등 그리고 교육개혁, 교사단체 활동 등 다양한 진보적인 사회개혁이 이루어졌다.

이러한 진보적 분위기와 사회 구성원의 협력으로 사회 공동의 목적을 이루고자 레지오 에밀리아 프로그램이 구성되고 운영되었다. 레지오 에밀리아 시의 유아교육은 2차 대전 직후 부모들의 공동조합 형태로 출발하였다.

1970년대 초부터는 Malaguzzi(Loris Malaguzzi, 1920~1994)라는 교육자를 책임자(director)로 하는 시립 아동서비스 체제로 운영되고 있고 시에서 재정을 담당하고 있다. 현재 0~3세 영유아를 위한 영유아 센터 그리고 3~6세 유아를 대상으로 하는 학교를 22개 운영하고 있다. 학교 운영은 종일제이며, 부모들의 욕구에 따라 아침과 저녁에 시간을 연장할 수 있고, 일원화된 체제로서 보육과 교육에 대한 욕구를 충족시켜 주고 있다. 즉, 성인 가족들에 대한 사회복지 차원과 유아를 위한 양질의 교육을 제공한다는 철학이 통합되어 현재의 우수한 수준의 유아서비스 체제를 형성하고 있다.

2) 유아관과 이론적 기초

(1) 유아관

레지오 에밀리아 교육은 유아가 또래나 성인, 사회문화적 환경과 상호작용하면서 자연스럽게 발달하도록 지도하는 접근이다. 유아가 스스로 자신의 잠재력을 계발할 권리가 있고 계발할 기회가 주어져야 한다는 점에서 비롯되었다. 사회문화적 맥락 속에서 교육의 3요소인 유아, 교사, 부모 간의 '상호관계를 통한 교육'의 철학을 가지고 있다. 또한 레지오 에밀리아에서 중요하게 여기는 것은 유아는 '백개의 언어'로 표상화된 사회적 상호작용을 거치며 자신을 표현하고 소통하는 것이다. 구체적으로 레지오 에밀리아 교육이 가지는 유아관에 대하여 알아보면 다음과 같다.

- 유아는 자신의 학습에 대한 방향을 조절해야만 한다.
- 유아는 만지고, 움직이고, 듣고, 보는 경험을 통해 배울 수 있어야 한다.
- 유아는 사회적 존재로서 자신이 탐색해야 하는 환경 안에서 다른 또래, 가족, 교사와 지역사회 구성원과 관계를 맺고자 하는 존재이다.
- 유아는 자신을 표현하기 위한 무한한 방법과 기회를 가져야 한다.
- 유아는 가르침의 대상이 아닌 능동적인 지식 구성자이다.

(2) 이론적 기초

레지오 에밀리아의 이러한 유아관은 몇 가지 철학적 이론에 기반을 두고 있다. 그러나 레지오 에밀리아 교육은 처음부터 이론을 토대로 구성되었다기보다 교수 방법에 대한 혁신에서 비롯되었으므로 유아관과 교수 방법을 잘 설명해 줄 수 있는 다수의 이론적 기초로 구성되어 있다. 몇 가지 대표적인 이론적 기초를 설명하자면 다음과 같다.

❶ John Dewey(1859~1952)의 실용주의 철학

Dewey는 실용주의 철학자이자 진보주의 교육론자이다. 그의 이론 중 레지오 에밀리아 접근에 가장 영향을 준 부분은 모든 학습의 주체는 유아이며 교사는 유아를 이해하고 성장과 발달을 지원해 주어야 한다는 점이다. 유아는 사회환경 안에서 통합적이고 전체적으로 상호작용하며 성장해 간다. 그리고 '지금 여기에(here and now)'에 해당하는 현재의 직접 경험을 강조하고, 지적 능력에서도 개념적인 이해보다 얼마나 효과적으로 기능하는가에 강조점을 두었다. 이렇듯 Dewey의 진보주의 철학은 레지오 에밀리아에서 강조하는 유아가 사회적 상호작용과 직접 참여를 통해 자신의 지적 성장을 구성해 나간다는 관점에 영향을 주었다고 할 수 있다.

❷ Jean Piaget(1896~1980)의 상호작용적 인지이론

Piaget는 스위스의 인식론자로서 인간이 주변 환경의 지식이나 개념을 어떻게 알아 가는지에 대하여 관심을 가진 학자이다. 자신의 세 자녀에 대한 관찰자료를 토대로 상호작용에 기초한 인지이론을 구성하였다. Piaget의 인지이론은 교육 분야에서 구성주의 이론의 토대를 이루고 있으며, 유아를 능동적인 학습자로서 환경과 상호작용하는 주체라고 보았다. 또한 내적, 인지적 갈등을 통해 인지발달이 이루어진다고 본다.

Piaget 이론과 레지오 에밀리아의 접근법 간의 관련성을 살펴보면, 유아를 능동적인 학습자로 간주하여 유아가 자신의 학습을 능동적으로 좌우한다고 보는 점 그리고 주변 환경과의 상호작용 속에서 성장하고 발달한다는 점이 Piaget의 인지이론과 일맥상통한다고 볼 수 있다. 다만 Piaget는 물리적 지식의 구성에 관심을 두고 유아가 지적 성장을 위해 내적 갈등을 해결하려고 주변 환경과 상호작용을 한다고 보았으며 여기에서 성인의 역할은 배제되었다. 반면, 레지오 에밀리아 프로그램에서 관심을 둔 것은 사회적 지식의 구성이며 사회적 지식은 물리적 지식의 구성과는 다르게 개인 간의 사회적 상호작용을 통해서 발달하고 이때 성인의 역할은 중요하다고 보았다.

❸ Lev Semyonovich Vygotsky(1896~1934)의 사회문화적 접근

사회적 상호작용 맥락 안에서 능동적으로 성장하는 유아에 관심을 둔 Vygotsky 이론은 레지오 에밀리아 접근에서 가장 중심적인 이론적 기초를 이룬다. 레지오 에밀리아 접근에 영향을 미친 Vygotsky 이론의 핵심 개념을 중심으로 알아보면 다음과 같다.

우선 근접발달지대(Zone of Proximal Development: ZPD)는 유아가 자신의 실제 수준과 주변의 도움을 받아 뛰어 넘을 수 있는 잠재적 발달 수준 간의 차이를 나타낸다. Vygotsky 이론에서는 이 근접발달지대에서 성인과 자신보다 유능한 또래와의 상호작용이 매우 중요하다고 본다. 이 과정에서 효과적인 교수 방법으로 비계설정(scaffolding)을 설명하고 있으며, 이는 유아의 능력발달을 지원하기 위해 교사가 제공하는 하나의 지원체계로 간주한다. Vygotsky는 유아가 개념을 형성해 가는 데 사회적 맥락의 영향을 강조하고 상징적인 도구로서 언어적 의사소통의 역할에 관심을 두었다. 이러한 Vygotsky의 이론적 토대는 레지오 에밀리아 접근에서 사회적 상호작용을 중시하고, 협동과정을 통한 토의과정을 이행하며, 다양한 방식의 언어로 나타내는 유아의 표상들, 상호작용에서 교사와 또래의 역할 등 중요한 핵심내용을 설명하는 데 용이하게 활용된다.

❹ Howard Gardner(1943~)의 다중지능이론

Gardner의 다중지능은 대표적으로 인간의 지능은 자신의 문화권에서 인정되는 문제 해결방식이나 성취를 나타내는 것이라고 보았다. 다중지능은 개인마다 지닌 능력 개발을 반영하는 것으로 언어지능, 논리/수리지능, 공간지능, 음악지능, 신체지능, 미술지능 등으로 나타난다. 레지오 에밀리아는 '수많은 언어'로 유아의 표상을 권장하는데 이 부분이 Gardner의 다중지능에서 강조하는 부분과 접점을 가진다.

3) 교육 목표와 특징

(1) 교육 목표

레지오 에밀리아 접근은 처음부터 이론에 기초하여 프로그램이 계획되고 구성되었다기보다 부모와 교사가 경험한 현장의 필요와 요구에 따라 구성되어 온 배경을 가지고 있다. 그러므로 프로그램 안에서 유아가 달성해야 할 목표를 미리 설정하고 있지는 않다. 레지오 에밀리아 접근에서 지향하는 바에 의하면, 유아가 자신이 경험과 표현 그리고 언어를 통합해 나가면서 사고 능력을 향상시키고 통합된 사고 능력은 재통합과정을 거치면서 순환적으로 발달해 간다고 본다.

(2) 교육 과정의 특징

❶ 발현적 교육 과정(Emergent Curriculum)

발현적 교육 과정에서는 교사가 일반적이고 전반적인 교육 목표는 세우나 각 활동의 세부적인 목표는 사전에 세우지 않는다. 유아의 관심이나 흥미가 진행되는 동안 교사가 유아와 상호작용하면서 계획해 가는 교육 과정이다. 또한 교사는 유아와의 밀접한 관계 속에서 유아가 각자 지닌 잠재력을 발현해 나갈 수 있도록 지원하는 과정이다.

❷ 프로젝트의 활용

레지오 에밀리아에서도 프로젝트 형태를 실시하고 있으며, 탐색하기, 관찰하기, 가정하기, 질문하기, 논의하기를 진행한다. 그러나 프로젝트 접근법에서 실시하는 주제나 단원 중심의 학습과는 차이가 있다. 레지오 에밀리아 접근에서 활용하는 학습 방법은 유아가 경험하고 스스로 문제를 해결하도록 하는 과정에서 상징적 표상을 학습수단으로 활용하도록 하는 데 있다(김은희, 2001).

프로젝트 접근법에서는 다양한 관찰과 직접 경험을 중요시하며 주제망을 통해 유아의 이해와 지식의 폭을 넓혀 나가는 것을 강조하는 반면, 레지오 에밀리아 접근에서 활용하는 프로젝트는 지식의 이해를 심화시키면서 재탐색, 재방문 등을 통해 경험을 순환시키는 과정으로 나선형적인 전개방식으로 진행해 나간다.

주제전개 방식은 정해진 활동을 순차적으로 진행하기보다 3~4명이 소집단 형태를 이루어 주제의 탐색과 표현을 해 나가는 동안 더 많은 유아가 참여하기도 하고 나아가 교사, 부모, 지역사회가 적극적으로 참여하기도 한다. 주제 선정을 위해서는 친숙성과 일상성의 원리가 작용하며, 유아가 제안하거나, 교사와 유아 간의 상호 협상하에 선정되거나, 교사가 제안하는 경우도 있다. 주제선정에 대해서는 유아의 잠재력 발휘에 도움이 될 수 있는지를 판단하도록 한다. 프로젝트가 진행되는 동안 어린이가 표현하는 흥미와 욕구는 물론이고 교사가 유추해 내거나 유발시킨 흥미와 욕구도 포함된다.

(3) 표상활동

레지오 에밀리아 접근의 중요점 중에 하나는 유아의 상징적 표상(symbolic representation) 과정을 강조하는 것이다. 유아는 다양한 표상을 통해 자신을 창조하고 표현할 수 있다고 본다. 이 과정에서 다양한 매체와 표현방식(예: 말, 동작, 그림, 칠하기, 만들기, 조각, 그림자놀이, 콜라주, 상상놀이, 음악)을 활용한다. 유아는 환경을 탐색하고 스스로 자연스러운 '언어(言語)' 또는 표현방식을 통해 자신을 표현하도록 한다.

(4) 의사소통을 통한 상호협력

레지오 에밀리아 접근에서 강조하는 개념으로 상호협력(collaboration), 대화, 교류 등이 있다. 상호협력이란 유아와 교육자들 간의 자원을 공유하며 참여자가 공동계획과 실천과정에 참여하게 되는 것이다. 의사소통에 의한 상호협력 관계는 무수하게 많다. 유아와 교사 간의 협력, 교사들 간의 협력, 장학사 간의 협력 등이 있다.

(5) 기록과 전시

레지오 에밀리아 접근에서 프로젝트 전 과정 중 유아들의 순환적 상징, 즉 탐색할 개념에 대한 상징적 표상을 하게 되는데 이러한 일련의 상징들은 기록으로 남게 된다. 이 표상물들을 프로젝트 전개과정에서 어린이나 교사들의 반영적 사고나 반영적 추상을 위해 게시판에 게시하는 과정을 기록화라 한다. 교사는 기록화를 위해 사진, 비디오, 그림, 녹음기, 구성물, 포스트잇, 유아의 작품을 모아 놓은 폴더, 일화기록, 펜과 메모지, 카메라, 사진, 복사기, 컴퓨터, 스캐너, 멀티미디어 컴퓨터 시스템 등 다양한 도구를 활용한다. 또한 교사는 프로젝트 전개과정에서 이런 매체로 유아 자신들의 사고를 재방문함으로써(re-visiting) 반성적으로 사고하는 기회를 얻는다.

레지오 에밀리아 접근에서는 '어린이들의 수많은 언어(hundred languages of children)'라는 제목으로 전시회를 갖는다. 전시회를 통해 유아는 자신의 표현을 외부세계와 교류하며 교감하는 과정을 거친다.

기록화가 유아에게 주는 의미

- 유아가 자신의 그림이나 사진이 전시됨으로써 유아 스스로 자긍심을 가질 수 있다.
- 유아가 자신의 표상체계들이 기록된 것을 다시 보면서(re-visiting) 자신들의 사고과정을 재경험하고 자신의 표상을 재구성하는 기회가 된다.

기록화가 교사에게 주는 의미

- 교사가 유아의 성장과 발달을 파악하고 평가하며 발전에 대하여 설명할 수 있게 한다.
- 교수전략의 동기화와 적용을 위한 기초자료를 제공해 준다.
- 개별 유아의 발전을 깊이 있게 인식하여 새로운 전략을 수립하는 것이다.
- 기록된 정보를 통해 교사가 효과적인 의사 결정을 할 수 있다.
- 교사에게 연구재료를 제공하고, 자기계발과 전문성 신장에 도움이 된다.
- 유아의 전반적인 발달 영역에 대한 학습의 증거를 제공해 준다.
- 유아의 학습 경험에 대한 통찰력을 제공해 준다.
- 교사에게 개입시기를 알게 해 준다.
- 유아에게 도전적인 환경을 제공할 시기를 알려 준다.

(6) 지역사회 지원과 부모의 개입

레지오 에밀리아 접근에서는 부모의 개입을 중요시 여긴다. 부모들은 동반자이자 협력자로서 자녀를 지지하게 된다. 교사는 부모를 유아의 제1의 교사로서 존중하고 교육 과정의 다양한 방면에 개입시킨다. 레지오 에밀리아 학교와 학급에서 부모자원 형태는 아주 일상적이다. 유아에 대한 이러한 철학은 유아가 학급을 벗어날 때 끝나는 것이 아니라 가정생활 안에서도 연계를 하게 한다. 레지오 에밀리아 시에서는 교육 프로그램이 지역사회에서 중요한 부분이며 유아에 대한 지역사회 공동의 책임을 토대로 높은 수준의 재정 지원도 담당하고 있다.

그 외에도 특수아를 포함한 모든 유아에게 개방되며 시에서 운영하는 종일제로 운영되고 있다. 교사-유아 간 연계성을 위해 두 명의 교사가 한 집단의 유아를 3년 동안 담당하도록 한다.

4) 환경의 역할

레지오 에밀리아 접근에서는 특징적인 환경 구성을 하고 이를 통한 상호 교류의 기능을 담당하게 된다. 대표적으로 '피아짜(piazza)'라고 불리는 일상적인 공간이 있으며, 학교의 1층 중앙에 위치하게 된다. 이는 광장을 중심으로 발전되어온 도시문화와 관련되어 있다. 피아짜에서는 각 학급의 유아와 교사 및 교직원들의 만남이 이루어지며 의사소통을 위한 상호 교류의 장소로 기능한다.

물리적 환경을 조직하는 것은 초기 레지오 에밀리아 접근에서부터 중요하게 여겨졌으며 이를 '제3의 교사'라고 언급하기도 하였다. 새로운 공간 계획과 공간 재구성의 주요 목적은 학교의 공간과 지역사회 공간 간의 통합을 이루는 것이다. 이러한 환경을 통해 유아가 최적의 의미를 만들어 낼 수 있고 자신의 세상을 꾸려 나간다고 믿기 때문이다.

레지오 에밀리아 접근의 환경 구성은 심미적 요소로 색채가 조화를 이루는 특징을 지닌다. 이러한 환경은 '순환성'과 '투명성'이라는 두 가지 개념으로 잘 표현될 수 있다. '순환성'이란 모든 공간이 피아짜를 중심으로 막힘없이 연결되어 있다는 것을 의미한다. 즉, 피아짜가 개방되어 있고 부엌은 들여다 볼 수 있도록 열려 있으며 각 교실에서 외부로 연결된 문, 뒤뜰 벽면 가득한 창문을 통해 지역사회로 접근할 수 있다. 이러한 특징이 교실 내부가 프로젝트의 산물로 여기저기 흩어져 있는 것을 보여 주며 레지오 에밀리아 교실을 특징지어 준다. '투명성'이란 같은 공간에 있지 않더라도 서로의 존재를 느낄 수 있는 것을 의미한다. 그러므로 모든 공간은 유리 및 거울을 사용하여 상호 반영될 수 있도록 하였고, 자연색을 살리기 위한 빛의 투과를 중요하게 활용하고 있다. 하얀색 벽에 자연 빛으로 해를 활용하거나, 실내 빛으로 조명 등을 사용할 수 있다. 그러므로 학교의 실내는 일반적으로 식물과 덩굴, 자연의 빛으로 가득 차 있게 된다.

[그림 4-5] 레지오 에밀리아 피아짜

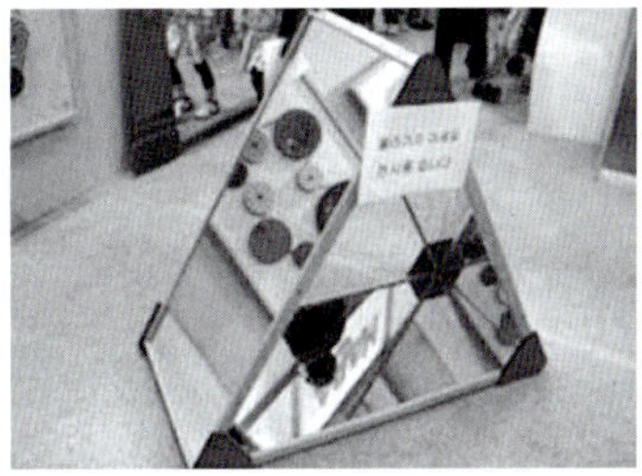

[그림 4-6] 빛을 활용한 활동

5) 교직원의 구성과 역할

레지오 에밀리아 학교에 근무하는 교직원은 교사 이외에도 페다고지스타(pedagogista), 아뜰리에스타(ateliersta)가 있으며 그 외에도 다양한 보조자가 함께 한다. 이 중에서는 페다고지스타와 아뜰리에스타 그리고 교사의 역할에 대하여 알아보도록 한다.

(1) 페다고지스타

각 학교에는 페다고지스타로 불리는 교육 조정자가 있어 교사와 스태프들 간의 강력한 협동체계를 더 확장시키고 뒷받침해 준다. 이들은 교육학이나 심리학을 전공한 전문가로서 일정기간 훈련을 거치고 다수의 학교를 동시에 지원하는 역할을 담당한다. 페다고지스타는 교사의 지속적인 전문성 발달과 현직 훈련을 위해 교사들과 토론한다. 구체적인 페다고지스타의 역할을 보면 다음과 같다(김수영·

김수임·정정희, 2010).

첫째, 교육에 대한 전문적인 상담과 조정자 역할을 담당한다. 학교의 정책이나 문제를 토론하며 교사의 전문성과 자율성 향상을 지원한다. 구체적인 예로는 직원 일정 작성하기, 업무분장, 작업시간 조정 및 환경조성 등이 포함된다.

둘째, 현직교사를 지원하고 훈련 담당자로서의 역할을 한다. 교사를 위한 교육 이론, 교수전략, 유아관찰, 프로젝트를 기록하는 기술 등을 교육하게 된다.

셋째, 부모, 교사, 시민 등 지역사회의 성인을 대상으로 워크숍, 공개 토론회, 공청회 등을 개최한다. 이는 레지오 에밀리아에서 중요하다고 여기는 교사와 부모와의 상호작용, 부모의 요구 분석, 외부와의 상호 교환 등 교육을 위한 기본 방침 수립에 토대를 이루는 기능을 담당한다.

(2) 아뜰리에스타와 아뜰리에

아뜰리에스타는 시각예술(visual art)을 전공한 사람으로 담당교사와 협력하여 교육 과정을 개발하고 유아의 창의적인 활동과정과 기록하고 전시하는 작업을 지원한다. 아뜰리에스타는 아뜰리에라고 불리는 특별한 스튜디오에서 유아 그리고 담당교사와 협업하게 된다. 아뜰리에스타의 구체적인 역할은 다음과 같다.

첫째, 교사와 유아 모두에게 조언자 역할을 한다. 프로젝트의 진행 방향, 재료 선정, 표현기법 등에 대하여 의견을 나눈다.

둘째, 기록과 전시작업에 대한 분석자 역할을 한다. 다양한 매체를 사용하여 유아의 상징적 표상을 기록하고 전시하는 데 참여한다.

(3) 교사

레지오 에밀리아 접근에서 교사는 유아의 공동학습자이자 협력자이다. 교사는 유아의 흥미에 기초한 활동과 수업을 계획하면서 학습을 촉진하기 위해 격려한다. 유아의 동반자로서 교사는 학습 상황 안에서 유아와 함께 활동에 참여한다.

구체적인 교사 역할을 살펴보자면 다음과 같다.

첫째, 전인적 발달의 촉진자 역할을 한다. 교사는 유아와 관계를 맺으며 발달을 촉진한다.

둘째, 상호 관계성과 맥락을 고려하는 구성자 역할을 한다. 가족, 다른 유아들, 교사, 학교 환경, 지역사회, 그리고 보다 넓게는 사회맥락 등과 서로 연계된 선상에서 유아에게 초점을 맞추는 것이다.

셋째, 교육의 주체는 어린이, 부모, 교사이므로 이들 간의 협력자 역할을 한다. 유아의 요구만이 아니라 부모, 교사 모두의 권리까지 인식하여 상호작용한다.

넷째, 공간 구성자의 역할을 한다. 공간은 제3의 교사라고 보고, 활동 시간을 보내는 장소 이상의 역할이 되도록 공간을 설계한다.

레지오 에밀리아 접근이 프로젝트 접근법과 다른 점

- 다양한 매체를 통한 표상학습에 활용하는 '다상징적 접근(multisymbolic approach)'
- 또래 간의 상호작용 및 의사소통을 통한 인지활동을 촉진
- 유아의 사고와 학습과정의 기록화
- 기록을 토대로 진행하고 있는 활동의 발전 방향을 찾는 '기록작업(documentation)'
- 부모, 교사, 지역사회의 협력을 통해 교육 과정을 운영하는 '지역사회 중심의 운영(community-based management)'
- '페다고지스트(Pedagogista)'의 역할
- 교육을 다각적인 측면에서 보조하는 '아틀리에스타(Atelierista)' 활용
- 다양한 매체를 통해 표상활동을 할 수 있는 장소인 '아뜰리에(Atelier)'를 활용
- 사회인지적 갈등을 통한 문제 해결에 초점을 두는 사회적 구성주의(social constructivism) 학습원리
- 지식의 구조를 강조하여 탐색, 재탐색하고 재구축해 나가는 순환(recycling)과정을 통해 프로젝트 주제의 하위 주제 간 이해의 깊이를 심화시키는 학습 내용의 구조적 차원의 문제
- 그림을 통한 표상을 비롯하여 다양한 상징적 표상을 학습의 수단으로 활용

3. 프로젝트 접근법

1) 배경

프로젝트 접근법은 1980년대 말부터 Katz와 Chard에 의해 미국과 캐나다를 중심으로 널리 소개되고 있다. 프로젝트 접근법은 체계적 교수와 자발적 놀이 학습 간의 균형을 이루게 하는 교육 과정으로서 유아의 인지적, 사회적 발달에 적합한 교수 방법이다.

프로젝트 방법은 시카고 대학의 Dewey(1859~1952)의 실험학교에서 발전시켜 나갔다. 이후에 Kilpatrick(William H. Kilpatrick)이 '프로젝트 방법'을 언급하면서 널리 확산되었다. 1989년에 Katz와 Chard가 발간한 『Engaging children's minds: The project approach』라는 저서에서 프로젝트에 대하여 방법이나 모델이라는 용어를 사용하기보다 '프로젝트 접근법'이라고 하는 것이 적합하다고 제안하였다. 이후에 프로젝트 접근법은 교사가 수업에서 활용하는 교수 방법의 일종으로 보는 시각을 넘어서서 교육 과정의 구성주의 이론으로의 의미를 가진다는 것을 보여 준다.

2) 유아관

프로젝트 접근법에서 유아는 능동적으로 주변 환경과 상호작용할 수 있는 능력을 지녔다고 본다. 일반적으로 학습할 가치가 있는 주제에 대한 깊이 있는 탐색을 해 나가며, 이때 탐색을 위해서는 유아, 교사 또는 유아와 교사가 함께 제기한 문제들을 교사의 지도하에 협동하며 연구해 나가는 과정이다. 프로젝트 접근법에서는 유아가 체계적인 수업에서 얻은 지식을 다양한 표현으로 응용하면서 학습과정에 능동적으로 개입하도록 한다. 또한 개별적인 학습과정과 함께 서로 다른 유능성을 지닌 유아들이 공동주제를 탐색해 나가는 과정에서 상호보완적인 효과를 가져오도록 한다. 이런 점에서 유아 개인의 능동성과 잠재력 발달을 강조하면서도 사회적 상호작용 가운데 교사의 역할을 강조하는 프로그램이라고 할 수 있다.

3) 교육 목적

프로젝트 접근법에서는 유아의 지식과 기술, 성향(태도와 가치) 및 감정까지도 계발하는 것이 중요하다.

- 지식: 지식은 아이디어, 개념, 도식, 사실, 정보, 이야기, 신화, 전설, 노래, 그리고 정신세계를 다루는 것을 의미한다. 유아가 자신의 학습에 개입하고 지식을 획득하도록 돕는 것이 중요하다고 본다.
- 기술: 다양한 기술도 습득해야 한다. 즉, 자르기, 그리기, 수세기, 또래와 협응하기, 대소근육 운동기술 기르기 등이 포함된다.
- 성향: 성향은 마음의 습관이거나 다양한 상황에서 경험에 반응하는 특징적인 방식을 의미한다. 이러한 성향은 과제의 지속성, 호기심, 배려 또는 욕심, 독자가 될 수 있는 성향, 물건을 찾거나 문제를 해결하는 것 등이 포함된다.
- 감정: 감정은 유아가 경험하는 주관적인 정서상태를 의미한다. 여기에는 소속감, 자존감, 자신감, 적합성과 부적합성, 유능성과 무능감, 불안 등에 대한 감정이 포함된다.

4) 프로젝트 접근법의 특징

프로젝트 접근법 전개과정의 특징을 살펴보면, 학습자 중심의 목표를 설정하고, 교사-유아 상호 주도로 주제를 선정하며, 단계별로 교육 활동을 제시하고, 견학을 통한 직접 경험이 강조되며 유아의 토의활동이 요구되는 점 등이다.

프로젝트 작업은 프로그램 도입단계인 단계 1, 전개단계인 단계 2, 마무리 단계인 단계 3으로 구성된다. 프로젝트의 구조는 각 단계를 집단토의, 현장활동, 표현하기, 조사하기, 전시하기 등 각 요소들로 접근하게 된다.

(1) 단계 1: 도입

프로젝트를 시작하기 위해서 유아의 흥미에 관심을 가지고 도입을 위해 논의한다. 논의를 위한 활동으로는 극놀이, 그리기, 색칠하기, 쓰기, 개인경험 보고하기 등이 있다.

● 프로젝트 작업을 위한 준비과정

준비과정에서 가장 중요하게 인식해야 할 것은 주제 선정이다.

교사는 예비주제망을 구성하여 주제와 관련된 지식, 개념, 중심 아이디어를 브레인 스토밍하는 과정을 거친다. 브레인 스토밍 과정으로 포스트잇에 아이디어를 기입한 후 유사점과 차이점에 따라 그룹으로 구분하고 제목을 붙이는 유목화 과정을 거친다.

주제 선정의 기준

- 유아의 세계에서 관찰 가능한 것
- 사전경험과 관련된 것
- 주제와 관련된 사물이나 자원 인사 접근성의 용이
- 표상활동이 가능한 주제
- 지역문화에 적절함
- 교육 과정 목표와 연관성

① 브레인 스토밍

② 유목화

③ 주제망 그리기

(2) 단계 2: 전개

프로젝트에 적합한 현장활동을 위한 준비가 필요하다. 프로젝트에 대한 집단 논의와 정보 탐색을 진행한다. 유아는 구성활동, 조사활동, 극놀이 등에 참여한다. 유아는 타인과 한 것처럼 또래와 상호작용하기 위한 정보를 전시하기 위해 구성해 간다.

① 질문에 대한 조사와 탐구활동
② 책을 통한 조사활동
③ 부모님 등 주변의 사람들에게 물어보기
④ 실험하기
⑤ 의견 조사하기
⑥ 전문가의 설명듣기
⑦ 현장견학 활동
⑧ 현장견학 후 활동
⑨ 전문가의 방문 활동

(3) 단계 3: 마무리

프로젝트는 유아의 나이에 따라 다양한 방식으로 완성될 수 있다. 일반적으로 유아의 표상을 다른 학급, 통합활동, 집 개방과 함께 결부시킬 수 있다. 프로젝트의 마무리에서 교사와 유아가 기능, 기술, 전략, 성향, 프로젝트를 진행하는 가운데 사용한 탐색과정에 대하여 함께 반추해 보도록 한다.

■ 전시회 및 발표회

● 준비

- 전체토의: 프로젝트 전 과정 돌아보기, 전시회 및 발표회의 날짜 정하기, 전시회 및 발표회의 형식과 초대 대상 정하기, 전시 및 발표할 항목 정하기, 준비 일정표 만들기, 유아 각자의 역할 정하기
- 교실 꾸미기
- 초대장 만들어 보내기

● 개최

- 손님맞이하며 안내하기
- 특정 영역에 대한 안내 및 설명
- 준비된 프로그램 발표하기: 동극이나 노래 부르기, 노래와 합주 그리고 비디오를 짧게 보여 줄 정도 등 주제에 관련된 간단한 활동들이다.

● 마무리

- 마무리 토의: 전시회 과정에 대해 검토·평가한다. 전시된 결과물과 자료에 대한 정리과정을 검토한다.
- 정리하기: 전시물과 환경을 정리하며 프로젝트를 마무리한다. 작품들은 사진으로 찍어서 파일에 정리한다.

5) 프로젝트 접근법의 장점

유아가 흥미 있어 하는 주제와 관련된 학습의 기회를 가지게 됨으로써 유아는 자신과 자신의 작업 간에 주인의식을 가지게 된다. 이러한 과정은 유아가 학급에 소속되는 데 도움이 된다.

프로젝트 접근법은 유아의 실제 생활 안에서 학습할 수 있게 해 주므로 유아가 또래와 함께 의사소통하면서 성장할 수 있는 기회가 된다. 프로젝트 접근법과 직

접적 교수 방법 간의 차이점을 비교해 보면 다음과 같다.

〈표 4-1〉 직접적 교수법과 프로젝트 접근법 간의 차이점

직접적 교수법	프로젝트 접근법
기술 획득이 목적	기술 적용이 목적
교사가 유아의 활동을 주도	교사와 유아의 협동
유아가 지시를 따름	유아가 대안을 선택함
외적 동기가 중요함	내적 동기가 중요함

4. 발도르프 프로그램

1) 배경

발도르프(Waldorf) 교육은 1919년에 Steiner(Rudolf Steiner, 1861~1925)가 제창한 교육사상 및 실천으로 독일에서 시작된 대안교육의 하나이다.

발도르프 학교는 남부 독일 슈투트가르트에서 발도르프 아스토리아 담배공장 노동자들의 자녀들을 위해 처음 세워졌는데, 이 학교를 위한 교과과정이 후대까지 영향을 미쳐 교육운동으로 발전하게 되었다.

발도르프 교육은 성장하는 인간에 대한 통찰, 인간발달의 조건과 법칙에 대한 통찰 위에서 세워진 것이다. 교육의 기초는 인간을 육체적, 정신적, 영혼적 존재로 보는 Steiner의 인지적 인간학이다. Steiner는 참된 교육은 참된 인간에 대한 이해를 토대로 이루어져야 한다는 점에서 '인지학'이라 명명하였다.

인지학의 어원은 'Anthroposophy'라는 그리스어에서 유래하였으며 Steiner는 인간의 본질에 대한 올바른 인식을 토대로 하여 인간과 세계를 이해하는 하나의 방식으로 이해하였다.

Steiner의 인지학은 인간에게서 감각 세계의 감각적인 인지뿐만 아니라 이전 생

의 존재와 자신의 현재 삶이 어떤 영향을 받아서 나타나고 있는가 하는 것이 관심이다. 인간은 자기 삶을 통해서 자아를 발견하고자 하는 존재이며 이 길은 하나의 과정이라고 볼 수 있다. 인간이 자기 삶을 인식하는 가운데 신적(神的)인 정신세계와 만나며 그 속에서 인간의 존재를 깨닫게 되는 것이다. 즉, 인지학은 인간 본질에 대한 인식을 위하여 정립된 학문이다.

2) 유아관

인지학적 인간학은 형태, 삶, 의식이라는 '삼성체(die Dreiheit)'에 기초하며, 육체, 영혼, 정신이라는 인간의 '삼지적 구조(Dreigliederung)'를 통해 경험할 수 있고, 공간, 시간, 영원성이라는 '세계 삼체성(Weitdreiheit)'을 찾아볼 수 있다. 정신작용에 의하여 육체와 영혼이 연결되고 육체와 영혼과 정신이 통합되어 하나의 전체로 작용할 때 비로소 참다운 의미의 인간 존재가 가능하다.

인지학적 인간의 특징을 살펴보면 다음과 같다.

첫째, 인간을 신체, 영혼과 정신의 통합체로 본다. 신체를 통하여 신체가 지각하는 세계에 속하고 영혼을 통하여 그 자신의 세계를 구축하며 정신을 통하여 앞의 두 세계가 이르지 못하는 세계가 계시된다.

둘째, 유아를 우주형(머리의 인간, 즉 내적 과정)과 지구형(팔다리의 인간, 즉 의지과정의 수행)으로 분류하였다. 유아의 정신적 속성과 육체적 속성이 어느 한쪽에 편중되지 않고 조화롭게 발전되도록 해야 한다.

셋째, 인간은 물리적 신체(body), 생명체(etheric body), 감정체(sentient body), 자아체(ego)로 성립된 구성체라고 보았다.

(1) 물질적 육체

물리적 신체의 인간은 시공간의 제한을 받는 지상적 영역에서 물질적인 법칙의 지배를 받는다. 실질적으로 뼈, 근육, 살, 장기 등으로 이루어져 있고 하나로 취합하여 몸이다.

(2) 에테르체

생명체라고도 일컬어질 수 있는 것으로 살아 있는 신체가 성장하는 것은 이 때문이라고 보았다. 식물은 광물적인 부분을 지니면서 중력의 법칙에 역행하여 밑에서 위로 솟아오르는 힘을 가지고 있으며, 생성, 번식, 유전의 생명현상을 보인다.

(3) 아스트랄체

고통, 쾌락, 충동, 열망, 등 감각·감정의 전달자이기에 감정체(sentient body)라고 부른다. 식물은 감정을 갖고 있지 않으며, 인간과 동물은 공통적으로 갖고 있다.

(4) 자아

인간의 네 번째 구성체는 '자아'이며, 인간에게만 존재하는 인간 고유의 것이다. 인간에게 있어서 자아의 존재와 작용은 '나(I)'라는 명칭을 통하여 알 수 있다. 어느 무엇과도 공유하지 않는 유일무이한 개체성으로서의 자의식을 갖게 하는 것이 바로 자아이며, 자아는 정신을 둘러싸고 있다.

자아에게만 보이는 특징은 기억(memory) 작용이다. 자아는 인간 안에 기억이 생겨나게 하는 근원적인 힘이다.

3) 인지학적 발달론

인간의 가치와 자유는 인간 안에 있는 다양한 소질과 능력을 개방적으로 발달시키는 만큼 생겨나므로 모든 교육은 인간발달단계에 따라 이루어져야 한다고 본다. 이때 발달단계에서 나타나는 현상을 '성숙' 또는 '발전'이라는 용어보다 '탄생'이라는 용어로 사용한다.

4) 교육 목적

발도르프 교육에서 추구하는 교육 목적을 제시하면 다음과 같다.

첫째, 의지, 사고, 감정이 균형 있게 발달한 인간으로 교육한다.

둘째, 유아의 발달단계에 따라 변화하는 요구에 맞추어 자기 교육의 길을 걷게 한다.

셋째, 교육 과정에 예술적인 활동과 학문적인 활동을 통합시켜 조화로운 인간으로 교육하고 학습의욕을 길러 준다.

넷째, 예술로서의 가르침에 이른다.

다섯째, 교사는 가르치는 일과 학교 경영에 참여하도록 한다.

여섯째, 학급과 학교를 공동체로 만들어 나간다.

전반적으로 발도르프 교육에서 추구하는 것은 머리, 마음, 손의 교육을 통해 전인적인 인간교육을 하는 것이며, 인지 중심의 교육보다 사랑, 경이로움, 감사, 책임감 등의 교육과 감정을 강조한다. 또한 유아의 자립적인 발달을 도와주고 인간의 가능성을 강조하여 놀이를 중요시한다.

5) 교육 원리와 내용

(1) 교육 원리

교육의 본질은 유아가 세계와의 관계를 맺어 가는 것을 도와주고 그 관계 안에서 유아 자신에 대하여 이해의 깊이를 더해 가는 것이다. 이러한 관점에 기초한 교육 원리인 리듬, 질서, 모방 등에 따라 하루일과가 구성되며, 교수학습 방법은 유아의 전인적 제 발달과 창의성 발달을 이루기 위하여 제공되어야 한다고 본다.

❶ 리듬의 원리

일상생활에서 아침부터 저녁까지 하루일과가 리듬 속에서 움직이는 것을 알 수 있다. 즉, 인간의 전체적인 삶은 일상생활에서 신체적·정신적 리듬을 타며 이루어지며, 규칙적인 리듬을 통해 삶의 원리를 배우는 것이다.

❷ 모방과 모델의 원리

인간은 모방을 통하여 학습한다. 인간에게 주어진 모방 능력은 교육적으로 아주 중요한 의미를 갖는다.

유아는 그 자체가 완전한 감각기관인 동시에 완전한 의지의 존재다. 그러므로 유아기에 행하는 모방은 감각을 통한 수용과 의지의 과정이라고 할 수 있다.

❸ 질서의 원리

유아는 질서를 통해 사물, 그리고 인간과의 관계를 익히면서 세상에 대한 안정감과 신뢰를 쌓아 간다. 이러한 외부 환경의 질서는 유아가 새로운 세계를 만들어 갈 수 있는 기본을 형성하게 해 준다. 질서의 분류에는 공간, 시간, 내적인 면이 있다.

- 공간의 질서: 공간의 질서는 유아가 처한 물리적 공간에 놓여 있는 환경을 뜻한다. 다시 말하면, 일상생활에서 필요한 물건이 항상 제자리에 놓여 있어야 유아가 내적으로 공간적인 질서를 배우게 된다는 뜻이다.
- 시간의 질서: 시간을 질서 있게 계획하고 운영하는 것은 하루일과를 운영하는 것과 관련된다. 이것은 인간이 살아가는 데 절대적으로 필요한 호흡과 비교할 수 있다. 자신의 내적 감성에 집중하는 순간(들숨)과 자신 내부의 느낌과 감성을 표출하는 순간(날숨)이 조화로워야 한다.
- 내적인 질서: 유아는 감정적인 느낌과 내면적으로 자기 세계를 형성하려는 동기 속에서 타인과의 평온한 만남을 통해 유아 스스로가 혼자 함으로 자립할 수 있는 외부에 대한 신뢰감을 만들어 간다. 성인이 유아에게 기쁨이나 존경, 경외의 대상으로 인식되고 고귀한 것에 대하여 열망과 진지함으로 대할 때 유아에게 내적인 질서로 다가설 수 있는 것이다.

(2) 교육 내용

❶ 미술교육

유아의 그림은 '발달의 거울'이라고 하므로 성인은 유아가 미술활동 자체를 즐겁게 경험하도록 배려한다. 발도르프 미술교육에서는 유아의 자율성과 개별성을 고려하도록 하며 그림을 전시한다거나 객관화시키는 것을 지양한다. 그리고 그림 내용이나 그림 그리는 동기 등에 대한 질문이나 토론을 하지 않는다. 그러나 유아가 스스로 그림을 그린 것에 대해 자발적으로 설명을 한다거나 이야기를 할 때는 적극적으로 경청하는 것이 교사의 역할이다. 미술교육에서 몇 가지 특징적인 부분을 살펴보면 다음과 같다.

- 천연 물감을 이용한 활동: 천연(식물성) 물감은 전통적으로 색채 연구 분야에서 인정되는 분야로 부드럽고 편안한 분위기를 제공하고, 유아에게 특별한 빛에 대한 경험을 제공한다.

- 밀랍(beeswax)을 이용한 조형활동: 유아는 만들기를 통해 소근육이나 협응 능력 발달뿐만 아니라 생물의 움직임을 상상할 수 있어 교육적으로 그리고 내적인 느낌을 경험해 본다. 밀랍은 만지면 부드럽고 따뜻한 온기를 느낄 수 있다.
- 습식 수채화: 발도르프 교육에서 습식 수채화 그리기 활동은 색채에 대한 경험을 할 수 있게 하는 가장 좋은 방법이다. 습식 수채화는 물속에서 본질적 요소를 가장 잘 드러내기 때문이다.
- 사각 왁스 크레용: 왁스 크레용은 유아들의 손에 잘 잡히기 때문에 편안하게 그림을 그릴 수 있다.
- 색 혼합: 3원색을 사용(밝은 빨강, 진한 빨강, 노랑, 진한 노랑, 파랑, 진한 파랑)하며, 왁스 색상은 겹쳐서 쓰면 색상끼리 쉽게 혼합되는 성격을 가지고 있기 때문에 여러 색상을 만들어 사용할 수 있다. 그러나 검은색은 사용하지 않는다.

❷ 음악교육

- 오음계: 발도르프 영유아교육기관에서는 일반적으로 오음계(레, 미, 솔, 라, 시)를 사용한다. 이 오음계 음악은 실제 노래나 곡이 끝나도 노래가 끝나는 느낌을 주지 않고 긴 여운을 가슴속에 남기기 때문이다.
- 리듬활동과 악기: 라이겐(Reigen)은 종합예술적인 특성을 갖고 있다. 리듬 있는 생활과 관련하여 라이겐은 교사가 짓거나 기존에 있는 시, 노래, 동화의 내용으로 유아들과 함께 자연현상이나 인간의 문화적인 행위를 신체적인 움직임으로 표현하는 것을 말한다.
- 라이어와 실로폰: 라이어는 손에 쥐어지며 오음계로 조율되는 유아용 오음계 줄 악기다. 이 악기의 소리는 서로 조화롭게 들리면서 유아에게 잔잔하게 울리는 특징 때문에 이상적이다.

❸ 동작교육

- 오이리트미: 오이리트미는 신체를 악기로 여기고 춤이 아니라 움직임을 통해 삶의 깊은 것을 표현하고 신체와 인간의 내면에 연결하여 자각시키고자 하는 것이다. 오이리트미의 종류는 언어(모음, 자음, 낱말, 노래, 시낭송, 연극 상연), 음악(악기 반주) 그리고 기하학 오이리트미(원, 오각형, 칠각형 등)로 구분한다. 모음은 주로 감정을 표현하고 자음은 주로 외적인 사건이나 동작을 표현하는 데 활용한다. 오이리트미는 대개 몸 전체를 사용하는데, 때로는 동작내용에 따라 두 팔, 두 손, 두 발을 중점적으로 사용하기도 한다.

❹ 동화와 인형극

- 동화: 발도르프에서는 동화를 들려줄 때 동화책을 직접 보여 주지 않고 동화의 내용에 맞는 상을 그리도록 교사의 목소리로 자연스럽게 들려준다. 권선징악이 분명한 전래동화를 준비한다.
- 테이블 인형극: 발도르프 테이블 인형극은 교사가 교실에서 약 20명 내지는 30여 명의 유아들에게 들려주기에 적당하다. 일반적으로 전래동화를 통하여 동화에 담겨 있는 인간의 지혜를 유아에게 내면화시키기 위한 교육 목적을 내포하고 있다. 인형극에서 중요한 것은 교사가 아니라 인형극을 위해 마련된 무대이다. 무대는 계절탁자 형식으로 탁상 위에 꾸며지며 인형극 이야기의 중요한 요소에 맞게 하되 가능한 단순하게 구성한다.

발도르프 인형

1) 발도르프 인형의 특징

- 부드러운 헝겊을 소재로 얼굴 표정을 최대한 단순화시킨다.
- 유아의 현실적 모습과 닮아 있고 부드러운 질감과 양감이 있어 생명체에서 느낄 수 있는 특징을 지닌다.
- 발도르프 인형은 모든 과정이 수작업으로 이루어지므로 제각기 개성을 가지고 있는 인형이다.
- 가능한 천연 소재를 사용해서 무해하며, 순수한 감각발달을 위해 도움이 된다.
- 엄마가 손수 만든 헝겊 인형은 사 온 것이 아니라 직접 엄마가 낳은 것이라고 느낄 수 있다.
- 발도르프 인형은 연령에 따라 발달 과정에 맞게 제작할 수 있다.

2) 발도르프 인형의 종류

- 매듭인형: 사각형의 부드러운 천연섬유(무늬 없는 단색의 천)로 단순하게 만들며 유아들에게 처음 주는 인형
- 자루인형: 다리 부분을 자루 형태로 만들어 전체적인 상을 제공할 수 있는 인형이다.
- 손수건 인형: 손수건을 이용하거나 사각형의 천을 이용해 만들어 볼 수 있다.
- 우주복 인형: 자루 인형의 형태에서 다리 모양이 정확히 표현된 인형으로 유아들의 우주복과 흡사하다.
- 털실 인형: 아주 다양한 인형들을 대바늘, 코바늘로 만든 것과 털실을 감아 만든 것이 있다.
- 옷 갈아 입히는 인형: 30, 40, 50cm 등으로 나누어 제작한다.
- 펠트로 만든 인형: 천연 양모를 섬유화한 것이다. 다양한 크기, 모양의 인형 제작이 가능하다.
- 양모로 만든 인형: 여러 가지 색의 양모로 사람 인형이나 동물 인형을 만든다.
- 마리오네트 인형: 인형 내부는 양모 솜으로 그리고 옷은 비단으로 입혀서 부드럽고 흐르는 듯한 분위기를 내도록 한다. 인형에 줄을 연결하여 손가락으로 조절하여 움직임을 표현한다.
- 나무로 만든 인형: 천연염료를 사용해야 인체에 해롭지 않다. 특히, 동물들을 많이 만든다.
- 까꿍이 인형: 어린 유아들에게 까꿍놀이를 하거나 또는 노래를 시작할 때 지휘효과를 위해 사용한다.

6) 교수학습 방법

(1) 존중, 열정 그리고 보호

유아를 존중하고 가치 있게 여긴다는 것은 각각의 유아에 대한 이해를 바탕으로 한다. 유아의 4가지 기질적 특성(우울질, 다혈질, 담즙질, 점액질)의 차이에 따라 유아를 이해하고 조화를 이룰 수 있도록 한다. 교사가 가지고 있는 열정을 유아들에게도 그대로 전달하도록 하고, 교사는 모든 유아들을 신체적, 정서적, 사회적, 심리적으로 보호해야 하며 유아의 건강한 발달을 위한 안식처가 되도록 한다.

(2) 유아가 몰입할 수 있고 반응적인 환경

심미적으로 아름답고 환영받는 따뜻한 느낌을 제공해 주는 환경 구성을 하고 교사가 유아에게 적합하게 만든 놀잇감과 물건, 재료들을 중요시한다. 유아가 직접 만져 보고, 조작하고, 창조하고, 상상할 수 있는 물건들을 제공한다. 예를 들어, 솔방울, 매끄러운 조약돌, 나뭇가지, 조개껍질, 이끼와 같은 자연물이 담긴 바구니들이 유아의 놀이에 사용될 수 있다. 반면, 상업적으로 만들어진 놀잇감, 즉 한 가지 목적만을 가지며, 너무나 사실적이어서 다른 것으로 활용할 여지가 없는 놀잇감은 제공하지 않는다.

(3) 감각경험과 연계된 환경

이미지, 냄새, 맛, 촉각 등의 과도한 자극으로부터 유아들을 보호하고 감각경험을 제공하는 것을 중요시한다.

(4) 또래와의 협동

유아에게 교사, 또래와 놀이하고 작업할 수 있는 기회를 많이 제공하도록 한다. 특히, 또래와 상호작용하면서 사회적, 정서적인 발달을 풍부하게 하고 융통성, 창의성을 발달시킨다.

(5) 경험을 통한 학습

발도르프 교사는 직접적인 교수를 하지 않으며, 경험을 통한 교육을 중시한다. 유아가 스스로 발견하도록 격려하고 자발적으로 어떤 역할을 모방하거나 놀이할 때 전적으로 몰입하여 무언가 시도해 볼 있는 풍부한 기회를 제공한다.

(6) 책임감과 자기통제력

유아가 스스로 활동을 선택하는 과정을 통해 책임감과 자기통제력을 증진하도록 한다. 책임감과 자기통제력을 발달시키기 위해서는 충분한 시간과 공간, 선택의 기회를 제공하고 성인은 주의 깊은 감독과 안내가 필요하다.

7) 환경 구성

발도르프 교육의 실외 환경은 자연물과 자연상태를 최대한 이용하고 있다. 건물 밖의 놀이 영역으로서 가능한 다양한 날씨 조건에서도 이용할 수 있도록 마련해 두고 건물로부터 조금 떨어져 있는 영역에는 유아들이 탈 것을 타고 다닐 수 있는 곳, 모래밭, 나무로 만든 조그만 오두막집, 고목, 길게 누워있는 통나무 등이 있으며 일반 영유아교육기관에 설치되어 있는 인위적인 그네, 미끄럼틀, 정글짐은 이용하지 않는다.

실내 환경은 친밀감 있고 쾌적해야 하며 가능한 한 낮 시간에는 인공조명을 사용하지 않는다. 또한 만들어져 상품화된 교구보다는 직접 만든 수공예품이나 자연에서 수집한 교구를 선호한다.

발도르프 교육의 환경 구성에서 큰 비중을 차지하고 있는 것이 계절탁자다. 계절탁자는 사계절의 변화를 실내에서 느낄 수 있을 뿐만 아니라 자연을 통한 인간의 신체와 사계절의 변화에 대한 영향을 감각을 통해 지각하도록 한다. 각 문화마다 사계절의 변화에 따른 절기에 따라 축제에 참여한다.

[그림 4-7] 계절탁자

출처: http://en.wikipedia.org/wiki/Waldorf_education

8) 교사의 역할

발도르프 교육에서의 교사는 자기수양과 자기교육을 지속적으로 실천하는 교사이자, 영혼과 정신과 신체를 통합하는 교육을 실시하는 교사이다. 그러므로 발도르프 교육에서 일하는 교사는 교육 철학이나 교육 원리에 대한 깊은 공감과 신념이 없는 경우 수행하기 어렵다고 본다. 보다 구체적으로 발도르프 교육을 통한 이상적인 교사는 아래와 같다.

첫째, 교사는 수도하는 사람(taoist)이다. 스스로 훌륭한 인간이 되도록 노력해야 한다.

둘째, 배우고 연구하는 사람(researcher)이다. 아이들에게 배우고 아이들의 성장을 위해 끊임없이 연구하고 실천하고 기록해야 한다.

셋째, 가르치고 이끌어 주는 사람(teacher & leader)이다. 교사는 지식만이 아니라 공부하는 법, 삶을 살아가는 방법을 가르쳐야 하며, 꿈을 갖고 살아가도록 이끌어 주어야 한다.

넷째, 마음으로 만나는 사람(counselor)이다. 교사는 교실에서 집단으로 만나지만 아이를 마음 깊은 곳까지 하나하나 들어가서 만나고 사랑하고 도와주어야 한다.

다섯째, 운영하는 사람(manager)이다. 교사는 교실에서 만나는 많은 아이들에게 골고루 사람과 관심을 주며 이들이 서로 협동하고 사랑하면서 살 수 있도록 학급을 잘 운영해야 한다.

발도르프 교사는 유아와 함께 놀이하는 부모의 역할에 큰 가치를 두고 부모와의 관계 성립을 해 나간다. 교사와 부모는 서로 지원하며 유아의 전인발달을 위한 파트너가 되어야 한다. 교사는 부모에 대한 존중을 통해 유아의 성장과 발달을 위한 책임감 의식을 공유한다.

C·H·A·P·T·E·R 05

영유아 프로그램 개발

본 장에서는 영유아 프로그램을 개발하기 위한 여러 가지 프로그램 개발 모형을 검토해 봄으로써 효과적인 프로그램 개발 단계에 필요한 여러 요소들에 대한 이해를 높이고자 한다. 또한 영유아를 대상으로 하는 프로그램 개발 시 고려해야 하는 요소들을 알아보고 이를 토대로 프로그램을 개발하는 과정을 각 단계별로 살펴봄으로써 영유아 프로그램 개발의 실무 능력을 증진하고 한다.

1. 프로그램 개발 모형

영유아 프로그램을 개발하기 위해서는 먼저 프로그램을 어떻게 개발할 수 있고, 또 어떻게 개발하고 있는지를 검토함으로써 영유아 프로그램을 개발하는 과정에 유용한 지침을 알 수 있다. 그럼에도 불구하고, 여러 문헌·조사·관찰에 의하면 프로그램 개발자나 교사들은 프로그램 개발 모형과 개발 과정에 대한 이해가 부족하거나 모형을 다루는 데 실제적·이론적 경험이 충분하지 못하거나 또는 프로그램 개발 모형에 대해 잘못 이해하고 있음으로 인해 모형을 사용하지 않는다고 보고되고 있다(Print, 1993/2006). 프로그램 개발 모형은 프로그램을 개발하기 위해서 프로그램의 요소들을 검토하고 각 요소들이 어떻게 상호 관련되어 있는가를 검토하는 데 유용하다. 여기서는 전통적인 접근인 합리적, 순환적, 역동적 모형에 대해 각각 먼저 살펴보고, 최근 프로그램 실행 측면을 강조한 연구·개발·확산 모형, 협력적 모형, 교육기관 중심 모형에 대해 알아보고자 한다.

대체로 프로그램 개발 모형은 논리적이고 계열적인 합리적 모형으로부터 프로그램 개발 과정이 순환적으로 이루어지는 순환적 모형에 이어 실제적인 상황에 모형을 적용시키는 역동적 접근 모형에 이르기까지 하나의 연속선상에서 분류된다. 이들 3가지 모형의 각 특성과 강점 및 약점을 살펴보면 다음과 같다.

1) 합리적, 순환적, 역동적 모형

합리적 모형은 체계적이고 단계적으로 접근하는 프로그램 개발 과정인 반면에 역동적 모형은 융통성 있고 상호작용적이며 수정 가능한 특징이 있어 다소 대조적이다(그림 5-1).

	합리적 모형	순환적 모형	역동적 모형
대표적 학 자	Tyler Taba	Wheeler Nicholls	Walker Skilbeck

[그림 5-1] 프로그램 모형의 연속성

출처: Print(1993/2006).

(1) 합리적 모형

합리적 모형은 프로그램을 개발해야 하는 분명한 목표가 설정되고 설정된 목표를 달성하기 위한 내용, 방법이 계획되고 목표를 성취하는 정도를 나타내는 평가를 계획하는 모형이다. 대표적인 학자로는 Tyler와 Taba가 있는데, 여기서는 프로그램 개발에 지배적인 영향을 끼쳐 왔던 Tyler 모형에 대해서 구체적으로 살펴보고자 한다.

Tyler 모형은 교육기관에서는 어떠한 목적을 달성해야 하는지, 이 목표를 달성하기 위해서는 어떤 교육적 경험이 다루어져야 하는지 교육적인 경험을 효과적으로 조직하는 것, 그리고 목적이 달성되고 있는 것을 알기 위한 사정이나 평가의 4가지 문제를 체계적으로 다루었다(Print, 1993/2006). 목표, 내용, 방법, 평가 4가지 문제를 논리적이고 계열적으로 해결하는 단순한 모형으로 볼 수도 있지만 Tyler는 교육 목적을 수립하기 위해 자원을 분석하는 데 중점을 두었다. 다음 [그림 5-2]와 같이 Tyler 모형은 프로그램 개발에 있어서 합리적인 틀을 제시함으로써 가장 많은 영향력을 발휘하면서 모범적인 전형이 되어 왔는데 이성호(2008)가 제시한 Tyler의 교육 과정 개발 모형을 토대로 모형의 특성을 살펴보면 다음과 같다.

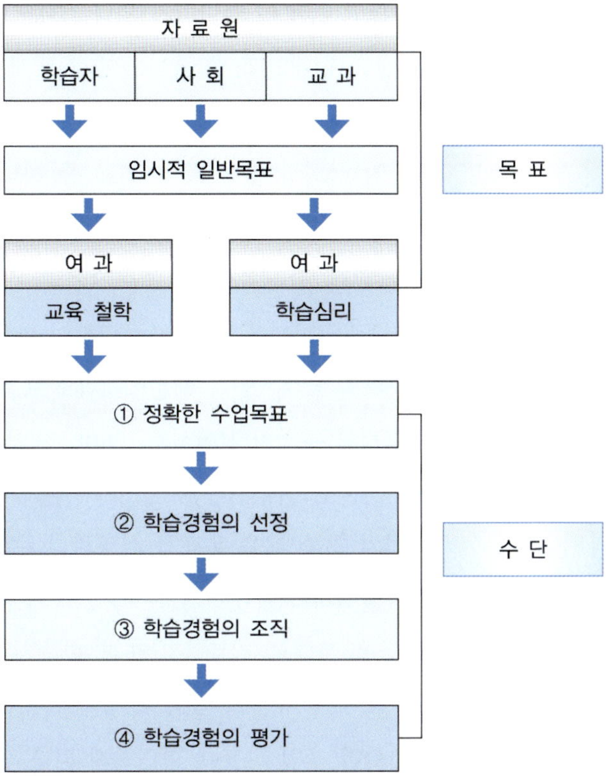

[그림 5-2] Tyler의 교육 과정 개발 모형

출처: 이성호(2008).

Tyler 모형은 프로그램 개발을 목표와 수단으로 분리하였고 목표 설정을 중요하게 다루었다. 첫째, 목표를 설정하는 단계를 살펴보면 다음과 같다. 학습자에 대한 연구, 교육기관 밖에서 이루어지는 사회에 대한 연구, 교육 전문가의 제언을 토대로 목표를 수립한 후, 철학적 원리와 심리학적 원리에 의해 여과되도록 한다. 예를 들면, 핵가족화된 현대사회의 특성상 사회성 발달이 취약한 유아를 대상으로 하는 프로그램을 개발한다면 목표를 설정하기 위한 자료원은 학습자인 유아, 핵가족화된 현대사회의 특성에 대한 연구 결과, 유아의 사회성 발달 증진을 위한 교과이다. 이들 자료원들을 토대로 유아들의 친사회적 특성을 증진하는 것을 임시적 목표로 설정하고 세부적인 목표를 수립하게 된다. Tyler 모형에서 가장 중요한 특성 중의 하나는 목표 진술 형태인데, 학습자들에게서 개발되고 변화되어 나타나야 할 '행동(behavior)'의 종류로 정밀하게 진술되는 것이다(Eliason & Jenkins, 2003). 예를 들면, 유아의 사회성 발달 증진 목표 중 하나로 "유아들이 서로 협력하여 놀이에 끝까지 참여할 수 있다"와 같이 구체적인 행동으로 진술해야 된다. 이는 프로그램이 실시된 후에 평가를 통해 프로그램의 목적이 달성되었는지 검증하기 위함이다. 따라서 Tyler 모형에 의해 프로그램이 개발되면 프로그램의 목표 달성 정도를 비교적 명확히 알 수 있기 때문에 Tyler 모형은 '기술적 합리성(technical rationality)'이 대표적인 특성이다(이성호, 2008, 재인용).

그 다음에는 구체적인 행동의 기술로 진술된 목표를 교육 철학과 심리학적 원리에 의해 여과해 보는 과정을 거쳐 최종 교육 목표를 확정한다. 즉, 철학적 원리를 토대로 진술된 목표들이 서로 불일치되는 것이 있는지, 중복되는 것이 있는지, 좀 더 중요한 목표는 무엇인지 등을 토대로 검토하고 또한 학습자들의 심리학적 원리에 의해 실행 가능한 목표인지, 학습자들의 발달 특성에 적절한 목표인지 등을 검토하는 여과 단계를 거쳐 정확한 수업 목표를 확립하게 된다.

둘째, 수단에 대한 단계를 살펴보면 다음과 같다. 정확한 수업 목표가 수립되면 목표를 달성하기 위해 적절한 학습 경험을 선정하고 학습 경험을 조직한다. 예를 들어, 유아들이 서로 협력하여 놀이에 참여하도록 하기 위해 필요한 함께 놀이하는 경험, 상대방의 의견에 귀 기울이고 서로 타협하는 경험 등을 선정한 후, 유아들이 어떤 방식으로 프로그램에 참여할 것인지 등을 조직한다. 그 다음 학습 경험의 평가 방법 및 내용을 선정하는데, 목표가 성취되었는지를 결정하기에 타당한 평가이어야만 한다는 것이 주요한 특성 중 하나다. 이 특성으로 인해 Tyler 모형은 목표가 어느 정도 달성했는지 알아볼 수 있는 효율적인 모형이라는 평가를 받는다. Print(1993/2006)는 Tyler 모형의 강점과 약점을 다음과 같이 지적하였다.

■ Tyler 합리적 모형의 강점과 약점

- 강점: 합리적인 모형은 논리적으로 계열적이기 때문에 프로그램을 개발하는 과정이 비교적 단순하다.
  실행 가능한 목표를 설정하고 이를 토대로 단계적으로 프로그램을 개발하여 계획 방향이 명확하고 목표 달성에 대한 효과 검증이 분명하기 때문이다. 예를 들어, 영유아들의 친사회적 행동 증진이나 특정한 능력 발달과 같이 목표 및 방향이 명확한 프로그램을 개발할 때 효과적인 모형이라 할 수 있다.

- 약점: 합리적 모형은 의도된 목표와 목표를 달성했는지에 대한 결과를 강조하기 때문에 프로그램이 진행되는 과정에서 나타나는 의도하지 않은 교육적 경험을 소홀히 다룬다.
  영유아를 대상으로 하는 교육 프로그램에서는 교사가 의도한 목표가 있더라도 영유아의 관심과 흥미에 따라 학습 경험이 전개되기 쉽기 때문에 의도하지 않은 교육적 경험이 더 많이 발생할 수밖에 없다. 이런 점에서 영유아 프로그램 개발 시 합리적 모형을 적용하는 것은 한계가 있다.

(2) 순환적 모형

순환적 모형은 프로그램 개발 과정에서 프로그램 구성요소의 상호 의존적인 특성을 강조한 것이다. 대표적인 학자인 Wheele는 Tyler와 Taba의 이론을 발전시켜 합리적인 프로그램 개발 과정이 순환되는 모형을 제시하였는데, Print(2006/1993)는 순환적 모형의 특성을 다음과 같이 분석하였다. 궁극적인 목적, 중간 목표, 구체적인 명세 목표를 수립하고 이런 목표를 성취하는 데 도움을 주는 학습 경험을 선정한다. 그 다음 학습 경험 유형에 따라 내용을 선정하고 교수학습과정에 비추어 학습 경험과 내용을 조직하고 통합한다. 마지막으로 각 단계에서 목표를 얼마나 이루었는지 성취도 평가를 한다. 그리고 평가한 결과를 목적 및 목표에 반영하여 다시 프로그램 개발 과정이 반복되는 형태이다.

Audrey와 Nicholls는 Tyler, Taba, Wheeler가 제시한 모형을 좀 더 발전시켜 프로그램 개발 과정의 순환적 특성과 상황 분석 단계를 강조한 모형을 제시하였다(그림 5-3).

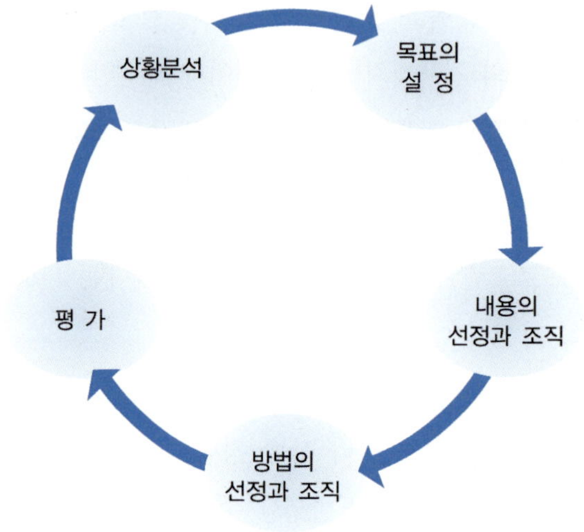

[그림 5-3] Nicholls 순환적 모형

출처: Print(1993/2006).

Nicholls는 프로그램이 적용되는 교육 상황의 변화에 따라 프로그램이 수정되어야 함을 강조하기 위해 '상황 분석'이란 단계를 포함시켰다. 상황 분석이란 개발하고 있는 프로그램에 방해되는 요소들을 찾아내어 프로그램 개발에 반영하는 것이다. 즉, 영유아의 요구나 특성, 영유아를 대상으로 하는 교육 현장의 특성 등을 분석하여 프로그램 개발에 반영하되 프로그램 개발 과정은 목표 설정→내용 선정과 조직→방법 선정과 조직→평가 순으로 이루어지고, 평가의 결과를 토대로 다시 상황을 분석하여 목표를 설정하는 등 순환적으로 프로그램이 개발되는 것이다. Print(1993/2006)가 제시한 순환적 모형의 강점과 약점은 다음과 같다.

■ 순환적 모형의 강점과 약점

- 강점: 학습자나 교육 현장의 특성 및 변화를 적용할 수 있다.

  프로그램 개발 전에 목표를 설정하기 위해 자원을 분석하거나 상황 분석을 통해 프로그램에 영향을 미치는 다양한 요소들을 분석하고 이를 프로그램 개발에 적용하기 때문에 학습자인 영유아나 교육 현장의 특성 및 변화를 프로그램 개발에 반영할 수 있다. 예를 들면, 영유아교육기관의 학기 초에는 신입원아가 많은 시기이므로 새로운 교육기관에 적응하느라 힘든 영유아들의 특성과 신입원아로 인해 학급 운영이 불안정한 교육 현장의 특성을 반영함으로써 효율적으로 프로그램을 개발하고 적용할 수 있다.

- 강점: 상황의 변화를 프로그램 개발에 지속적으로 반영할 수 있다.

  예를 들어, 신입원아가 점차 적응되어 가는 상황을 지속적으로 프로그램 개발에 반영하여 프로그램을 수정하기 때문에 학급을 운영하는 교사가 프로그램 개발에 활용하기에 적절한 모형이다. 학습자인 영유아를 대상으로 하는 교육 프로그램 개발에서는 영유아의 개인별 특성을 반영해야 하고 주변 학습 환경의 영향을 고려해야 하는 측면에서는 순환적 모형을 적용하는 것이 효과적이다.

- 약점: 예측되지 않은 교육적 경험을 소홀히 다루었다.

  순환적 모형도 프로그램을 개발하는 과정을 합리적 모형의 단계와 유사하게 목표를 진술하고 이에 근거하여 교육경험 및 내용을 선정하고 조직하며 평가하는 모형이므로 합리적 모형의 약점을 동일하게 가지고 있다. 즉, 행동으로 변화되어 나타날 수 있는 결과 중심의 목적 및 목표를 설정하고 있기 때문에 예측되지는 않았지만 영유아 특성상 빈번하게 나타나는 교육적인 경험에 대한 것을 다루지 못하는 한계가 있다.

- 약점: 영유아의 목표 달성을 확인하기 힘들 수 있다.
  목적 및 목표가 평가 가능한 진술로 제시되기 때문에 자신의 경험이나 생각을 표현하는 능력이 부족한 영유아를 대상으로 하는 경우에 목표 달성을 확인하기 힘들다는 측면에서는 영유아 대상 교육 프로그램 개발 모형으로는 적절하지 않을 수 있다.

(3) 역동적 모형

역동적 모형은 합리적 모형과 순환적 모형이 교육 현장의 실제를 제대로 반영하지 못하는 약점을 보완하고자 한 모형이다. 대표적인 학자인 Walker와 Skilbeck은 실제 교육 현장에서 프로그램 개발은 목표 설정에서 시작하여 학습 경험 선정 및 조직 등과 같은 순서대로 이루어지기보다는 어떠한 요소에서든지 시작할 수 있고 어떠한 순서로도 진행될 수 있다고 하였다(Print, 1993/2006).

이성호(2008)가 제시한 Wallker의 모형(그림 5-4)을 토대로 그 특성을 살펴보면 다음과 같다. 첫째, 출발점(platform) 단계에서는 교사나 프로그램 개발자는 이미 자신이나 사회적인 신념, 가치, 개념, 관점 등을 가지고 있는데, 이를 토대로 개발하고자 하는 프로그램에 대한 개념, 이론, 신념, 목표 등을 구성하게 된다. 둘째, 숙의(deliberation) 단계는 실제적인 상황에 적용하면서 대안적인 해결방안들을 찾아내고 대안적인 해결방안들의 결과를 상호 비교하면서 가장 효과적인 방안을 최종 선택하는 과정이다. 셋째, 설계(design) 단계는 프로그램을 개발하기 위한 의사결정단계이다. 즉, 개발에 참여하는 사람들이 서로 논의하여 프로그램의 상세한 내용인 교과, 수업, 교수자료, 집단활동 등을 개발한다. Walker의 모형은 프로그램 개발을 위해 가장 타당한 방법과 실행 가능한 방법을 논의하는 숙의과정을 거친다는 것이 가장 큰 장점이다. 그러나 종종 숙의과정에 참여하는 특정 집단의 견해만 반영되어 한정적인 프로그램이 개발될 수 있는 단점이 있다(김대현·김석우, 2007).

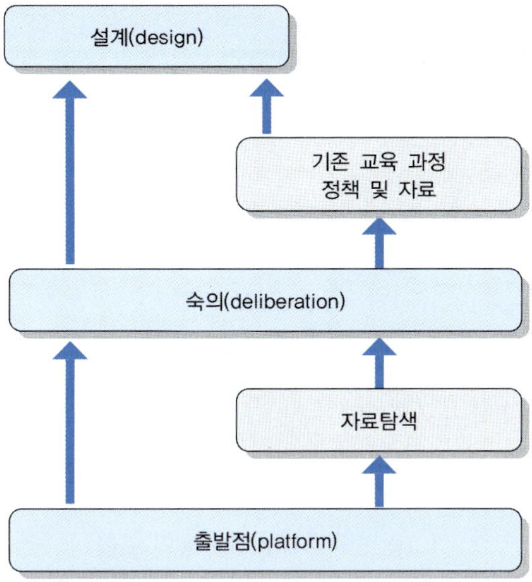

[그림 5-4] Walker의 개발 모형

출처: 김대현·김석우(2007).

역동적 모형 중 하나인 Silkbeck 모형의 대표적인 특징은 프로그램의 시작과 끝이 정해져 있지 않다는 것이다(김대현·김석우, 2007). 즉, 직선적 단계에 따라 개발되는 것이 아니라 프로그램 개발 과정이나 과정에서의 문제점이나 어려움이 나타나면 바로 그 시점에서 문제점 등을 분석하여 프로그램 개발이 시작되는 것이다. 예를 들어, 영유아가 학급에 제시된 교육 활동에 흥미를 보이지 않는다면 교사는 영유아의 발달적 특성 및 개인적인 성향, 교육 활동의 수준과 교수 매체의 특징, 교수 방법 및 교육환경 등을 분석하여 교육에 걸림돌이 되는 것을 찾아내고 이를 수정하기 위해 분석된 요소들을 토대로 프로그램을 개발하고 적용한다. 김대현과 김석우(2007)가 분석한 Silkbeck 모형의 특성은 다음과 같다(그림 5-5). 프로그램 개발자가 지각한 문제점의 단계에서 모형을 시작할 수 있고 개발 단계는 그림에 제시한 몇몇 단계를 결합하여 운영할 수 있다. 따라서 프로그램이 실행되는 영유아교육상황과 긴밀히 상호작용하면서 프로그램이 개발되는 것이다.

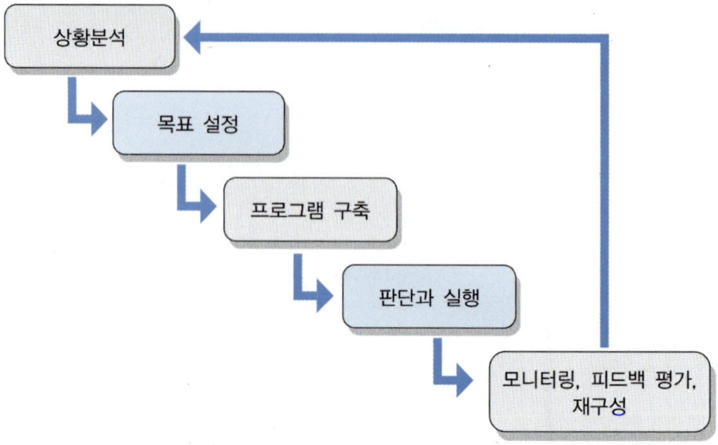

[그림 5-5] Silkbeck의 모형

출처: 김대현·김석우(2007).

Silkbeck 모형은 첫째, 부모와 가족의 요구, 사회문화적 요구, 영유아의 발달 특성과 요구, 영유아교육기관의 특성과 요구 등에 대해 조사한다. 둘째, 상황 분석에서 제시된 결과들을 토대로 학습결과를 진술할 수 있는 목표를 설정한다. 셋째, 학습목표를 달성하기 위한 교수학습활동 내용 선정 및 조직, 교수 방법, 교구 및 교재, 운영방식 등을 계획하여 프로그램을 구축한다. 넷째, 계획된 프로그램을 실행하면서 문제점을 파악한다. 다섯째, 모니터링, 피드백, 평가, 재구성 등을 실시하여 프로그램을 재구성하거나 조정하고 지속적인 평가를 어떻게 할 것인지 등을 결정한다. Silkbeck 모형의 장점도 영유아교육 현장의 여러 요소들을 프로그램 개발에 반영한다는 것이다.

■ 역동적 모형의 강점과 약점

- 강점: 융통적이고 창의적이다.

  역동적 모형의 가장 큰 장점은 융통적이고 창의적이라는 점이다. 프로그램 적용 시 교사가 어려움이 있거나 요구사항을 발견하면 어느 시점에서든지 프로그램 개발을 시작할 수 있기 때문이다. 앞에 제시한 예와 같이 교사가 제시한 교육 활동에 흥미를 보이지 않는 영유아를 분석한 결과 교육 활동의 주제가 영유아의 흥미에 적합하지 않기 때문이라면 영유아의 흥미에 적절한 주제로 교육 내용을 수정하여 실행하면서 프로그램 효과를 검토할 수 있다. 이와 같이 역동적 모형은 교육 현장의 상황을 잘 반영해 주기 때문에 영유아들의 특성을 고려해야 하는 영유아교육 현장에서 잘 활용될 수 있는 모형이라 하겠다.

- 약점: 프로그램 개발 방향성이 명확하지 않다.

  역동적 모형은 어느 시점에서든지, 어느 방향으로든지 프로그램 개발이 가능하기 때문에 방향성이 명확하지 않고 비체계적이다. 즉, 합리적 모형이나 순환적 모형과 달리 목표를 명확히 하지 않기 때문에 프로그램을 적용함에 있어 혼란스러울 수 있으며 프로그램 전체를 고려하지 못하는 경우가 많다.

- 약점: 시간이 많이 소요된다.

  역동적 모형은 가장 효과적인 대안을 결정하기 위하여 논의하는 과정에 시간이 많이 소요되므로 효과적이지 못하다.

지금까지 살펴본 합리적 모형, 순환적 모형, 역동적 모형의 특성을 토대로 볼 때, 프로그램을 개발하기 위해서는 목표를 설정하고 이에 근거하여 교육 내용을 선정하고 조직하는 등의 논리적이고 계열적인 접근도 필요하며 또한 교육 현장의 실제적인 특성을 반영하여 상황에 적절하게 프로그램을 개발하거나 수정하는 접근도 필요하다는 것을 알 수 있다. 따라서 교사나 프로그램 개발자는 개발하고자 하는 프로그램의 목표를 명확히 수립하되, 학습자 요구, 교육 현장의 특성 등과 같은 실제적인 요소도 최대한 고려하여 프로그램을 개발해야 할 것이다.

2) 연구 · 개발 · 확산 모형/ 협력적 모형/ 교육기관 중심 모형

교육 프로그램을 개발하여 효과적으로 교육 현장에 적용하는 것이 중요하다고 강조한 조덕주(1999)는 프로그램 개발 모형을 '연구·개발·확산 모형', '협력적 모형', '교육기관 중심 교육 과정 모형'으로 제시하였다. 즉, 교육 프로그램 개발 시 교육 현장에 적용하는 실천적인 측면을 기준으로 프로그램 개발 모형을 제시한 것이다. 영유아를 대상으로 한 프로그램 개발 시 중요한 요소 중 하나가 개발된 프로그램을 영유아교육 현장에서 잘 활용하는 것이므로 조덕주(1999)가 제시한 3가지 모형에 따라 영유아 프로그램 개발 모형을 살펴보는 것도 의의가 있을 것이다. 다음 〈표 5-1〉은 조덕주(1999)가 제시한 3가지 모형의 특성을 영유아 프로그램에 적용하여 비교해 본 것인데, 이를 토대로 3가지 모형을 살펴보면 다음과 같다.

첫째, 연구·개발·확산 모형은 전문가들이 연구를 통해 교수 및 학습 원리를 만들어 내고, 이를 토대로 새로운 프로그램을 개발한 후, 새로운 프로그램과 자료를 교사들에게 체계적으로 확산시켜 가는 모형이다. 즉, 연구와 개발 및 확산의 과정을 순차적으로 나누어 진행하는 모형이다. 국가나 사회적 요구 또는 학문적 발달에 의해 프로그램을 개발할 때 효과적이다.

〈표 5-1〉 연구·개발·확산 모형과 협력적 모형 및 교육기관 중심 모형 교육 과정 비교

		연구·개발·확산 모형	협력적 모형	교육기관 중심 모형
프로그램	개발의 주체	주요 기관의 학자, 전문가 집단	교사 및 학자, 전문가 집단	교사 및 교육기관 관련 인사
	개발에의 요구	국가·사회적 요구 학문의 발달	국가·사회적 요구 학문의 발달 교육 현장의 요구	학문의 발달 교육 현장의 요구
	명료성	프로그램 개발자에게는 명료하나 교사들에게는 상대적으로 명료하지 않을 수 있음	교사들에게 명료함	교사들에게 매우 명료함
	실용성	현장의 상황을 심각하게 고려하지 않는 한 상대적으로 실용성이 낮음	실용성이 높음	해당 교육기관에서 실용성이 높음
관련 인사	연계자	연계자의 역할이 매우 중요함 프로그램 확산을 위한 교사 연수가 중요함	연계자라기보다는 지원자의 역할이 중요함 프로그램 확산을 위한 연수가 중요함	연계자는 존재하지 않음 지원자가 중요함
	교육기관장	교육기관장은 중앙의 의도를 전달하는 중요한 책임을 짐	중앙의 의도와 교사들의 의견 간의 중재자로서 책임을 짐	교사와 협력적인 관계에서 교사들 간 의견의 중재와 지원의 의무
	교사	중앙의 의도를 그대로 받아들이는 수동적인 존재	전문성을 발휘하여 중앙의 의도를 스스로 수정해 나가는 능동적인 존재	스스로의 전문성을 발휘하여 프로그램을 개발하고 적용하는 능동적인 개발자
프로그램 적용 체제		위에서 아래로 전달되는 직선적인 전달 체계	중앙의 개발자와 교사들 간의 상호작용이 활발하게 일어나는 체계	교사들 간의 상호작용이 활발하게 일어나는 체계
개발과 적용의 관계		개발과 적용은 시간 및 공간적으로 분리되어 진행됨	개발과 적용은 별도로 진행되거나 동시에 진행되기도 함	개발과 적용이 동시에 진행됨

출처: 조덕주(1999).

둘째, 협력적 모형은 프로그램을 개발하기 위한 연구, 개발 보급 등 모든 과정에서 기능별로 교과 전문가, 교사, 행정가, 사회과학자들이 함께 협력하는 모형이다. 즉, 프로그램을 개발하는 집단과 프로그램을 교육 현장에 적용, 실행하는 교사 및 행정가 등의 집단이 공통의 가치를 충분히 형성하여 프로그램을 개발하기 때문에 개발자의 의도한 방식대로 교사가 프로그램을 실행할 수 있다.

셋째, 교육기관 중심 모형은 중앙에서 연구, 개발된 프로그램을 확산시키는 모형의 반작용적인 모형이다. 각 교육기관의 특성을 충분히 반영하여 프로그램을 개발하기 위해 프로그램이 운영될 해당 교육기관에서 학습자의 특성과 교육기관의 여건 및 지역적 특성 등을 고려하여 프로그램 실행을 담당할 교사가 직접 개발하는 모형이다.

〈표 5-1〉과 같이 3개의 모형은 프로그램, 관련 인사, 프로그램 적용체제, 개발과 적용의 관계 측면에서 각각 차이가 있다. 따라서 개발해야 하는 프로그램의 특성과 목표에 따라 가장 효과적인 모델을 적용해야 한다. 예를 들어, 표준보육과정과 누리과정은 '연구·개발·확산 모형'에 의해 개발되었다. 국가와 사회의 요구에 의해 학자 및 전문가 집단에 의해 개발되고 확산되었기 때문이다.

2. 프로그램 개발 절차

영유아에게 적절한 프로그램을 개발함에 있어 중요한 사항 중 하나는 영유아교육기관에서 잘 실행되어야 한다는 것이다. 이를 위해 프로그램 개발자들은 교육 대상인 영유아의 특성 및 요구, 프로그램을 직접 실행하는 교사와 영유아교육기관의 요건들을 고려해야 한다. 그리고 영유아를 대상으로 한 프로그램은 표준보육과정 및 누리과정의 기본 방향과 일치되도록 해야 하고 영유아와 관련된 정책 및 행정체계 등도 고려해야만 한다. 영유아 프로그램 개발 시 고려해야 하는 요소들을 분석하고, 이를 토대로 프로그램을 개발하고, 유아교육 현장에 적용해 보는 실행단계 순으로 프로그램 개발이 이루어져야만 한다. 따라서 본 장에서는 영유아 프로그램 구성 시 고려해야 할 사항과 프로그램 개발 절차에 대해서 살펴보고자 한다.

1) 프로그램 개발 시 고려해야 할 사항

영유아를 대상으로 프로그램을 개발하고, 개발된 프로그램을 효과적으로 실행하기 위해서는 프로그램의 수혜자인 영유아뿐만 아니라 영유아의 가족, 영유아교육기관, 지역사회의 특성이나 사회적·문화적 배경 등을 고려해야 한다(김수영·김수임·정정희, 2014)

(1) 영유아와 가족

영유아 프로그램 개발 시 반드시 영유아의 발달 특성을 고려해야만 한다. 영유아의 연령에 따라 신체적·인지적·언어적·사회적 능력이 다르기 때문이다. 영유아는 스스로 탐색하고 사고하는 과정을 통해 정보와 기술을 습득하기 때문에 영유아 주도적인 특성이 반영되어야 한다. 또한 영유아는 개인차가 있기 때문에 각 영유아의 독특한 흥미와 경험, 가정환경 및 가족구성원 특성, 사회문화적인 특성을 고려해야 한다(김지은 외, 2013). 다문화가정 영유아, 한부모가족의 영유아나 장애아가족의 영유아는 각각 개인적인 경험이 다르며 가족의 특성이 다르기 때문이다. 또한 가족의 사회경제적 지위에 따라 영유아 프로그램에 대한 기대치나 영유아교육에 대한 관심과 참여 수준이 다르기 때문에 가족특성을 고려해야 한다.

(2) 영유아교육기관

영유아의 교육기관 환경은 프로그램 실행에 중요한 영향을 미친다(민성혜·김송이·김영애, 2008). 즉, 프로그램 실행에 필요한 교구 및 기자재가 준비되어 있는지, 실외놀이터나 대근육시설이 설치되어 있는지, 위생적이고 안전한 환경인지에 따라 프로그램 실행이 가능할 수도 있고 가능하지 않을 수도 있기 때문이다. 또한 영유아가 프로그램에 참여하거나 교사가 프로그램을 실행함에 있어 필요한 다양한 지원들이 체계적이고 효율적으로 지원이 되는 경우 교사는 보다 효과적으로 프로그램을 실행할 수 있기 때문에 원장 및 영유아교육기관의 운영관리 등도 고려해야 한다.

(3) 지역사회 특성

영유아와 가족이 소속되어 있는 지역사회뿐만 아니라 사회문화적인 환경을 반드시 고려해야 한다(김지은 외, 2013). 지역사회의 문화적 혜택 수준이 어떠한지, 생태학적인 환경이 어떠한지에 따라 어떠한 프로그램을 개발해야 하는지가 다르기 때문이다. 또는 직장 중심의 지역사회에서는 부모들이 마음 놓고 일할 수 있도록 하기 위해 필요한 요구들의 수준이 높은 반면, 농어촌과 지역사회에서는 농번기에 필요한 요구와 농한기에 필요한 요구 등이 각기 다르다. 따라서 지역별 특성에 따른 요구를 고려하여 프로그램 개발이 이루어져야 한다.

(4) 프로그램 편성 및 관계 법령

우리나라는 현대사회의 사회적·학문적 요구를 수용하여 최근 제3차 표준보육과정(누리과정 포함)을 제정하여 시행하고 있다(보건복지부, 2013). 이는 우리나라 모든 영유아들의 교육의 질을 제고하고 생의 초기 출발점의 평등을 보장하기 위함이다. 또한 일·가정 양립과 출산율 장려를 위한 다양한 정책들을 시행하고 있는데 이와 같은 영유아를 대상으로 한 국가 수준의 정책들은 영유아교육기관 운영에 많은 영향을 미친다. 따라서 영유아를 대상으로 한 프로그램을 개발함에 있어서 국가 수준의 정책 방향과 일치해야 한다. 따라서 영유아 프로그램을 개발하는 과정에서 국가 수준의 정책과 표준보육과정을 검토하여 취지를 반영하도록 한다.

(5) 평가 및 피드백 방법

개발된 영유아 프로그램을 검토하는 과정에서는 목적 및 목표에 따른 실행과정이 적절한지 알아보기 위한 평가 및 피드백 방법이 중요하다. 개발하는 프로그램의 특성과 주요 목적에 합당한 평가 방법과 평가결과를 프로그램 개발 과정에 피드백하는 방법은 매우 중요하므로 프로그램 개발 시 어떤 평가 방법을 사용할 것인지, 어떤 피드백 방법을 사용할 것인지를 고려해야만 한다. 평가 방법 및 피드백 방법에 대한 자세한 내용은 프로그램 평가와 적용에서 다룰 것이다.

2) 영유아 프로그램 구성요소 및 개발 절차

앞에서 살펴본 프로그램 개발 모형들의 강점 및 약점을 토대로 볼 때, 프로그램 개발 과정에서 가장 중요한 것은 균형 있고 통합된 시각에서 프로그램 개발 구성 요소들이 상호작용적이며 역동적으로 개발되어야 한다는 것이다(이성호, 2008). 따라서 영유아 프로그램 개발은 [그림 5-6]과 같이 각 단계들이 서로 영향을 미칠 뿐만 아니라 고정된 계열 없이 개발된 프로그램을 실제 적용해 본 후의 평가결과를 재구성하는 것이 적절하다(김대현·김석우, 2007).

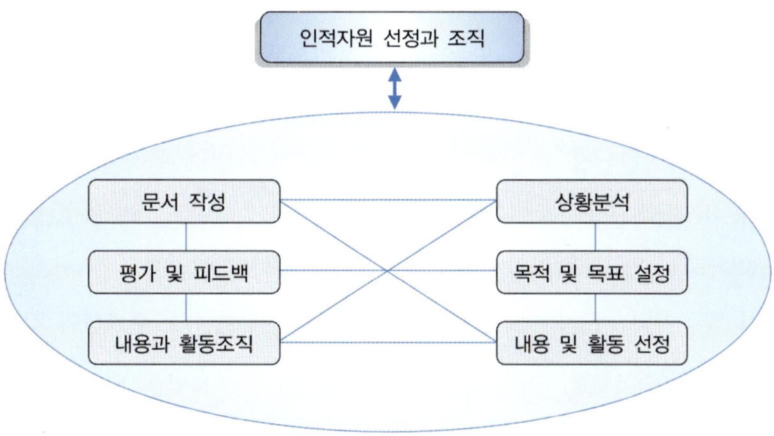

[그림 5-6] 영유아 프로그램 개발 절차

출처: 김대현·김석우(2007).

(1) 인적자원 선정과 조직

영유아 프로그램 개발을 위해서는 여러 유형의 사람들이 참여하여 협력해야만 하는데, 이성호(2008)가 제시한 3가지 유형의 역할에 따라 살펴보면 다음과 같다.

첫째, 프로그램을 직접 계획하고 실행하고 평가하는 등의 '생산자' 역할을 하는 인적자원은 영유아교육 전문가, 교사, 연구자, 행정가 등이다. 이들은 목적에 적합한 질 높은 프로그램을 개발하기 위해 연구하며 연구 결과들을 프로그램 개발에 반영한다. 둘째, 프로그램 '수혜자'인 영유아와 학부모 등이다. 학습 대상인 영유아의 권리와 요구 등이 프로그램 개발에 반영되어야 하기 때문에 영유아의 특성과 권리, 요구와 간접적인 수혜자인 학부모의 권리와 요구가 프로그램 개발에 반영되어야 한다. 셋째, 개발된 프로그램이 교육 현장에 잘 실행되도록 조력하는 '조력자' 역할이다. 개발된 프로그램이 잘 보급되어 실행되도록 조력하는 해당 정부기관의 담당자, 육아종합지원센터의 영유아보육 컨설턴트 등이 대표적인 예이다. 이와 같이 다양한 인사들이 모여 각자의 위치에서 적절한 역할을 수행할 때 효과적으로 프로그램 개발이 이루어진다. 국가 수준에서 개발된 표준보육과정이나 누리과정에 기초한 보육 프로그램 개발에서는 영유아교육 전문가, 교사, 원장, 학부모 대표, 행정가, 장학사 및 관련 공무원 등이 협력하였다. 그러나 작은 규모의 프로그램 개발에서는 현실적인 여건상 이와 같은 인적자원이 모두 참여하기는 힘들기 때문에 원장과 교사들, 또는 영유아교육전문가 등이 주로 참여한다.

김영옥(2006)은 유아 인성교육 프로그램을 개발하기 위해 유아교육 전문가, 아동문화연구소, 어린이집 원장과 교사, 영유아와 학부모로 인적자원을 선정하였다. 유아교육 전문가와 아동연구소는 주체적으로 프로그램을 개발하고 실행을 지원하고 평가하는 '생산자' 역할을 담당하였고, 영유아와 학부모는 '수혜자' 역할을 담당하여 영유아와 가족의 요구 등을 제시하였다. 개발된 프로그램이 각 어린이집에서 효과적으로 실행되도록 유아교육 전문가와 아동문화연구소는 원장과 교사를 대상으로 프로그램에 대한 교육을 실시하고 원장과 아동문화연구소는 프로그램 실행 시 필요한 지원을 담당하는 역할을 하였다. 이와 같이 '생산자', '수혜자', '조정자' 역할을 토대로 현실적으로 가능한 인적자원을 선정하고 선정된 인적 자원의 각 역할을 조직함으로써 프로그램 개발을 시작할 수 있다.

(2) 상황 분석

개발하고자 하는 프로그램의 개발 방향, 목적 등을 설정하기 위해 맥락에 대한 전반적인 분석이 필요하다. 즉, 프로그램이 개발되어야 하는 국가 정책과 사회적·문화적 분위기, 영유아교육기관 환경, 교사에 대한 정보와 학습자인 영유아와 가족의 요구를 분석하고 분석된 결과는 프로그램의 방향성 설정 및 프로그램 개발 시 각 단계에 반영한다. 다양한 요구들을 알아보기 위한 상황 분석에 대해 Skilbeck과 Soliman은 교육기관의 외적인 요인과 내적인 요인으로 나누어 프로그램 개발에 필요한 요구 분석을 하도록 제안하고 있는데(Print, 1993/2006, 재인용), 이를 영유아 프로그램 개발 시에도 적용해 볼 수 있다.

❶ 영유아교육기관 외적 요인

- 문화적·사회적 기대: 여성의 사회 진출을 지원하고 출산율을 독려하는 사회적 기대에 부응하는 보육 프로그램 및 가족 지원 프로그램 요구 등과 같이 영유아교육에 대한 부모, 고용주, 지역사회 등의 기대를 분석한다.
- 국가 정책: 영유아보육 정책 방향과 국가에서 제시한 표준보육과정 및 누리과정 등을 확인하고 개발하고자 하는 프로그램이 이에 합당한지 분석한다.
- 새로운 교육 내용: 최근 밝혀진 관련 연구 결과나 새로운 기술의 발달 중 영유아 프로그램 개발에 적용할 요인이 있는지 분석한다.
- 지역사회 요구 및 자원: 프로그램 수혜자들의 지역사회 실정은 어떠한지, 프로그램 개발 및 운영에 지원받을 수 있는 지역사회 자원은 어떠한지 등을 분석한다.

❷ 영유아교육기관 내적 요인

- 영유아의 요구 및 발달 특성: 학습자인 영유아의 연령에 따른 능력과 개인차 수준, 심리학적 발달 특성 등을 분석한다. 또한 간접 학습자인 부모와 가족의 특성을 분석한다. 영유아와 부모 및 가족의 특성은 프로그램 내용 및 범위, 교사의 역할과 운영 가능성 및 제한점에 중대한 영향을 미친다.
- 교사: 개발된 프로그램이 효과적으로 시행되기 위해서는 무엇보다 교사의 역할이 중요하므로 교사의 직무 능력을 분석한다.
- 영유아교육기관의 특성: 프로그램이 실시되는 영유아교육기관의 철학이나 기본 방향, 원장의 경영 스타일, 교직원들 간의 협력 등을 분석한다. 또한 프로그램 운영에 도움이 될 수 있는 시설이나 장비, 물리적 환경의 특징을 분석한다.

유아의 인성교육 프로그램을 개발하기 위해 김영옥(2006)은 다음 [그림 5-7]과 같이 상황 분석을 실시하였다.

인성교육 관련 문헌고찰 및 선행연구 분석	유아 인성교육에 대한 질문지 조사 (부모/교사)
문화적 · 사회적 기대 국가정책 새로운 교육 내용	유아 인성교육에 대한 인식 유아 인성교육에 대한 요구 (부모/교사)

[그림 5-7] 프로그램 개발을 위한 상황 분석의 예

출처: 김영옥(2006).

[그림 5-7]에 제시한 바와 같이 김영옥(2006)은 먼저 인성교육 관련 문헌고찰을 통해 인성교육 프로그램 개발 방향 및 의의를 분석하였다. 첫째, 세계화·정보화·다문화 시대인 21세기에 영유아에게 필요한 능력은 지식이나 기능이 아니라 자율적으로 학습하고 자원을 관리하는 능력이며 이를 위해서 상호 협력하고 교류하는 태도 양성이 필수적으로 요구된다. 특히, 1995년에 대통령자문 교육개혁위원

회에서 '실천 중심의 인성교육 강화'를 교육개혁 추진과제 중 하나로 강조함으로써 국가적으로 인성교육의 필요성에 대한 공감대가 형성되었음을 알 수 있었다. 둘째, 인간의 유전자와 뇌신경 및 최첨단 신경과학 발달 결과를 토대로 영유아기에는 도덕, 규율을 포함하여 인간성 발달의 필수적인 동기와 기초를 마련하는 중요한 전두엽 발달시기이므로 유아기에 바람직한 인성발달의 기초를 형성해야 한다. 한편, 설문지를 통해 교사와 부모를 대상으로 유아 인성교육에 대한 인식과 요구에 대해 알아봄으로써 교사와 부모가 생각하는 유아 인성교육의 가치와 개념을 분석하였고, 또한 유아 인성교육에 포함되어야 할 내용, 교수 방법, 평가 방법 등에 대한 요인들을 분석하였다.

(3) 목적 및 목표 설정

영유아 프로그램의 목적 및 목표를 설정하기 위해 중요한 것 중 하나는 철학적·심리학적 이론이다(김지은 외, 2013). 철학적·심리학적 근거에 따라 영유아가 어떤 특성을 가진 존재인지, 영유아의 심리학적 특성에 적합한 프로그램의 목적 및 목표를 설정할 수 있기 때문이다. 김영옥(2006)의 유아 인성교육 프로그램 개발의 예시 사례를 통해서 살펴보면, [그림 5-8]과 같이 인성교육에 대한 동서양의 사상과 발달·심리학적 이론들을 검토함으로써 철학적 근거와 심리학적 근거를 확립하였다.

역사 · 철학(동양 · 서양 사상)		발달 · 심리학
• 공자('습'을 통한 실천)	• 플라톤(정의)	• 특성이론
• 맹자(인, 의, 예, 지)	• 아리스토텔레스(이성)	• 정신분석이론
• 이황(이기이원론)	• 아퀴나스(이성)	• 인본주의 이론
• 이이(기발이승일도설)	• 흄(감정)	• 사회학습이론
• 정약용(성기호론)	• 다윈(진화)	• 인지발달이론
• 이덕무(유교적 예절)	• 프로이트(본능, 자아, 초자아)	• 사회적 인지이론

[그림 5-8] 목적 및 목표 설정을 위한 철학적·심리학적 관점 수립 예

이러한 철학적·심리학적 근거를 토대로 제시된 목적 및 목표는 프로그램이 지향하는 바를 알려 준다. 따라서 프로그램 개발에 참여하는 인적자원들이 서로 충분한 합의를 통해 설정되어야 한다. 참고로 이성호(2008)가 제시한 목적 및 목표 설정 원칙을 소개하면 다음과 같다.

첫째, 여러 가지 관련된 맥락에서 충분히 검토하여 많은 사람들이 합의하는 목표로 진술되어야 한다. 특히, 진술된 목표를 읽는 사람은 모든 사람이 같은 의미로 해석할 수 있어야 한다.

둘째, 목적 및 목표는 프로그램의 이념과 관련되어야 하고 교육 활동의 방향을 제시해 줄 수 있도록 구체적이고 정확해야 한다.

셋째, 영유아들의 현재의 생활과 미래의 생활에서도 모두 가치 있고 필수적인 것이어야 한다.

넷째, 목적과 목표 진술은 교육 활동을 계획하기 이전에 설정되어야 한다.

다섯째, 목적 및 목표 설정은 주기적으로 재검토함으로써 평가결과에 의해 수정될 수 있다.

여섯째, 영유아의 외현적·내현적 측면 모두 변화될 수 있어야 한다. 또한 양적인 수준과 질적인 수준의 변화를 모두 포함할 수 있어야 한다.

일곱째, 영유아의 개인차를 반영하여 독특한 특성과 영유아의 자유로운 탐색을 최대한 수용할 수 있어야 한다.

여덟째, 영유아의 교육 경험 및 성취를 평가할 수 있는 기준으로 목적 및 목표를 설정하는 것은 적절하지 않다. 영유아가 프로그램에 참여하는 과정에서 누적적, 잠재적, 표현적, 부차적 학습결과 또는 장기적인 학습결과나 성취가 있을 수 있기 때문에 이러한 내용이 목적 및 목표 설정에 포함되어야 한다.

위에 제시한 요소들을 토대로 김영옥(2006)은 유아 인성교육 프로그램의 목표를 "유아의 긍정적인 자아개념을 확립하고 기본생활습관을 형성함으로써 기초적인 인성, 사회적 인성 및 도덕적 인성의 토대를 구축하여 민주시민의 바람직한 가치·태도·기술을 함양한다"로 수립하였다.

(4) 내용 및 활동의 선정

앞 단계에서 수립된 프로그램의 목적 및 목표를 구체적인 교육 내용이나 활동으로 바꾸어 표현하는 것이 내용 및 활동의 선정이다. 프로그램의 목적 및 목표를 구체적인 내용이나 활동으로 바꾸기 위해서 다음 8가지 기준을 적용할 수 있다(이성호, 2008). 첫째, '유의미성'이다. 내용이 영유아 관련 학문에서 본질적이고 기본적인 것이야 한다. 둘째, '타당성'이다. 내용 선정에 있어서 영유아에게 반드시 가르치고 배워야 할 내용이 고르게 포함되어야 한다. 셋째, '유용성'이다. 어린이집이나 유치원 같은 영유아교육기관 외의 실제 생활에서도 잘 활용되어야 한다. 넷째, '학습 가능성'이다. 영유아가 학습 가능한 내용이고 교사가 영유아에게 가르칠 수 있는 내용이어야 한다. 다섯째, '경제성'이다. 영유아들이 가장 경제적인 방법으로 교육적인 경험을 할 수 있는 내용이어야 한다. 여섯째, '내용의 내적·외적 관련성'이다. 선정된 내용들이 위계적으로 조직되어 있어 서로 관련성이 있으며 다른 학문 분야와도 관련지을 수 있다. 일곱째, '균형성'이다. 영유아의 요구, 사회적인 요구, 부모와 가족의 요구, 교사나 영유아교육기관의 요구 등이 균형 있게 고려되어야 한다. 마지막으로 여덟째, '사회가치 적합성'이다. 선정된 내용 및 활동이 왜곡된 사회적 가치를 바로잡고 새롭고 바람직한 가치 창조에 적합한 내용이어야 한다.

예시 사례인 유아 인성교육 프로그램에서 내용을 선정하는 과정은 다음 2단계로 실시되었다(김영옥, 2006).

- 1단계–내용 선정

인성교육 내용은 크게 기초적 인성, 사회적 인성, 도덕적 인성 범주로 구분하였다. 기초적 인성은 개인생활습관과 공동생활습관으로 분류하고 각각에 해당되는 하위 내용들을 선정하였다. 사회적 인성은 자아개념(신체적 자아, 정서적 자아, 인지적 자아, 사회적 자아), 대인관계(감수성, 의사소통, 절충, 협력), 주도성(설득력,

성취동기)으로 구분하고 각각 하위들을 선정하였다. 또한 도덕적 인성은 도덕적 감수성, 도덕적 판단력, 도덕적 행동으로 구분하고 각각 하위 내용을 선정하였다.

● 2단계-활동 선정

선정된 각 하위 내용에 해당되는 활동안을 계획하되, 각 활동은 주제, 목표, 자료, 활동방법, 사전 및 사후 활동, 유의사항, 실내외 환경 구성 자료 및 활용방법 등의 내용으로 구성한다. [그림 5-9]와 같이 선정된 '존경: 좋은 일 칭찬하기' 내용을 영유아가 경험하도록 하기 위해 '내 친구 칭찬하기' 활동안을 계획해 볼 수 있다.

내 용		활 동
도덕성-도덕적 판단력 (존경: 좋은 일 칭찬하기)	➡	• 활 동 명: 내 친구 칭찬하기 • 주 제: 원과 친구 • 활동목표: 친구는 나와 서로 다르다는 것을 알고 존중한다. 친구의 좋은 점을 찾아내어 칭찬한다. • 활동대상: 3~4세 • 활동자료: 스티로폼 공, 눈알, 종이컵, 나무젓가락, 털실, 색종이, 가위, 풀, 시트지, 사인펜 등 • 활동방법 - 준비한 자료를 보여 주며 이야기를 나눈다. - 칭찬하고 싶은 친구를 관찰하고 친구 인형을 만든다. - 인형을 만든 후 인형에게 친구의 이름을 붙인다. - 친구들 앞에서 만든 인형을 소개하고 친구의 좋은 점을 칭찬한다. - 친구의 좋은 점에 대해 칭찬한 느낌을 이야기해 본다. • 평 가: 활동을 통해 자연스럽게 친구의 좋은 점을 칭찬하는 기회를 가졌는가? • 사전활동: 언어 영역-친구의 좋은 점을 이야기해요.(친구들에 대하여 서로 알게 되고 관심이 생길 때 시작한다.) • 유의사항: 유아들이 만든 인형을 역할 영역에 두고 인형극 또는 역할놀이를 해 본다.

[그림 5-9] 내용 및 활동 선정 예시

(5) 내용과 활동의 조직

프로그램 내용과 활동을 조직하는 일은 각 내용과 활동을 언제, 어떻게 실행할 것인지를 계획하는 것으로 계열성, 계속성, 통합성 원리를 고려해야 한다(이기숙, 2009). 즉, 각 내용을 내용 범주에 따라 위계적으로 배열하고, 각 활동의 수준과 영유아의 연령, 또는 활동이 실시되어야 하는 시기 등을 고려하여 각 활동이 실시되는 순서를 배열한다. 또한 서로 연관된 활동들이 유사한 시기에 실시되도록 함으로써 영유아의 교육경험 효과가 극대화되도록 해야 한다.

(6) 평가 및 피드백

프로그램 개발 과정에서 평가 및 피드백은 프로그램을 확정하여 문서화하기 전에 이루어지는 단계이다. 전반적으로 프로그램을 검토한 결과와 시범적으로 실제 유아교육 현장에 개발된 프로그램을 실행한 결과를 토대로 수정·보완하는 것이 효과적이다. 전반적으로 프로그램을 검토할 때는 [그림 5-10]과 같이 프로그램 개발의 모든 단계에서 적절하게 개발되었는지 평가하고 피드백한다. 이와 같은 과정을 통해 좀 더 완성도 있는 프로그램이 될 수 있기 때문이다.

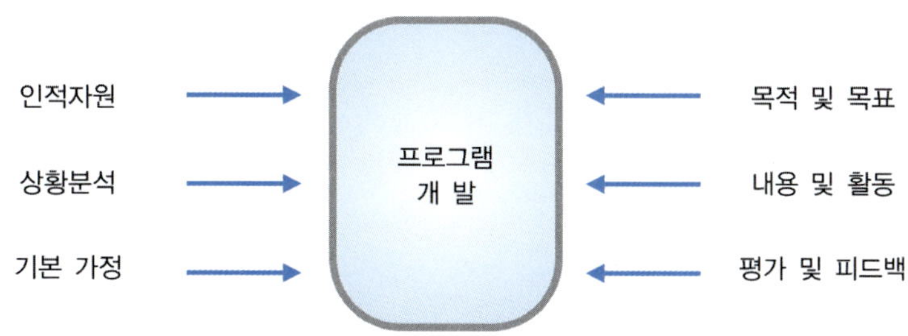

[그림 5-10] 평가 및 피드백

(7) 문서 작성

이와 같이 개발된 프로그램을 문서화하는 단계이다. 문서의 형식이나 체계는 개발된 프로그램의 특성에 따라 다르게 조직될 수 있지만, 프로그램이 개발되었던 모든 과정의 기록이 작성되어야 한다. 또한 프로그램을 보다 쉽게 이해하고 실행할 수 있도록 편집하여 제시하는 것이 효과적이다(김수영·김수임·정정희, 2014).

예를 들어, 근로복지공단(2009)이 직장보육시설의 취업부모를 위한 육아지원 프로그램을 개발한 문서는 다음 [그림 5-11]과 같이 제시하여 프로그램을 실행하는 교사나 영유아교육기관에서 쉽고 매력적으로 이해하고 적용할 수 있도록 하였다. '직장보육시설의 취업부모를 위한 육아지원 프로그램(2009)'은 1부 프로그램 개발의 기초와 2부 프로그램의 실제, 그리고 부록으로 구성하였다. 1부에서는 프로그램 개발의 상황 분석 내용을 토대로 프로그램의 방향성과 목적 및 내용, 프로그램 활용 등을 제시함으로써 프로그램을 전반적으로 소개하고 이론적 지침을 제시하였다. 2부에서는 가족참여활동 중심 육아지원 실제 활동, 가족놀이 중심 육아지원 실제 활동, 가정통신자료 중심 육아지원 실제를 제시함으로써 구체적인 내용과 활동을 소개하였다. 마지막으로 본 프로그램의 개발 과정에서 나타난 주요 결과들의 구체적인 지표 및 참고 자료들을 부록에 제시하고 있다.

프로그램 개발의 기초	프로그램 개발의 실제		
	가족참여활동 중심 육아지원 실제	가족놀이 중심 육아지원 실제	가정통신자료 중심 육아지원 실제
1. 프로그램 개발의 필요성 및 기본 방향 • 프로그램 개발의 필요성 • 프로그램 개발의 기본 방향 2. 육아지원 현황 및 요구 분석 • 직장어린이집의 육아지원 현황 • 취업부모의 육아지원 요구 3. 프로그램의 목적 및 내용 • 프로그램의 목적 • 프로그램의 내용 4. 프로그램의 활용 • 프로그램 자료의 활용 • 연간 육아지원 계획의 수립	1. 봄 • 우리는 파트너 • 뚝딱뚝딱 아빠 쓱싹쓱싹 엄마 • 가족과 함께 걸어요 2. 여름 • 아빠와 함께하는 신나는 놀이 • 가족 모래조각 축제 • 아빠와 함께하는 기차여행 3. 가을 • 함께 놀면서 배우는 그림책 활동 • 아름다운 가족등반대회 • 한마음 가족운동회 4. 겨울 • 할아버지, 할머니 사랑해요 • 생각이 자라는 놀잇감 워크숍 • 한마당 가족축제	1. 일상놀이 • 몸놀이 • 생각놀이 • 놀잇감놀이 2. 주말놀이 • 공터놀이 • 자연체험놀이 • 문화체험놀이	1. 좋은 부모 되기 2. 건강한 아이로 키우기 3. 바른 아이로 키우기

[그림 5-11] 문서 작성 예시

이와 같이 문서 작성은 프로그램의 목적 및 목표를 달성하기 위해 가장 효과적인 학습 경험이 이루어지도록 구성되어야 하며 교사용 지도 지침 등이 제시되어 교재를 활용하는 방법이나 교사 역할 등에 대한 사례를 제시하는 방법도 효과적이다.

3. 영유아 프로그램 개발의 예

영유아 프로그램 개발 과정에 대한 이해를 높이기 위해 '삼성어린이집 영유아 프로그램' 개발에 대해 살펴보고자 한다. 삼성어린이집 영유아 프로그램은 중산층 영유아를 위한 아동 중심 프로그램으로 1997년 처음 개발되어 일반 어린이집에서도 활용해 왔다. 그 후 사회적·교육적 환경의 급속한 변화로 인해 2003년에 중산층 영유아와 직장여성의 자녀를 위한 아동 중심 프로그램과 저소득층의 영유아를 위한 포괄적 보육 프로그램으로 개정·개발되었는데 삼성복지재단(2004)에서 제시한 개발 과정을 살펴보면 다음과 같다.

1) 인적자원 선정과 조직

삼성어린이집 영유아 프로그램 개발을 위해 삼성보육사업을 총괄하는 삼성복지재단 내의 영유아보육·교육 전문가와 보육업무를 지원하는 행정가, 그리고 외부 영유아보육·교육 전문가가 생산자 역할을 담당하였다. 수혜자에 해당되는 학부모들이 요구사항을 제시하였고, 영유아에게 필요한 보육에 대한 의견은 영유아 전문가들이 제시하였다. 교육·보육 경력이 우수한 몇몇 삼성어린이집 원장과 교사들은 개발된 프로그램이 삼성어린이집에서 잘 실행되도록 조력하는 역할을 담당하였다(그림 5-12).

생산자	삼성 보육사업팀과 삼성어린이개발센터 아동학과 및 유아교육학과 교수 아동 관련 연구소의 연구원 등 영유아보육 전문가 삼성어린이집 원장 및 선임교사
수혜자	학부모 대표, 영유아 요구사항을 대변하는 전문가
조력자	삼성어린이집 원장 및 교사

[그림 5-12] 인적자원 선정 및 조직

출처: 삼성복지재단(2004).

2) 상황 분석

1989년 삼성복지재단이 설립된 이후 여성의 사회적 참여와 핵가족화로 인해 약화되는 가정 양육기능을 지원하기 위해 보육사업을 시작하였다. 1989년 11월 마천동 어린이집 건립을 시작으로 1997년 36개의 어린이집이 건립되어 운영되었으나 영유아발달에 적합한 양질의 프로그램이 요구되었다. 어린이집 외적 요인과 내적 요인에 따른 상황 분석 내용은 다음과 같다.

(1) 영유아교육기관 외적 요인

- 건강한 영유아의 성장과 우수 여성인력의 안정된 사회참여를 통해 경제발전을 추구하는 분위기
- 부모의 경제적·사회적 지원을 통해 가정복지 증진 및 건강한 사회를 추구하는 분위기
- 영유아보육법이 제정되고 공포되었으나 국가 수준에서 제시한 영유아 프로그램은 3~5세 유치원 교육 과정만 있음
- 영유아에 대한 새로운 관점 제시
  - 영유아는 자신을 둘러싸고 있는 물리적 환경을 탐색하고 능동적으로 구성하며 사회문화적 환경에 적응함
  - 영유아는 개인차가 있으며 교사는 이런 개인차를 고려해야 함
  - 사회·경제적 차이에 따라 영유아에게 제공되는 프로그램의 차별화

(2) 영유아교육기관 내적 요인

- 1~5세 각 연령에 따른 능력과 개인차 수준이 반영된 프로그램이 필요함
- 부모의 경제적·사회적 수준 및 각 가정 특성이 반영된 프로그램이 필요함
- 아동 중심적인 영유아 프로그램 운영을 위한 보육교사의 직무능력 양성 및 지원

- 영유아에 대한 새로운 관점 제시
  - 영유아는 자신을 둘러싸고 있는 물리적 환경을 탐색하고 능동적으로 구성하며 사회문화적 환경에 적응함
  - 영유아는 개인차가 있으며 교사는 이런 개인차를 고려해야 함
- 삼성어린이집은 질적으로 우수한 프로그램을 개발 및 보급하기 위해 삼성복지재단 내에 보육사업팀과 아동교육문화센터(구 어린이개발센터)를 운영
  - 보육사업팀은 어린이집 건립 및 운영지원을 담당함
  - 아동교육문화센터(구 어린이개발센터)는 프로그램 개발 빛 보급, 교사보수교육 및 연수 지원, 학습활동 및 자료실 운영 등 담당함

3) 목적 및 목표 설정

삼성어린이집 영유아 프로그램의 목적은 다음과 같다.

첫째, 삼성어린이집의 보육과정 모델을 제시하기 위함이다.

둘째, 삼성어린이집 교사의 재교육을 위한 구체적인 지침을 마련하기 위함이다.

셋째, 영유아를 위한 보육 프로그램 모형을 제공함으로써 일반 어린이집 교사들이 활용할 수 있게 하기 위함이다.

넷째, 영유아에 대한 보육 요구에 부응한 프로그램을 제시함으로써 우리나라 영유아보육의 질적 향상을 꾀하기 위함이다.

- 삼성어린이집 영유아 프로그램 목적 및 목표 설정의 이론적 배경

> 듀이의 진보주의 교육 철학
> 피아제의 인지발달이론
> 에릭슨의 사회심리이론
> 비고츠키의 사회적 상호작용이론

- 삼성어린이집의 보육 목적을 실행하기 위한 보육목표는 영유아에 대한 목표와 어린이집에 대한 목표로 구분하여 설정하였고, 또한 연령에 따라 영아와 유아로 나누어 설정하였다.

〈표 5-2〉 삼성어린이집 영유아 프로그램 목표

<table>
<tr><th colspan="2">영유아에 대한 목표</th><th colspan="2">어린이집에 대한 목표</th></tr>
<tr><td>영아</td><td>• 기본적인 생활습관과 자조능력을 기른다.
• 대소근육의 움직임을 통하여 기초체력을 기른다.
• 자신에 대해 긍정적으로 인식하고 다른 사람과 즐겁게 생활하는 태도를 기른다.
• 자연과 사물의 아름다움을 느끼고 정서적 안정감을 가진다.
• 일상생활에 필요한 기초적인 언어 능력을 기른다.
• 주변의 사물과 자연현상에 대하여 호기심과 관심을 가진다.</td><td>영아</td><td>1. 교육
• 영아발달에 적합한 교육 프로그램을 제공한다.
2. 건강
• 건강유지를 위해 청결하고 쾌적한 환경을 제공한다.
• 건강 및 질병예방에 필요한 일을 실천한다.
3. 영양
• 건강한 신체발육을 위한 영양을 공급한다.
• 식품을 위생적으로 관리한다.
4. 안전
• 안전한 생활공간을 제공한다.
• 안전한 설비 및 놀이기구를 제공한다.</td></tr>
<tr><td>유아</td><td>• 기본적인 생활습관과 자조능력을 기른다.
• 생활에 필요한 기초체력을 기르고, 건강하고 안전한 생활태도를 기른다.
• 자신에 대해 긍정적인 인식을 갖고, 다른 사람과 더불어 생활하며 사회현상에 관심을 가진다.
• 자연과 사물의 예술적 요소에 대한 호기심, 창의적 표현 능력, 심미감을 기르고 정서적 안정감을 가진다.
• 일상생활에 필요한 기초적인 언어 능력을 기르고 바른 언어생활습관과 태도를 가진다.
• 주변의 사물과 자연현상에 대하여 호기심과 관심을 가지고 탐구하는 데 필요한 기초 능력과 태도를 기른다.</td><td>유아</td><td>1. 교육
• 유아발달에 적합한 교육 프로그램을 제공한다.
• 유아가 속한 가족과 사회, 문화에 적합한 교육 프로그램을 제공한다.
2. 건강
• 건강유지를 위해 청결하고 쾌적한 환경을 제공한다.
• 건강 및 질병예방에 필요한 일을 실천한다.
3. 영양
• 건강한 신체발육을 위한 영양을 공급한다.
• 식품을 위생적으로 관리한다.
4. 안전
• 안전한 생활공간을 제공한다.
• 안전한 설비 및 놀이기구를 제공한다.</td></tr>
</table>

출처: 삼성복지재단(2004).

4) 내용 선정 및 조직

삼성 영유아 프로그램 내용 및 활동을 선정하기 위해 크게 3가지 차원에서 개발되었다.

(1) 연령에 따른 교수학습 방법 개발

영아반과 유아반 각각에 대해 보육계획 및 운영원리에 대한 지침을 설정하고 운영의 실제를 개발하였다. 운영의 실제에서는 연간·월간·주간·일일 보육계획 및 운영의 실제에 대한 예시와 하루일과 운영의 예시, 실내외 환경 구성 지침, 교사 역할 지침을 개발하였다.

(2) 연령에 따른 교육 내용 선정

1세부터 5세까지 각 연령에 적합한 교육 내용을 선정하기 위해 각 연령별로 1년 동안 다루기에 적합한 교육주제를 선정하였다.

각 연령별로 선정된 교육주제를 각각 3~5개의 하위 주제로 나누어 구성하였다. 즉, 각 연령에 따라 대주제 및 소주제로 교육 내용을 선정하고 각 소주제에서 다룰 내용을 선정하였다.

소주제 및 교육 내용			
주 제	주	소주제	교육 내용
동 물	1	동물과 친해져요 I	• 친숙한 동물 이름을 말할 수 있다. • 여러 동물들의 모습을 알아본다.
	2	동물과 친해져요 II	• 동물 소리, 움직임 등을 구분할 수 있다. • 동물의 특성을 구분할 수 있다.
	3	동물흉내를 내보아요 I	• 동물들의 소리를 흉내낸다. • 동물들의 모습을 흉내낸다.
	4	동물흉내를 내보아요 II	• 동물들의 소리를 흉내낸다. • 동물들의 모습을 흉내낸다.

[그림 5-13] 삼성 영아 프로그램 예

출처: 삼성복지재단(2004).

(3) 선정된 교육 내용 조직

각 연령특성과 계절적인 환경 등을 고려하여 선정된 교육주제의 내용을 1년 중 언제 실행한 것인지 계획하였다. 이때 영유아의 교육적 경험이 계열성 있고 계속적이며 통합적으로 이루어지도록 하였다(표 5-3).

〈표 5-3〉 삼성 영아 프로그램(1세) 교육주제 및 소주제 조직 예

월	주제	소주제
3월 1주~3월 4주	어린이집 적응하기 I	어린이집에 왔어요 I 어린이집에 왔어요 II 엄마와 기분 좋게 헤어져요 I 엄마와 기분 좋게 헤어져요 II
4월 1주~4월 4주	어린이집 적응하기 II	우리 반에 무엇이 있을까 I 우리 반에 무엇이 있을까 II 어린이집에 무엇이 있을까 I 어린이집에 무엇이 있을까 II

월	주제	소주제
5월 1주~5월 5주	놀잇감	어떤 놀잇감이 있을까 I 어떤 놀잇감이 있을까 II 놀잇감은 재미있어요 I 놀잇감은 재미있어요 II 배변의사를 표현해요(배변훈련 I)
6월 1주~6월 4주	동물	동물과 친해져요 I 동물과 친해져요 II 동물흉내를 내보아요 I 동물흉내를 내보아요 II
7월 1주~8월 2주	더워요	만져 보아요 눈으로 보아요/들어보아요 더워요(느껴 보아요 I) 물놀이는 재미있어요 I 무놀이는 재미있어요 II 혼자서 할 수 있어요(배변훈련 II)
8월 3주~9월 2주	자동차놀이	자동차놀이를 해요 I 자동차놀이를 해요 II 여러 가지 탈 것이 있어요 I 여러 가지 탈 것이 있어요 II
9월 3주~10월 2주	나	내 이름을 말해 보아요 I 내 이름을 말해 보아요 II 내 얼굴을 살펴보아요 내 몸을 움직여 보아요
10월 3주~10월 5주	엄마, 아빠	엄마 · 아빠 사랑해요 엄마 · 아빠 흉내를 내요 I 엄마 · 아빠 흉내를 내요 II
11월 1주~11월 4주	친구	우리 반 친구예요 I 우리 반 친구예요 II 친구와 함께 해 봐요 I 친구와 함께 해 봐요 II
12월 1주~1월 2주	추워요	추워요 I 추워요 II 눈이 왔어요 산타 할아버지가 오신대요 냄새를 맡아 보아요/맛을 보아요 느껴 보아요(느껴 보아요 II)

월	주제	소주제
1월 3주~2월 4주	이만큼 자랐어요	혼자 할 수 있어요 I 혼자 할 수 있어요 II 나는 자랐어요 I 나는 자랐어요 II 형님 반이 되어요 I 형님 반이 되어요 II

출처: 삼성복지재단(2004).

5) 활동 선정 및 조직

선정된 교육주제 및 소주제에 적합한 보육활동들을 흥미 영역별로 개발하였다(그림 5-14). 활동 개발 시 각 활동이 서로 연계되고 통합되도록 개발하고 조직함으로써 주제와 관련된 영유아의 경험이 통합될 수 있도록 하였다.

각 보육활동에 필요한 교구 및 교재를 개발하거나 준비하여 각 주제 및 소주제에 적합한 보육환경을 계획하였다(그림 5-15).

내 용

주 제

유아는 자신의 신체에 대해 많은 관심과 호기심을 가지며, 이런 호기심은 '나'에 대한 이해를 높인다. 신체에 대한 이해를 토대로 유아는 자신을 독립적인 존재이며 세상을 긍정적으로 바라보는 긍정적인 자아개념을 형성한다.

➡

활 동

- 활 동 명: 목소리 조절하기 놀이 • 주 제: 나
- 활동목표: 여러 가지 크기의 목소리로 이야기해 보는 경험을 갖는다.
  적당한 목소리로 이야기해 본다.
- 활동대상: 3세
- 활동자료: 목소리 조절판(제작교구)
- 활동방법
  - 언어 영역에서 그림동화(영희와 장난감)를 유아와 함께 본 후 테이블 인형으로 놀이해 본다.
  - 유아들이 테이블 인형에 익숙해지면 목소리 조절판을 제시하여 탐색하게 한다.
  - 유아와 바늘을 움직여 크게, 작게, 적당한 목소리를 이야기해 본다.
  - 유아가 목소리 조절판에 어느 정도 익숙해지면 바늘을 움직이며 테이블 동화를 구연해 본다.
- 참 고: 퍼펫과 목소리 조절판을 이용해 놀이해 볼 수도 있다. 좋은 소리와 시끄러운 소리를 녹음해서 들어보는 활동과 연결시킬 수 있다.

[그림 5-14] 내용에 따른 활동 선정 예

출처: 삼성복지재단(2004).

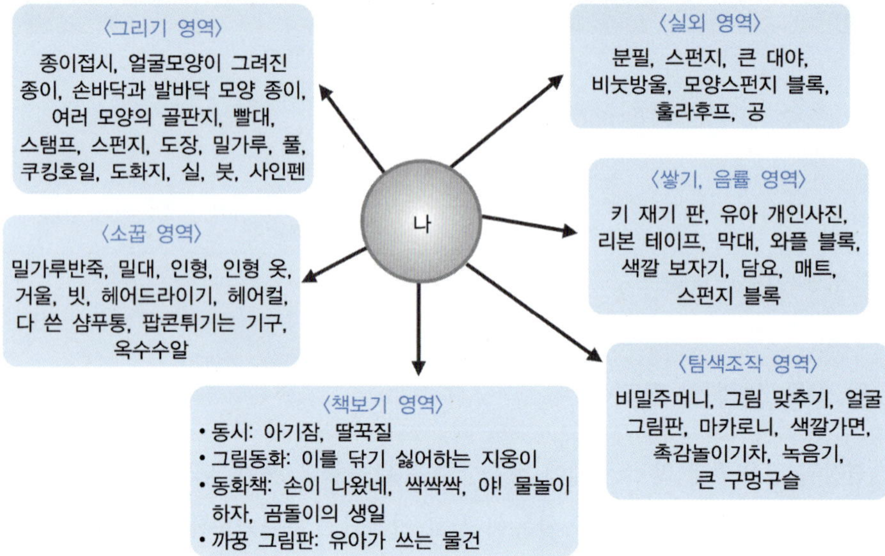

[그림 5-15] 내용에 따른 환경 구성 예

출처: 삼성복지재단(2004).

6) 평가 및 기록

삼성 영유아 프로그램에서 평가는 인적·물리적 요소와 교육 프로그램뿐만 아니라 운영, 지역사회의 연계 등을 총체적으로 파악하고 그 결과 다시 영유아 프로그램에 반영하도록 개발하였다. 프로그램의 철학, 목적, 교육 과정과 일치되는 평가 도구를 선정하였고, 한 가지 검사만이 아닌 다양한 측면에서 평가함으로써 변화과정을 파악하여 교육적 목적을 효과적으로 달성하고 있는지 확인하고자 하였다. 또한 교육적 목적을 달성하기 위해 진행되는 프로그램의 운영비용, 시간, 에너지 등이 효율적인지 등도 고려하여 평가 및 기록하도록 하였다(그림 5-16).

<table>
<tr><th colspan="2">영유아에 대한 평가</th><th>프로그램 평가</th><th>교직원 평가</th></tr>
<tr><td>가정 환경</td><td>가족에 대한 정보
의료기록
입소 전 발달행동 기록
심리적 환경 등</td><td rowspan="2">프로그램을 숙지하고 있는 원장 및 훈련된 관찰자가 관찰 후 평정함. 다음 5개 영역별로 구성된 문항을 평정함

1. 물리적 환경
2. 건강, 안전, 영양
3. 학습 환경
4. 교육경험 및 활동
5. 교사-영유아 상호작용</td><td rowspan="2">교사 자신이 교사 역할에 대한 자신의 유능성 및 책무성을 평정함. 다음 5개 영역별로 구성된 문항을 평정함

1. 개인적 자질
2. 인간관계 기술
3. 영유아발달/교수 방법 이해
4. 영유아를 둘러싼 가정, 사회, 문화 이해
5. 자기 계발 및 전문성 향상을 위한 노력</td></tr>
<tr><td>영유아 발달</td><td>일화식 기록
평정척도법
포트폴리오
문해발달 평가 및 기록</td></tr>
</table>

[그림 5-16] 삼성 영유아 프로그램 평가 내용

출처: 삼성복지재단(2004).

7) 문서작성

삼성어린이집 영유아 프로그램은 총론과 연령별 프로그램 2가지 차원에서 문서를 정리하여 총론, 1세·2세를 위한 영아 프로그램, 3세·4세·5세를 위한 유아 프로그램 3권의 문서로 구성되었다.

(1) 총론

총론에서는 영유아 프로그램의 이론적 배경, 목표, 교수학습 방법, 건강관리, 영양 및 위생관리, 안전관리, 평가 및 기록, 교직원교육, 부모교육을 제시하였다. 그리고 각 연령에 적합한 교수학습 방법과 프로그램 운영의 실제를 소개하여 교사 효과적으로 프로그램을 운영할 수 있도록 하였다.

(2) 영유아 프로그램

1~2세를 위한 영아 프로그램과 3~5세를 위한 유아 프로그램에서는 1년간 운영되는 월간, 주간 및 일일 프로그램 운영의 실제와 활동의 실제를 소개하였고, 각 주제에 대한 영유아의 교육적 경험과 환경 구성 등을 구체적으로 제시하여 교사가 쉽게 활용할 수 있도록 하였다.

C·H·A·P·T·E·R 06

영유아 프로그램 평가와 적용

영유아 프로그램의 평가는 유아교육 및 보육현장에서 이루어지고 있는 교육 활동 전반에 관한 관련 정보를 수집하여 체계적으로 분석하고, 이를 기초로 하여 교육의 목적이 달성되었는가의 여부를 판단하는 일련의 과정이다. 이러한 평가 활동은 교육의 질을 제고하는 데 있어 매우 중요하다.

특히 본 장에서는 2019 개정 누리과정에서 명시하고 있는 평가의 목적과 필요성에 입각하여, 유아가 또래와의 자연스러운 놀이나 활동에서 배움(learning)이 일어날 수 있도록 유아의 특성과 변화를 이해하는 데 평가의 초점을 두고자 한다. 이에 대상별 평가에 대한 필요성과 평가 내용에 대한 구체적인 방법 등에 관하여 살펴보고자 한다. 또한 영유아 프로그램 운영 전반에 관한 관련 평가의 실제로 2019 개정 누리과정 내용을 반영한 최신 2020 개정 어린이집 평가제를 소개하고자 한다.

1. 영유아 프로그램 평가의 개념

영유아교육에서 평가에 관한 개념은 크게 교육 목적 달성도의 확인에 초점을 두어 교육 과정 및 수업의 프로그램에 의하여 교육 목표가 어느 정도 달성되었는가를 규명하는 과정이라고 보는 견해(김종서, 1998)와 평가를 교육 프로그램에 관한 의사결정을 내리기 위하여 필요한 정보를 수집하고 사용하는 과정이라고 보는 또 다른 견해(김경회·문혁준·김선영·김신영·김지은·김혜금 외, 2014; 황해익, 2004)가 있다. 이상과 같은 견해를 종합해 볼 때, 교육평가란 교육 목표를 실현하기 위하여 행하는 교육 활동에 관한 의사결정에 관한 정보, 즉 교육조건 등에 관한 정보를 수집하고 정리하고 피드백하는 전반적인 과정이라고 할 수 있다(김경회 외, 2014).

영유아교육에서의 평가란 교육 프로그램과 시설 환경을 개선하여 양질의 교육을 실시하기 위해 교육 대상자인 영유아를 비롯하여 관련 종사자들과 프로그램, 시설 전반에 관한 다양한 자료를 수집, 분석하여 해당 기관 관련자들에서 정보를 제공해 주기 위해 시도되는 지속적인 활동이라고 정의내릴 수 있다(김경회 외, 2014). 따라서 영유아교육 현장에서의 평가는 현재 교육대상인 영유아의 발달에 관한 전반적인 정보뿐만 아니라 교육 프로그램의 궁극적 목적인 '영유아의 전인적 성장과 발달'을 도모하기 위해 관련 프로그램이 적절한지, 이러한 교육 과정을 통해 본래 의도한 교육 목표가 어느 정도 실현되고 있는지, 또한 물리적 환경이 영유아의 발달적 특성에 얼마나 적합한지 등 교육 활동의 전반에 관한 다양한 정보를 다각적으로 수집, 분석하여 판단하는 체계적인 과정이다(김경회 외, 2014; 황해익, 2004).

2. 평가의 필요성 및 목적

영유아교육 선진국들은 영유아와 시설 종사자 및 프로그램과 제반 시설 등에 대해 정부 주도로 관련된 다양한 차원의 평가를 통해 질적인 보육서비스를 제공하기 위해 노력하고 있다. 그 대표적인 예로 미국의 경우 프로그램의 전반적인 측면을 평가하는 전미유아교육협회(National Association for the Education of Young Children: NAEYC, 1998)에서는 0~8세까지의 발달에 적합한 보육 및 교육환경을 측정하기 위해 교사-아동 상호작용, 교육 과정, 교사-부모 상호작용, 교사자격 및 발달, 운영, 교사편제, 물리적 환경, 건강 및 안정, 영양 및 급식 등 9개 영역에 걸쳐 프로그램 인증기준을 제시, 평가함으로써 보육서비스의 질을 관리하고 있다. 또한 미국의 NAFCC(1998)에서도 가정보육인증기준을 제시하면서 물리적 환경, 상호관계, 보육활동, 발달학습목표, 안전과 건강, 전문성 및 사업 등 6개 영역을 평가해 나가고 있다.

우리나라에서도 국가적 수준에서 어린이집(영유아보육법 제30조)에 대한 체계적인 평가 시스템 구축을 통해 어린이집 운영 전반에 대한 총체적인 평가를 시행하고, 그 결과를 공개하여 학부모에게 기관 선택에 대한 기준을 제공함으로써 어린이집에 대한 질적 수준의 제고를 도모하고자 다각적인 노력을 하고 있다. 일례로 2006년부터 본격적인 어린이집 평가인증제를 도입, 확대 실시함으로써 어린이집의 자발적인 질적 향상을 유도하고자 노력하고 있다. 가장 최근에서는 2019 개정 누리과정의 내용을 반영하여 2020년 어린이집 평가인증제를 개정하여, 보다 내실 있는 영유아 프로그램의 질적 관리 체계를 확립하고자 부단한 노력을 하고 있다. 따라서 교육 과정을 포함하여 운영 전반을 평가하는 프로그램 평가는 관련 정책의 효율성 차원에서도 반드시 실시되어야 하는 활동이다(김경회 외, 2014).

양질의 영유아교육 및 보육서비스의 제공을 위해서 평가 활동을 영유아와 관련 종사자에 대한 평가와 프로그램 평가로 대별하여, 각각의 평가 목적을 서술하면 다음과 같다(김경희 외, 2014).

첫째, 영유아의 영역별 발달 상황을 기술하고 연령에 맞게 발달하고 있는지, 영유아의 전인적 성장, 발달에 기여한다.

둘째, 보육교사는 영유아와의 상호작용, 학급운영 전반에 관한 지속적인 피드백을 받음으로써 더 나은 교수를 위한 정보를 제공한다.

셋째, 부모에게 자녀의 발달 수준 및 변화를 보고함으로써 자녀에 대한 부모의 이해를 증진시키고, 또한 자녀 양육태도, 부모역할 수행에 대한 정보를 제공함으로써 보다 나은 부모-자녀관계를 형성하여 영유아의 발달을 도모한다.

넷째, 영유아보육 및 교육기관에서는 각 기관이 정하고 있는 교육 목표가 제대로 달성되고 있는지를 파악할 뿐만 아니라, 시대적 변화 및 대상의 요구에 부합될 수 있게 기관 운영에 있어 합리적이고 객관적인 정보를 제공한다.

3. 대상별 평가

영유아 프로그램의 평가를 위해서는 평가대상에 따라 영유아, 관련 종사자(교사, 부모) 및 프로그램 운영에 대한 평가도 함께 실시되어야 한다. 대상별 평가에 대한 필요성과 평가 내용 및 방법에 대한 구체적인 내용을 제시하면 다음과 같다.

1) 영유아평가

(1) 영유아평가의 필요성

영유아평가가 필요한 이유는 첫째, 영유아가 관련 프로그램에 입소하기 전에 이들 현재의 발달 특성이나 상황에 대한 정보를 얻기 위해 진단평가의 목적으로 실시할 수 있다. 부모용 가정환경검사를 통해 영유아와 관련된 인적, 물적 환경을 포함하는 다양한 측면에 대해 조사한다(표 6-1).

둘째, 영유아교육기관에서 영유아가 또래나 교사와 상호작용을 하는 동안 교사나 원장 등이 영유아의 놀이나 일상적 활동에 대한 계획적 또는 수시로 관찰한 자료를 통해 개인적 특성을 이해할 수 있는 기초자료를 수집하는 것이 필요하다. 이는 현재 개별 영유아의 현재 발달상황을 평가함으로써, 영유아의 생활지도와 학습지도에 있어 기초가 되는 자료를 제공해 준다.

셋째, 부모들은 자녀들을 기관에 보낸 후 자기의 자녀에 대하여 교육의 성과에 대해 알고 싶어 한다. 지속적이고 체계적인 평가를 통해 수집된 자료를 바탕으로 부모와의 개별 면담을 통해 가정에서도 영유아의 능력에 맞는 지도를 실시함으로써 어린이집-가정의 연계교육을 통한 교육의 효과를 증대시킬 수 있다.

〈표 6-1〉 가정환경조사지

<table>
<tr><td colspan="6">년 월 일 현재 ○○유치원/어린이집</td></tr>
<tr><td colspan="2">반 명</td><td></td><td>성 명</td><td></td><td>생년월일</td><td></td></tr>
<tr><td colspan="2">현주소</td><td colspan="3"></td><td>연락처
/전화번호</td><td></td></tr>
<tr><td colspan="7">귀 자녀를 더욱 잘 이해하고 올바른 성장을 돕기 위해 다음과 같은 몇 항목에 관하여 조사하고 있습니다. 해당되는 곳에 ○표 하시고 ( )는 해당사항에 기입하여 주십시오.</td></tr>
<tr><td rowspan="2">태아기</td><td>임신 중</td><td colspan="5">질병 □ 근심 □ 놀람 □ 건강 □ 충분한 영양 □</td></tr>
<tr><td>출산 시</td><td colspan="5">정상분만 (kg & cm) 조산 (개월) 난산 □ 제왕절개 □ 기타 ( )</td></tr>
<tr><td rowspan="6">영유아기</td><td>영양</td><td colspan="5">인공영양 □ 모유 □ 혼합수유 □</td></tr>
<tr><td>이유시작시기</td><td colspan="5">생후 (개월)</td></tr>
<tr><td>주 양육자</td><td colspan="5">어머니 □ 아버지 □ 할머니 □ 기타 ( )</td></tr>
<tr><td>걷기 시작시기</td><td colspan="5">생후 (개월)</td></tr>
<tr><td>질병</td><td colspan="5">홍역 □ 말라리아 □ 백일해 □ 결핵 □ 수두 □ 소아마비 □ 기타 ( )</td></tr>
<tr><td>현재 언어
사용수준</td><td colspan="5">정확 □ 보통 □ 부정확함 □</td></tr>
</table>

<table>
<tr><td rowspan="13">현재</td><td rowspan="5">식사습관</td><td>가장 좋아하는 음식 (　　　　) 가장 싫어하는 음식 (　　　　)</td></tr>
<tr><td>언제나 식사를 즐겨 먹는다 □ 먹으라고 야단해야 겨우 먹는다 □</td></tr>
<tr><td>식사 시간은 일정하다 □ 아무 때나 먹는다 □</td></tr>
<tr><td>기타 식사습관 (　　　　　　　　　　)</td></tr>
<tr><td>간식은 (하루 　회) 먹는다 일정한 시간을 정해서 □ 아무 때나 먹는다 □</td></tr>
<tr><td rowspan="3">수면습관</td><td>혼자 잔다 □ 부모와 함께 잔다 □</td></tr>
<tr><td>평균 수면시간 (　　시간) 기상시간 (　　시)</td></tr>
<tr><td>잠들기가 어렵다 □ 밤에 오줌을 싼다 □ 잠꼬대가 심하다 □
기타 수면습관 (　　　　　　　　　　)</td></tr>
<tr><td>건강</td><td>건강하다 □ 보통이다 □ 허약하다 □</td></tr>
<tr><td>또래관계</td><td>또래와 쉽게 친해진다 □ 친해지면 잘 논다 □
주위에 함께 어울리는 또래가 많다 □
어울리는 친구가 늘 바뀐다 □ 잘 어울리지 못 한다 □</td></tr>
<tr><td rowspan="2">정서</td><td>잘 운다 □ 자주 칭얼거린다 □ 낯가림이 심하다 □
잘 웃지 않는다 □ 무서움을 잘 탄다 □ 수줍음을 잘 탄다 □
짜증을 잘 낸다 □ 화를 잘 낸다 □ 잘 웃는다 □</td></tr>
<tr><td>기타 (　　　　　　　　　　)</td></tr>
<tr><td rowspan="4">환경</td><td>주거형태</td><td>월세 □ 전세 □ 자기집/단독주택 □ 아파트 □ 기타 (　　　　)</td></tr>
<tr><td>아동의 방</td><td>아이를 위한 방이 있다 (　　평) 없다 □</td></tr>
<tr><td>실내 놀잇감</td><td>인형 □ 적목 □ 그림책 □
퍼즐 □ 공 □ 북 □
악기 □ 실내 미끄럼틀 □ 기타 (　　　)</td></tr>
<tr><td>실외 놀이환경</td><td>미끄럼틀 □ 그네 □ 모래상자 □
자전거 □ 기타 (　　　)</td></tr>
<tr><td colspan="2">담당 교사에게 문의하고 싶은 일</td><td></td></tr>
</table>

출처: 김경회 외(2014).

(2) 영유아평가의 방법

❶ 부모와의 수시면담

교사는 수시로 부모로부터 영유아에 대한 다양한 정보를 수집할 수 있다. 부모면담, 전화, 등하원 시의 짧은 대화, 정기적인 부모모임을 통해 필요한 정보를 수집한다.

❷ 영유아 관찰

■ 일화기록법(Anecdotal Records)

일화기록법이란 일화에 대한 서술적인 기록으로 몇 초에서 몇 분 동안 일어난 사건, 행동, 또는 현상에 대하여 이야기를 풀어내듯이 설명하는 방법이다(김경회 외, 2014; 정옥분, 2008). 일화기록법은 특별하게 정해진 양식이 없어도 어떤 한 순간에 발생한 아동의 행동을 순서대로 사실적이고 객관적으로 관찰하고 기록하는 방법이라는 장점 때문에 교사나 외부 전문가에 의해 관련 현장에서 가장 빈번하게 사용되고 있다. 반면에 관찰 대상 영유아의 일부 행동만을 기록하기 때문에 해석 시 오류를 범할 가능성이 있으며, 관찰 당시 충분한 상황에 대한 배경설명이 부족하기 때문에 관찰 자료의 가치가 제한을 받는 점 등의 단점이 있다.

일화기록 작성 시 참고할 수 있는 지침사항은 다음과 같이 요약될 수 있다(김경회 외, 2014; 김희진·박은혜·이지현, 2000; 전남련·권경미·김경일, 2011; 정옥분, 2008).

- 일화기록 작성 지침서

– 어떤 일화나 사건이 발생한 직후 될 수 있는 대로 즉시 기록한다. 관찰자는 항상 메모지와 필기도구를 준비하여 관찰목표행동이 출현하면 즉시 내용을 기록해야 한다.

- 일화기록지에 관찰날짜, 관찰시간, 관찰장소, 관찰장면, 관찰아동의 이름, 생년월일, 관찰자 등을 꼭 기록한다.
- 발달상의 중요한 사건(한 가지 사건/행동) 기록을 위해 사용할 수 있다.
- 관찰 대상 영유아의 말과 행동뿐만 아니라, 그와 상호작용하는 또래와 교사의 말과 행동 역시도 기록한다.
- 관찰대상 아동의 행동과 언어를 기록할 뿐만 아니라 그 상황에 있는 다른 사람의 반응도 함께 기록한다.
- 기록은 객관적이고 사실적이어야 하며, 관찰자의 추론과 주관적인 해석이 배제되어야 한다.
- 신문기사 쓰듯이 일어난 사건에 대한 핵심단어를 사용하여 간단명료하게 기록하여야 한다.
- 발달상의 중요 포인트를 적어 놓는다.

일화기록의 장점과 단점을 보다 구체적으로 살펴보면 다음과 같이 정리할 수 있다(김경회 외, 2014; 전남련 외, 2011; 정옥분, 2008; 황해익, 2004).

- 장점

첫째, 일화기록은 관찰대상 아동의 관찰목표행동(언어나 행동)을 집중적으로 관찰함으로써 좀 더 명확하고 분명하게 관찰상황을 기록으로 남길 수 있는 장점이 있다.

둘째, 사전 준비나 계획 없이도 누구나 쉽게 관찰을 진행할 수 있기 때문에 다른 관찰 기록방법에 비해 실시하기가 간편하다. 관찰자는 사전에 메모지와 필기도구만 준비하면 되기 때문에 사건 직후에 일어난 일에 대해 즉각적으로 기록할 수 있다.

셋째, 일화기록은 다른 관찰기록 양식에 비해 상대적으로 아주 간결한 형식이라 사전 훈련이 없는 관찰자 누구라도 쉽게 많은 시간을 들이지 않고 기록할 수 있다.

마지막으로 일정 기간 동안 여러 번에 걸쳐 관찰, 기록된 일화기록은 다른 기록들과 비교될 수 있으므로 관찰자가 관찰대상 아동의 독특한 발달패턴, 행동변화 양상, 과제수행능력 등을 비교, 분석하여 관찰대상 아동을 정확하게 이해할 수 있다.

● 단점

첫째, 관찰자의 주관적인 판단이나 감정적인 내용이 포함될 수 있는 가능성이 있으므로 정확하고 객관적인 관찰기록이 아닌 경우에는 관찰대상 아동에 대한 선입견을 줄 수 있다.

둘째, 체크리스트나 평정척도법을 사용하는 것에 비해 상대적으로 시간이 많이 소요되기 때문에 관찰자에게 부담을 줄 수 있다.

셋째, 관찰대상 아동의 행동 중 일부(예: 관찰목표행동)만 기록하기 때문에 이로 인해 해석 시 관찰자가 오류를 범할 가능성이 있다.

마지막으로 표본식 기술에 비해 구체적인 상황에 대한 묘사가 적어 관찰된 행동이나 사건의 전후관계를 파악하는 데 제한이 있다.

보육 또는 유아교육 현장의 교사들이 사용하기 적합하도록 구성된 일화기록 관찰 양식은 다음 [그림 6-1]에 제시되어 있다.

<table>
<tr><th colspan="5">일화기록법의 관찰 양식</th></tr>
<tr><td>관찰아동</td><td></td><td>생년월일</td><td colspan="2">년 월 일</td></tr>
<tr><td>관찰자</td><td></td><td>관찰일</td><td colspan="2">년 월 일</td></tr>
<tr><td>관찰시간</td><td></td><td colspan="2">관찰일 현재 영유아의 연령</td><td>년 개월</td></tr>
<tr><td colspan="5">관찰행동/사건</td></tr>
<tr><td colspan="5">기 록:

발달 영역:</td></tr>
<tr><td colspan="5">해 석:</td></tr>
</table>

[그림 6-1] 일화기록법의 관찰 양식

출처: 김경희 외(2014).

■ 표본식 기술(Specimen Description)

표본식 기술은 연구자가 사전에 정한 특정 기준에 따라 관련된 행동이나 사건 내용을 기록하고, 목표행동이 일어나게 된 배경이나 원인을 상세하게 이야기식으로 서술하는 것을 의미한다. 아동행동 연구에서 주로 사용되는 표본식 기술은 관찰자(교사)가 관찰기록지에 미리 일정한 시간을 정해 놓고 관찰대상 아동의 특정 행동(관찰목표행동)이 시작된 때부터 끝날 때까지 관찰대상 아동의 말, 행동과 처한 상황을 가능한 상세하게 이러한 행동이 일어난 순서대로 객관적, 체계적으로 기록하는 관찰방법이다.

표본식 기술은 관찰대상 아동의 행동이나 어떤 사건이 관찰 당시 현장에 있지 않았던 제3자가 그 관찰 기록만 보더라도 그대로 재현할 수 있을 정도로 자세하게 쓴다는 것이 특징이라 볼 수 있다. 관찰자는 관찰의 목적이 무엇인가를 염두에 두고 가능한 관찰내용이 하나도 누락되지 않고 자세하게 관찰, 기록될 때 마지막 평가단계에서 유용한 자료로써 활용될 수 있다(김경회 외, 2014).

● 표본식 기술 작성 지침서

- 관찰지에 관찰날짜, 관찰시간, 관찰대상 아동, 관찰자의 이름, 관찰대상 아동의 생년월일, 관찰일 현재 나이, 성별 등을 사전에 기입한다.
- 관찰대상 아동의 행동이 관찰된 장소, 관찰장면을 꼭 적는다.
- 1회의 관찰은 10분 이내가 적당하며 최대 30분을 넘지 않는 것이 바람직하다. 모든 행동을 전체적으로 기록하며, 사건이 일어난 순서대로, 행동이 출현한 순서대로 객관적으로 기록한다.
- 관찰대상 아동의 말, 행동 및 상황을 있는 그대로 일상적인 용어를 사용하여 객관적으로 기록한다. 관찰자의 해석이나 주관적인 판단, 추론을 포함시키지 않되, 꼭 필요한 경우에는 관찰 기록지의 한 면을 이용하여 보충 설명하거나 관찰자의 해석을 별도로 추가한다.

- 관찰대상 아동뿐만 아니라 이와 함께 상호작용하는 사람들(교사, 또래아동, 부모, 보조교사 등)의 말과 행동 역시도 함께 기록한다.
- 직접화법(" ")을 이용하여 관찰대상 아동과 이들과 관련된 사람들의 대화를 그대로 기록한다.
- 관찰대상 아동의 행동 지속시간이나 관찰장면이 변경될 때마다 시간 표시를 해 둠으로써 대상 아동이 어떤 활동에 관심을 보이고 주의집중은 어느 정도인가에 대한 유용한 정보를 제공해 줄 수 있다.
- 관찰대상 아동의 행동을 긍정적으로 기술하는 것이 바람직하다.
- 표본식 기술 관찰지 하단에 발달 영역별로 간단하게 요약을 한다.

표본식 기술의 장점과 단점을 정리하면 다음과 같다(김경희 외, 2014; 전남련 외, 2011; 정옥분, 2008; 황해익, 2004).

● 장점

첫째, 표본식 기술은 모든 관찰장면이나 상황을 아주 자세하게 기술하기 때문에 관찰대상 아동에 대한 많은 정보를 제공해 줄 수 있다.

둘째, 특별한 관찰기술과 도구가 필요하지 않으며, 관찰대상 아동의 행동이나 상황을 있는 그대로 자세하게 기록만 하면 된다.

셋째, 표본식 기술은 관찰된 행동이나 사건을 통해 사건의 전후관계를 상세하게 파악할 수 있다.

넷째, 표본식 기술은 상황묘사가 자세하고 정확하기 때문에 객관적이고 체계적으로 기록된 표본식 기술은 제3자가 그 장면을 이해하는 데 많은 도움을 제공해 준다.

● 단점

첫째, 표본식 기술은 기록하고 평가하는 데 상대적으로 많은 시간이 걸린다.

둘째, 너무 방대한 관찰 자료를 수집했을 경우 이를 해석하는 데 시간과 에너지 소모가 크다. 수집된 자료를 축소하고 이를 분석하는 데 많은 시간이 소요되는 단점이 있다.

셋째, 관찰자가 관찰대상 아동을 집중해서 관찰해야 하기 때문에 한 번에 한 명의 아동밖에 관찰할 수 없다.

넷째, 관찰자의 주관적인 해석이나 추론 가능성이 있다.

교육 현장의 교사들이 사용하기 적합하도록 구성된 표본식 기술의 관찰 양식은 다음 [그림 6-2]에 제시되어 있다.

<table>
<tr><th colspan="4">표본식 기술의 관찰 양식</th></tr>
<tr><td>관찰아동</td><td></td><td>생년월일</td><td>년 월 일</td></tr>
<tr><td>관찰자</td><td></td><td>관찰일</td><td>년 월 일</td></tr>
<tr><td>관찰시간</td><td></td><td>관찰일 현재 영유아의 연령</td><td>년 개월</td></tr>
<tr><td>관찰장면</td><td colspan="3"></td></tr>
<tr><td>시간</td><td colspan="2">기록</td><td>주석</td></tr>
<tr><td></td><td colspan="2"></td><td></td></tr>
<tr><td colspan="4">요 약:</td></tr>
</table>

[그림 6-2] 표본식 기술의 관찰 양식

출처: 김경희 외(2014).

■ 시간표집법(Time Sampling)

미리 선정된 관찰대상의 행동들을 정해진 시간 동안 일정 간격을 두며 반복적으로 관찰하는 것으로, 특정 행동이 정해진 시간 내에서 얼마나 자주 일어나는지의 행동 출현빈도를 수집하여 양적으로 수량화할 수 있는 방법이다. 아주 다양한 상황 속에서 비교적 짧은 시간 내에 많은 관찰대상자를 관찰할 수 있어 현장에서 널리 활용되고 있다. 하지만 관찰이 특수한 행동에만 초점을 두고 행해지며, 관찰 범주가 미리 정해진 후 관찰이 이루어지기 때문에 관찰의 내용을 편견으로 이끌 가능성을 배제하기가 어렵다. 또한 비교적 높은 빈도로 발생하는 행동(최소한 15분에 한 번 정도 발생 가능)과 외현행동에는 적합하지만, 그렇지 못한 경우에는 이 방법을 적용하기가 어렵다.

시간표집법을 사용하는 데 유의해야 할 몇 가지 사항을 설명하면 다음과 같다(김경희 외, 2014; 정옥분, 2008).

첫째, 관찰의 목적을 명확하게 밝혀야 한다. 명확한 관찰의 목적은 관찰에 필요한 관찰 대상자의 수를 결정하는 데 도움을 주며, 관찰의 초점이 개인인지 또는 집단인지를 결정하는 데 도움이 된다. 또한 관찰 횟수 및 시간을 결정하여 대표성 있는 표본을 얻는 데 도움이 된다.

둘째, 관찰자는 관찰을 할 때 관찰하고자 하는 행동/사건을 설명하는 데 쓰이는 용어를 분명하게 정의하여야 한다. 관찰자 자신이나 관찰결과를 읽는 다른 사람들이 각 용어를 어떤 의미로 정의하는지 분명하게 이해하고 있어야 정확한 의사전달이 가능하기 때문이다.

셋째, 미리 시간 단위를 정해야 하는데, 시간의 길이가 5초에서 20분까지 다양하다.

넷째, 관찰 횟수는 연구대상별로 총 몇 회에 걸쳐서 관찰할 것인지를 결정해야 한다. 일반적으로 행동의 변산(variation)이 크고 상대적으로 많이 연구되지 않은 영역의 행동에 대해서는 더 많은 횟수의 관찰이 필요할 뿐만 아니라, 관찰시간도 더 많이 소요된다.

다섯째, 관찰결과의 기록을 위해서 관찰 범주에 대한 부호체계는 논리적이고 일정한 규칙에 의해 정해야 한다.

마지막으로, 관찰기록용지에는 예기치 않게 생긴 사건이나 관찰하는 현상과 무관해 보일지라도 후에 참고가 될 수 있도록 기록할 수 있는 여백을 남겨 두어야 한다.

시간표집법은 다른 관찰 유형과 비교해 볼 때, 다음과 같은 장점과 단점이 있다(김경희 외, 2014; 전남련 외, 2011).

● 장점

첫째, 서술적인 관찰방법에 비해 시간과 노력이 덜 들고 효율적이라고 볼 수 있다.

둘째, 특별한 행동에 초점을 두고 있는 경우에 다른 어느 관찰 유형에 비해 신뢰도, 객관성, 대표성이 높다. 이는 관찰하는 시간의 한계가 분명하고 관찰하려는 목표행동에 대하여 사전에 조작적 정의로 인하여 통제가 이루어지는 관찰이기 때문이다.

셋째, 단시간 내에 많은 정보를 얻을 수 있다. 일정한 시간 내에 대표성 있는 관찰목표행동을 표집하기 때문이다.

넷째, 행동이나 사건 발생 빈도를 파악함으로써 행동 수정 프로그램을 개발하거나 평정척도를 개발하는 데 기초자료를 제공해 준다.

다섯째, 수량화가 용이하기 때문에 수집된 자료는 통계처리가 가능하다. 따라서 다른 변인과의 관련성을 규명할 때에도 도움이 된다.

마지막으로, 관찰대상 아동의 일상생활을 방해하지 않고도 기록과 채점이 가능하다.

- 단점

첫째, 자주 나타나는 외현적 행동에는 적합하나 그렇지 못한 행동에는 적용하는 데 어려움이 있다.

둘째, 자료를 기록체계에 따라 기록하지 않으며 행동이 어떤지 또는 그 질에 관한 정보를 얻는 데 제한이 있다.

셋째, 체크리스트 관찰 형식에 미리 정해 놓은 범주만 사용하기 때문에 관찰의 내용과 결과에 대한 편견이 반영될 수 있다.

마지막으로 측정 가능한 행동에만 초점을 두기 때문에 복잡 다양한 인간 행동의 상호관계 및 인과관계를 규명하는 데 있어서는 한계가 있다.

시간표집법을 사용한 관찰 양식의 예를 제시하면 [그림 6-3]과 같다.

영아 또래상호작용 행동 관찰 범주							
이름:				성별:			
생일:				관찰일:			
범주		항목	1 5분 (9:00~ 9:05)	2 5분 (9:05~ 9:10)	3 5분 (9:10~ 9:15)	4 5분 (9:15~ 9:20)	5 5분 (9:20~ 9:25)
또래 관계 형성을 위한 사회적 행동	동조 행동	따라하기					
		동조적 반응 보이기 (코드 맞추기)					
	친사회적 행동	미소/웃기/ 애정적 신체접촉					
		갈등과 긴장 상태를 줄이기					
		양보하기					
		부탁/ 편 들어주기					
		부탁/요구/ 제안/주장					
		질문하기					
		사과하기					
		위로하기					
		일상적 대화/ 놀이상황 대화					
	참여지연 행동	쳐다보기					

범주		항목	1 5분 (9:00~ 9:05)	2 5분 (9:05~ 9:10)	3 5분 (9:10~ 9:15)	4 5분 (9:15~ 9:20)	5 5분 (9:20~ 9:25)
또래 관계 형성을 방해하는 행동	활동 및 상호 작용 방해	일방적 놀이 방해나 뺏기					
		코드 맞추기 실패					
		거절하기					
		교사에게 이르기					
	오해	인상으로 인한 오해					
		상황에 대한 오해					
	비우호적인 표현	신체적 공격					
		언어적 공격					
	다른 수준의 사회적 행동	높은 수준					
		낮은 수준					
개별 행동	혼자놀이						
	병행놀이						
	교사관찰						
	활동 영역 옮기기						
	목적 없는 행동하기						
	물체 손상하기						
연합놀이							
교사와 상호작용							
기타							

[그림 6-3] 시간표집법 작성 예

참고: 목표행동 출현 시 √ 표시

출처: 김경희 외(2014); 김난실·이기숙(2008).

■ 평정척도법(Rating Scales)

개인이 지니고 있는 어떤 특성이나 성격은 미리 정해진 범주에 따라 평가할 때 사용되는 관찰의 보조도구로서, 이는 관찰자가 사전에 관찰하려는 행동 영역에 대해서 미리 알고 있을 때 유용하게 사용될 수 있다. 관찰하고자 하는 어떤 행동의 출현 유무를 표시할 뿐만 아니라, 행동의 질적 특성이나 발생 빈도에 따라 수량적인 차이를 나타내도록 구성되기 때문에 숙련된 관찰자나 교사에 의해 사용될 때 신뢰성 있는 자료를 수집할 수 있다.

일반적으로 개개 영유아의 특징에 대하여 다른 대상과 비교하여 그 정도를 3단계, 5단계 또는 7단계로 평정하며, 척도의 표시는 숫자, 그림, 언어 등의 여러 형태로 나타낸다(그림 6-4). 평정척도법은 아래와 같은 지침들을 유의해서 사용하여야 한다(김경희 외, 2014; 정옥분, 2008).

첫째, 평정 대상이 되는 행동 특성은 가능한 명확하고 간결하게, 관찰 가능한 용어로 기술되어야 한다.

둘째, 가치 판단적인 용어사용은 피해야 하며, 너무 극단적 수준의 특성은 제시하지 않는 것이 좋다.

셋째, 여러 척도에서 의미가 중복되지 않는 단어를 사용하여야 하며, 사용되는 단어가 평정하고자 하는 특성과 일치하여야 한다.

마지막으로, 수량화된 점수를 부과하도록 작성된 것이므로, 관찰과 동시에 사용하기는 어렵기 때문에 관찰을 충분히 한 후, 그 결과를 평가하는 수단으로 사용한다.

아동의 자조 능력 관찰기록서					
관찰아동		생년월일		성별	
관찰자		관찰일			

1 = 전혀 수행하지 못한다
2 = 평균 이하이다
3 = 평균 수준이다
4 = 평균 이상이다
5 = 매우 잘 수행한다

다음은 귀하 자녀의 기본생활습관 형성에 관한 질문입니다.
현재 귀하의 자녀는 어느 정도로 기본생활습관이 이루어져 있다고 생각하십니까?

	전혀 수행 못함		← 평균 →		매우 잘 수행함
1. 정리정돈을 할 수 있다(예: 놀잇감, 간식, 작업 등).	1	2	3	4	5
2. 급간식 전에 손을 씻는다.	1	2	3	4	5
3. 규칙(차례, 약속)을 잘 지키는 편이다.	1	2	3	4	5
4. 어른에게 존댓말을 사용한다.	1	2	3	4	5
5. 교사의 지시를 잘 이해하고 따른다.	1	2	3	4	5
6. 혼자서 옷을 입는다.	1	2	3	4	5
7. 화장실 사용 후 뒤처리를 잘한다.	1	2	3	4	5
8. 고마워, 괜찮아, 미안해 등의 말을 적절하게 사용한다.	1	2	3	4	5

[그림 6-4] 평정척도(예: 숫자평정척도)를 사용한 관찰 양식의 예

출처: 김경희 외(2014).

■ 체크리스트(Checklist)

사전에 관찰자가 관찰하고자 하는 아동행동의 특성에 대한 항목을 선정해 두고, 이 행동 특성의 출현 여부에 초점을 두어 체크하는 것으로 행동목록법이라고도 한다. 체크리스트는 단순한 행동의 목록으로 중요하게 생각되는 행동의 유무를 확인하기 위한 것으로, 특히 관찰자의 주관적인 평가를 가급적 배제할 수 있도록 관찰이 가능한 기술법으로 행동의 목록을 제시하여 사용한다. 이러한 체크리스트법은 교육 현장에서는 자유선택 놀이활동의 평가에 많이 사용되고 있다. 관찰시간이 절약되고 영유아의 행동을 쉽고 객관적이게 관찰할 수 있다는 이점이 있지만, 관찰되는 행동의 지속시간, 특성, 빈도 등에 대한 정보를 설명해 주지 못하는 단점이 있다.

다음은 관찰자가 체크리스트를 사용하는 데 있어 유의할 점이다(김경회 외, 2014; 황해익, 2004).

- 체크리스트는 관찰 전에 준비되어 있어야 한다.
- 체크리스트에 포함된 문항은 가능한 관찰 가능한 구체적인 행동을 나타내는 것이어야 한다. 예를 들면, “수 개념을 안다”라는 문항을 가지고 영유아의 행동을 관찰한다면 너무 포괄적이고 모호할 것이다. 따라서 “1에서 10까지의 숫자를 셀 수 있다” 등으로 구체적으로 기술해야 한다.
- 체크리스트의 문항은 포괄적이고 대표적인 목록으로 구성되어야 하며 문항 간 서로 중복이 없이 일정한 체계에 맞게 논리적으로 조직되어야 한다.
- 관찰 행동의 출현 유무 표기와 함께 처음 그 행동이 나타난 날짜를 기록하도록 만드는 것이 좋다.

[그림 6-5]는 영유아교육 및 보육 현장에서 교사들이 사용하기에 유용한 체크리스트 관찰 양식의 예이다(김경회 외, 2014; 황해익, 2004).

유아의 놀이 관찰 기록지

어린이집	연령	이름	장소	관찰시간	회기	영역
			실내	오전 11~12시 중 10분씩	3	자유선택 활동 시간

※ 지시: 다음은 유아의 놀이행동을 전체적으로 평가해 볼 수 있는 체크리스트이다.

1. 관찰할 대상인 유아를 선택한다.
2. 체크리스트에 있는 행동이 나타나면 √로 표시한다.

범주	행동	회차 날짜	1회기	2회기	3회기	참고
놀이상황	놀이 중이다.					
	탐색 중이다.					
	놀이집단에 참여한다.					
	배회 중이다.					
	휴식 중이다.					
	놀이집단을 지켜본다.					
놀이행동	선택놀이를 실행한다.					
	선택놀이를 관찰시간 내내 수행한다.					
	놀이를 제안한다.					
	역할을 선정한다.					
	역할을 수행한다.					
	스스로 놀이를 선택한다.					
	시범을 보인다.					
	행동을 지시한다.					
	행동이나 활동방법을 가르친다.					
	단번에 놀이를 선택한다.					
	여러 가지 놀이 중 선택한다.					
놀잇감	한 가지 놀잇감을 사용한다.					
	한 가지 이상의 놀잇감을 사용한다.					
	필요에 따라 스스로 선택한다.					
	적절한 놀잇감을 모은다.					
	활동규칙에 따라 사용한다.					
	사용방법에 따라 사용한다.					
	사용방법과 다르게 활용한다.					
	공유하기를 제안한다.					
	요구한다.					
	요구한 것을 사용한다.					
	사용 중일 경우 거절한다.					
	단번에 놀잇감을 선택한다.					
	여러 가지 놀잇감 중 선택한다.					
	선택한 놀잇감을 적극적으로 사용한다.					

[그림 6-5] 체크리스트 양식의 예

출처: 김경희 외(2014).

■ 포트폴리오 평가

포트폴리오(portfolio)는 흔히 대안 평가체계의 일부로 시간의 경과에 따라 관련 현장에서 영유아의 발달이나 학습을 기록, 작업한 것을 조직적, 유목적으로 모은 것이다(McAfee & Leong, 2007). 따라서 사정이나(assessment)이나 평가(evaluation)의 방법이 아닌 많은 방법으로부터 다양한 정보를 모으고 보관하는 방법이다.

포트폴리오는 영유아교육 현장에서 영유아, 교사 그리고 부모의 흥미를 유도하면서 널리 알려져 사용되고 있다. 네 가지 주요 유형은 다음과 같다(McAfee & Leong, 2007; Valencia & Place, 1994).

첫째, 전시 포트폴리오(showcase portfolio)는 학습자가 그동안 활동한 작품 중에서 본인이 최고로 잘했다고 생각하는 혹은 제일 선호하는 작품을 전시한다.

둘째, 평가 포트폴리오(evaluation portfolio)는 구체적인 평가기준에 의해 평가되고 채점된 자료가 포함된다.

셋째, 기록작업 포트폴리오(documentation portfolio)는 각 영유아에 대하여 포괄적인 기술을 하기 위해 선정된 작품이나 시간의 경과에 따른 진보상황에 대한 증거자료를 포함한다.

마지막으로, 과정 포트폴리오(process portfolio)는 종종 학습자에 의해 기록되고 평가된 것으로 보다 큰 프로젝트나 과제를 위해 진행 중인 작업을 포함한다.

포트폴리오는 영유아의 상태나 진보 상황 결정하기, 수업에 관한 정보 제공하기, 보고하기나 의사소통에 대한 정보를 제공하기, 특별한 도움이 필요한 아동을 위한 선별과 같은 평가의 기본적인 목적을 충족하기 위해 실시된다. 또 다른 목적으로는 영유아 스스로가 자신이 참여한 활동에 동기화하고 자기평가(self-assessment)와 반성적 사고(reflective thinking)를 통해 학습을 촉진하는 데 있다. 포트폴리오는 영유아뿐만 아니라 교사에게도 도움이 되는데, 아동의 포트폴리오를 함께 비교하고 해석하면서 생성되는 교사들 간의 상호작용, 협의, 반성적 사고의 촉진 등은 아동의 향후 학습에 긍정적인 역할을 한다(McAfee & Leong, 2007).

포트폴리오 내용의 범주와 영역에 관해서는 영유아의 전통적 발달 영역, 즉 신체, 언어, 인지, 그리고 사회-정서발달로 구분할 수 있다. 또한 교사는 언어와 문해, 초기 글쓰기와 같은 초기 문해기술의 단면적인 부분만 하나의 내용으로 초점을 맞출 수도 있다.

아래 [그림 6-6]은 일반적으로 가장 많이 사용되고 있는 포트폴리오 기록 양식의 예이다.

포트폴리오 기록
학급명: 아동명: 교사명:

영역	표본 1	표본 2	표본 3	비고
대소근육 (신체운동)				
언어/초기 문해				
인지				
사회 · 정서				
기본생활				
학습/활동참여 과정 및 방법				

[그림 6-6] 포트폴리오 양식

모든 발달 영역 혹은 교과 영역이 모든 영유아를 대상으로 적합하게 기록될 수 있도록 교사는 자주 영유아의 활동을 살펴보아야 한다. 포트폴리오는 작업 결과물의 지속적인 수집과 보관으로 이루어지므로 활동진행 당시 영유아의 사고과정이나 학습상황에 대한 기록도 함께 이루어져야 바람직하다. 또한 영유아 자신의 행동과 작업에 대해 자기평가와 성찰 역시도 포트폴리오 평가에서는 간과되어서는 안 될 중요한 요소이다. 영유아의 자기반성과 자기평가를 지원하기 위한 교사의 바람직한 조언에 관한 사례를 제시하면 다음과 같다.

"○○야! 무엇을 어떻게 했는지 말해 줄 수 있니?"
"왜 그렇게 했는지 설명해 줄 수 있니?"
"이 글에서 너는 어떤 점이 제일 좋을 것 같으니?"
"왜 그렇게 생각하니?"
"만약 네가 다시 그림/글을 그린다면/쓴다면 어떤 부분을 고치고 싶니?"
"이 글/작품/그림을 쓰고/그리면서 어떤 점을 느끼고 배웠니?"
"혹시 이 활동을 하면서 어려웠던 점은 무엇이었니? 어떻게 해결하였니?"

[그림 6-7] 영유아들의 자기반성과 성찰을 유도하기 위한 교사의 조언

출처: McAfee & Leong(2007).

2) 교사평가

(1) 교사평가의 필요성

교사의 자질이 교육의 질을 좌우한다는 말이 있다. 교사평가는 교사가 하는 일의 가치를 판단하기 위해 교수활동에 관한 정보를 수집하고, 수집된 정보에 의해 해석해서 가치를 매기는 행위이다(임승렬, 2001). 교사가 스스로 교사로서의 활동을 평가하는 것은 영유아보육의 질적 수준을 향상시키는 길이며 교사의 자기 발전에서 필요한 활동이다. 일반적으로 교사의 자기평가는 6개월에 1회씩, 1학기 말

과 2학기 말에 실시하며 매번 그 평가결과를 비교 분석하여 자기 발전의 계기로 삼는다.

교사 자기평가에는 크게 교사의 일반적 특성 부분과 전문적 특성 부분으로 구분될 수 있다. 일반적 특성으로는 신체, 인성, 교양 및 지적 능력에 관해 평가하며, 전문적 특성은 교직에 대한 태도, 교육 기술, 그리고 전문적인 지식에 관해 평가한다. 이러한 교사의 자기평가를 통해 스스로 자신의 교수활동을 평가함으로써 교사 개인의 성장을 촉진하고, 교수 방법을 향상시키며, 보육의 질적 향상뿐만 아니라 보육교사의 자율성과 전문성 확보를 도모할 수 있다(김경희 외, 2014; 조성연 외, 2013).

(2) 교사평가의 방법

교사평가를 위해서 체크리스트에 의한 방법이 가장 널리 사용되고 있으나 이 방법은 주관성의 개입 우려가 많아 보다 객관성을 유지하기 위해 동료교사나, 원장, 혹은 외부 관찰자에 의해 실시되기도 한다(조성연 외, 2013; 황해익, 2004). 보육 현장에서 가장 빈번하게 이루어지는 상급자, 동료 또는 외부 관찰자에 의한 교사평가가 공평하고 객관적으로 이루어지기 위하여 다음과 같은 점에 유의하여야 한다(이은해, 1995; 황해익, 2004).

첫째, 가능한 한 번의 막연한 인상에 의존하기보다는 한 번 이상의 직접적인 관찰을 통해 교사평가가 이루어져야 한다.

둘째, 평가 준거 및 양식에 대해 사전에 교사와 협의함으로써 교사에게 어떤 기준에 의해 자신이 평가되는지 알려 주어야 한다.

셋째, 프로그램에 적합한 평가양식을 선정하고 필요하면 목적에 부합될 수 있도록 수정한다.

〈표 6-2〉는 교사 자기평가척도의 한 양식을 보여 주고 있다.

〈표 6-2〉 교사 자기평가척도

교사 자기평가척도
※ 평가자의 응답요령은 다음과 같이 5단계 척도로 구성되어 있으며 각각의 문항에 대해 교사의 견해와 일치하는 곳에 √표 하면 된다. 예: '사려성 정도는 어떠한가?'에 대해 자신의 경우 해당되는 곳의 번호에 표시하면 된다. 만약 아주 우수한 상태인 경우 5에 √표 한다. 1. 아주 부족한 상태 (0~20% 수준) 2. 부족한 상태 (21~40% 수준) 3. 보통 (41~60% 수준) 4. 우수한 상태 (61~80% 수준) 5. 아주 우수한 상태 (81~100%)

특성		문항	1	2	3	4	5
일반적 특성	신체	1. 신체적 건강상태는 어떠한가?					
		2. 활동성 정도는 어떠한가?					
		3. 예의바른 태도의 정도는 어떠한가?					
		4. 바른 자세 정도는 어떠한가?					
	인성	5. 적극성 정도는 어떠한가?					
		6. 정서적 안정감 정도는 어떠한가?					
		7. 자제력 정도는 어떠한가?					
		8. 협동심 정도는 어떠한가?					
		9. 융통성 정도는 어떠한가?					
		10. 성실성 정도는 어떠한가?					
		11. 사려성 정도는 어떠한가?					
		12. 긍정적인 인간관 정도는 어떠한가?					
		13. 공정성 정도는 어떠한가?					
		14. 정직성 정도는 어떠한가?					
		15. 부모, 동료교사와의 관계 정도는 어떠한가?					
		16. 자신에 대한 긍지 정도는 어떠한가?					
	교양 및 지적 능력	17. 다방면에 걸친 지적 능력 정도는 어떠한가?					
		18. 순발력 정도는 어떠한가?					
		19. 유창하고 명료한 언어 사용능력 정도는 어떠한가?					
		20. 창의력 정도는 어떠한가?					

특성		문항	1	2	3	4	5
전문적 특성	교직에 대한 태도	21. 교직에 대한 사명감 정도는 어떠한가?					
		22. 교육 활동에 대한 열의 정도는 어떠한가?					
		23. 전문성 신장을 위한 노력 정도는 어떠한가?					
		24. 책임감 정도는 어떠한가?					
		25. 영유아에 대한 수용적 태도는 어떠한가?					
		26. 교사로서의 적합성 정도는 어떠한가?					
		27. 교직에 대한 신념 정도는 어떠한가?					
		28. 직업윤리 정도는 어떠한가?					
	교육 기술	29. 보육과정 재구성 능력 정도는 어떠한가?					
		30. 보육과정 실천 능력 정도는 어떠한가?					
		31. 부모와 관계전문가를 참여시키는 능력 정도는 어떠한가?					
		32. 보육내용, 보육자료, 교수 방법 및 영유아의 발달에 대한 평가 능력 및 활용 정도는 어떠한가?					
		33. 활동에 대한 적절한 자극 및 개입 정도는 어떠한가?					
		34. 교재, 교구제작 및 다양한 활용 능력 정도는 어떠한가?					
		35. 보육활동을 다양하고 균형 있게 제공하는 능력 정도는 어떠한가?					
		36. 보육활동을 융통성 있게 운영하는 능력 정도는 어떠한가?					
	전문적 기술	37. 소속기관의 교육 철학에 대한 이해 정도는 어떠한가?					
		38. 보육과정에 관한 지식 정도는 어떠한가?					
		39. 생활지도 및 상담지식 정도는 어떠한가?					
		40. 개별 유아에 대한 지식 정도는 어떠한가?					
		41. 영유아의 발달단계와 특성에 대한 지식 정도는 어떠한가?					
		42. 보육활동을 위한 다양한 교수 방법에 대한 지식은 어떠한가?					
		43. 실내외 환경 구성에 대한 지식 정도는 어떠한가?					
		44. 평가에 관한 지식 정도는 어떠한가?					

출처: 김경회 외(2014); 황해익(2004).

3) 부모평가

(1) 부모평가의 필요성

부모교육 및 부모의 적극적 참여가 중요시되는 현장과 가정과의 연계가 영유아교육의 질을 결정하는 하나의 중요한 요소가 되기 때문에 부모평가의 중요성을 간과할 수 없다. 부모평가는 부모가 참여하는 교육의 종류와 참여 수준에 따라 크게 4가지 수준으로 분류되는데(김경회 외, 2014; 황해익, 2004), ① 가장 낮은 부모참여 수준인 프로그램 정보를 제공받는 이로서의 부모, ② 부모교육 프로그램에 참여하는 학생으로서의 부모, ③ 프로그램 자원봉사자로서의 부모, ④ 가장 높은 부모참여 수준인 자문위원이나 정책위원으로서의 부모이다.

(2) 부모평가 방법

일반적으로 부모가 습득한 지식이나 태도, 역할 수행 등 여러 가지 방법에 의해 평가되는데(이은해, 1995), 부모 면접이나, 질문지, 관찰 혹은 가정환경자극검사(The Home Observation for Measurement of the Environment; HOME, Caldwell & Bradley, 1984) 등 기존의 다양한 측정 도구를 사용하여 자료를 수집하고 평가할 수 있다. 특히, HOME 검사의 목적은 가정 내 물리적 환경의 질과 양, 가정에서 제공되는 발달적 자극의 정도를 측정하기 위한 것으로, 보다 구체적인 적용목적을 살펴보면 다음과 같다. ① 영유아발달에 지장을 줄 수 있는 가정환경의 위험 요소를 판별해 내고, ② 부모의 양육기술 증진을 위한 부모 프로그램을 평가하는 데 사용하며, ③ 가정환경과 영유아발달의 관계에 대한 기초 연구에 사용하기 위한 것이다.

HOME은 대상 연령에 따라 크게 영아용, 유아용, 아동용의 3가지 유형으로 구성되어 있는데, 영아용(0~3세) 검사는 부모의 정서적·언어적 반응성과 영아 행동에 대한 수용, 물리적 환경과 시간의 조직화, 적절한 놀잇감의 제공, 영아 양육에 대한 부모의 참여, 그리고 일상생활에서의 다양한 자극의 제공의 6개 하위척도에 총 45문항으로 구성되어 있다. 유아용 검사(4~6세)는 가정환경의 조직성 및 안정성, 발달을 돕는 자극, 언어적 환경, 욕구를 만족시켜 주는 정도 및 허용, 독립성의 육성, 정서적 분위기, 경험의 다양성, 가정환경의 물리적 측면, 놀이자료의 9개 하위 영역을 제시하고 있으며 총 88개 문항으로 구성되어 있다. 아동용 검사(6~10세)는 정서적·언어적 반응성, 성숙의 장려, 정서적 분위기, 성장을 돕는 자료와 경험 제공, 능동적 자극의 제공, 발달적으로 적합한 자극의 제공에서 가족의 참여 정도, 물리적 환경의 7개의 하위 척도에 총 59문항으로 구성되어 있다.

다음의 〈표 6-3〉에서는 영아용 HOME 척도를 소개하고 있다.

〈표 6-3〉 영아용 가정환경검사(IT-HOME)

※ 다음은 가정환경에 관한 문항입니다. 각 문항별로 읽고, 자신의 생각과 가장 가까운 칸에 √표 시해 주세요.			
1. 아이의 물리적 환경		예	아니오
1	어머니(양육자)가 없을 때 아이를 돌봐 줄 사람이 3사람 이내로 정해져 있다.		
2	일주일에 적어도 한 번 이상 마트(시장)에 아이를 데리고 간적이 있다.		
3	일주일에 적어도 4번 아이가 외출한 적이 있다.		
4	정기적으로 병원에 가서 건강진단을 받은 적이 있다(예방접종 포함).		
5	아이를 위한 놀이방이 특별히 마련되어 있다.		
6	평소에 아이의 놀이환경은 안전하고 위험성이 없다.		
2. 적절한 놀잇감의 구비상태		예	아니오
7	근육 활동을 위한 장난감과 시설이 있다(놀이터 이용 시 놀이터 시설도 포함, 그네, 공, 미끄럼틀, 진흙, 찰흙, 나무토막, 목공놀이기구 중에서 3가지 이상).		
8	아이를 위한 바퀴달린 끌고 다니는 장난감이 있다.		
9	아이를 위한 유모차나 보행연습기구, 영유아용 세발자전거 등이 있다(2가지 이상).		
10	놀이를 하는 동안 어머니(양육자)가 아이에게 재미있는 장난감과 활동을 제공해 준다.		

11	아이의 연령에 맞는 장난감을 제공해 주고 있다.		
12	아이의 연령에 맞는 학습도구를 제공해 주고 있다(연필, 크레용, 종이, 숫자판).		
13	눈과 손의 협응력을 돕기 위한 장난감이 마련되어 있다(끼워 맞추기, 짝 맞추기, 구슬, 가위, 색종이 등).		
14	눈과 손의 협응력을 위한 장난감 중 조합을 위한 장난감이 마련되어 있다(쌓기, 차례로 끼워 넣기, 블록 또는 집짓기 중에서 2가지 이상).		
15	악기 등 음악을 위한 장난감이 마련되어 있다.		
	3. 일상생활에서 주는 자녀의 다양성	예	아니오
16	아버지가 매일 조금씩 아이를 돌보아 준다.		
17	어머니가 적어도 일주일에 3번 이야기 책을 들려준다.		
18	하루에 적어도 한번을 아이가 부모들과 함께 식사를 한다.		
19	가끔 친척집을 방문하거나 초대를 한다.		
20	영유아용 그림책, 동화책 3권 이상 있다.		
	4. 어머니(양육자)의 모성적 태도	예	아니오
21	어머니(양육자)가 아이를 볼 수 있는 거리에 두고 자주 살펴본다.		
22	어머니(양육자)는 자기 일을 하면서도 아이에게 말을 건넨다.		
23	어머니(양육자)는 의식적으로 아이의 발달에 신경을 쓴다.		
24	어머니(양육자)는 장난감을 사 줄 때 어머니가 가치 있다고 판단된 장난감을 구입한다.		
25	어머니(양육자)가 아이의 놀이시간을 결정해 준다.		
26	언제나 아이의 새로운 기능을 발달시키기 위해 장난감이 있더라도 새 장난감을 마련해 준다.		
	5. 아이의 행동에 대한 훈육태도	예	아니오
27	방문 중 어머니(양육자)가 아이에게 소리를 지르지 않는다.		
28	아이가 잘못하거나 말썽을 부려도 적대감이나 성가심을 겉으로 드러내 놓지 않는다.		
29	어머니(양육자)가(방문 중) 아이를 때리지 않는다.		
30	당신은 지난 한 주 동안 한 번도 아이를 때려 준 적이 없다.		
31	방문 중 어머니(양육자)는 아이를 야단치거나 무안을 주는 일이 없다.		

32	지난 1주일 동안 어머니(양육자)가 아이의 행동을 간섭하거나 활동을 제한하는 일은 3회 이상 하지 않았다.		
33	적어도 10권 이상의 책을 가까이 눈에 띄게 구비하고 있다.		
34	집에 애완동물(가축 포함)이 있다.		
	6. 어머니(양육자)의 정서적 · 언어적 반응	예	아니오
35	면접 중, 어머니(양육자)가 아이에게 최소한 2번은 스스로 말을 건낸다.		
36	어머니(양육자)는 말하는 것에 대해 구도적으로 반응한다.		
37	방문 중, 어머니(양육자)가 아이에게 어떤 사물의 이름을 대 주거나 사물이나 사람의 이름들을 말해 줄 경우 가르치듯 설명한다.		
38	어머니(양육자)가 말을 명확하고 뚜렷하며 알아듣기 쉽도록 한다.		
39	어머니(양육자)가 조사자에게 아이 행동에 대해 질문을 하거나 자진해서 의견을 말하는 등 이야기를 건넨다.		
40	어머니(양육자)가 자신의 생각(느낌)을 자유롭고 쉽게 표현하며 질문에 대해서 간단히 대답해 버리지 않고, 대화에 적절하고 요령 있게 대답한다.		
41	어머니(양육자)는 가끔 아이가 지저분하고 어지럽히며 노는 것을 허용해준다.		
42	면접 중 아이의 성질이나 행동에 대해서 2회 이상 칭찬을 해 준다.		
43	어머니(양육자)가 아이에게 말을 시키거나 아이 대해서 말할 때 목소리가 매우 다정한 느낌을 준다.		
44	방문 중 최소한 한 번 정도는 아이의 머리를 쓰다듬거나, 어루만져 주거나 신경을 써 준다.		
45	방문자가 아이를 칭찬할 때 어머니(양육자)도 약간의 긍정적 반응을 보인다.		

출처: 김미진 · 황해익(2012).

이외에도 부모들이 영유아교육기관의 각종 활동(예: 부모교육에의 참여횟수나 태도, 부모가 주도한 교사면담 등)에 얼마나 적극적으로 참여하고 있는지 등을 참고할 수 있는 비반응적 측정치를 사용하여 평가할 수 있다.

4) 교육 프로그램 평가

교육 현장에서 프로그램의 평가란 프로그램의 질적 수준과 효과를 평가하는 것을 의미한다. 프로그램 평가를 정기적으로 실시하여 그 결과를 다음 교육 활동 계획 수립에 활용하도록 하여 교육 과정의 질을 개선하고 보육 프로그램의 효율성을 높이는 데 그 목적이 있다(김경회 외, 2014).

프로그램 평가에는 개별 프로그램 운영의 적절성을 평가하는 것과 여러 프로그램의 효과에 대한 비교 평가를 실시하는 것, 두 가지 종류가 있다. 개별프로그램 운영의 적절성 평가는 영유아의 전인적 성장과 발달을 돕기 위한 교육 과정이나 프로그램 계획이 얼마나 적절하며(교육계획의 적절성), 수업과정을 통해 어느 정도 실현되었는지(교수학습과정의 효율성), 그리고 영유아교육 과정 전반에 관해 이루어지는 과정이다(김경회 외, 2014; 임재택 외, 1995). 또한 여러 프로그램 효과에 대한 비교 평가는 여러 가지 교육 프로그램 중 어떤 것이 교육적 효과가 높은가를 알아보는 평가로서 프로그램의 개선 및 보완, 어떤 유형의 프로그램을 선정하고 활용하는 것이 좋은가에 대한 정보를 얻기 위하여 실시한다(김경회 외, 2014).

프로그램을 평가한다는 의미는 프로그램이 가지고 있는 중장기적 효과를 검증하는 것 이외에도 관련 프로그램을 개발, 실시하는 과정에서 프로그램 관련 이해당사자인 영유아, 부모 및 교사의 다양한 요구가 잘 반영되었는지, 프로그램 시행 차원에서 사회문화적 상황이 반영되었는지 등 관련 프로그램이 적용됨에 있어 실제 효과에 직간접적인 영향을 줄 수 있는 다양한 요인들에 대한 총체적인 분석이 이루어짐을 의미한다.

한편, 우리나라의 영유아 프로그램에 관한 평가척도는 일반적으로 물리적 환경과 교육/보육계획에 대한 것을 평가하고 있다(조성연 외, 2013). 대부분의 보육 프로그램에 관한 평가척도는 연구용으로 개발된 것으로 아직 표준화되지 못한 상태이며, 교육 프로그램만 평가할 수 있는 척도는 아직까지 개발되지 않았다(김경회 외, 2014; 이순형·이혜승·이성옥·황혜신·이완정·이소은 외, 2013). 그러나 2012년부터 만 3~5세 유아를 대상으로 국가적 수준의 만 3~5세 누리과정이 도입되어 시행됨에 따라 영유아교육 프로그램 전반에 질적 평가 체계가 확립되었고, 그 이후 지속적인 진보가 이루어지고 있다.

특히 유치원과 어린이집에서 공통적으로 운영되고 있는 만 3~5세 누리과정이 2019년에 새롭게 개정됨에 따라, 2019 개정 누리과정의 내용이 반영된 2020 개정 어린이집 평가제가 도입되어 시행되었다. 이에 우선 2019 개정 누리과정에서의 평가의 목적에 관하여 제시하고(교육부·보건복지부, 2019), 그다음에는 2020 개정 어린이집 평가제에 관하여 구체적으로 살펴보고자 한다(보건복지부·한국보육진흥원, 2020).

(1) 2019 개정 누리과정에서의 평가의 목적

개정 누리과정에서 평가는 유치원과 어린이집에서 유아가 중심이 되고 놀이가 살아나는 누리과정의 운영을 되돌아보고 개선해 가는 과정이다. 개정 누리과정은 유치원과 어린이집에서 유아·놀이 중심 교육 과정을 운영하는 데 도움이 되고자 평가를 간략화하고 각 기관의 자율적인 평가를 강조하고 있다. 즉, 2019 개정 누리과정에서는 유치원과 어린이집이 평가의 목적, 대상, 방법, 결과의 활용을 바탕으로 누리과정 평가를 자율적으로 실시할 수 있음을 강조하고 있다.

다음은 2019 개정 누리과정 평가에서 중점적으로 다루고 있는 내용을 소개하고자 한다.

■ 중점사항

첫째, 누리과정 운영의 질을 진단하고 개선하기 위해 평가를 계획하고 실시한다.

우선 평가의 목적은 유아가 중심이 되고 놀이가 살아나는 누리과정 운영을 자체적으로 평가하여, 2019 개정 누리과정 운영의 질을 진단하고 개선하는 데 있다. 이에 유치원과 어린이집에서는 지역 특성, 각 기관 및 학급(반)의 상황과 요구를 고려하여, 누리과정 운영을 개선할 수 있도록 자율적으로 평가계획을 수립한다. 평가의 내용, 평가 주기 및 시기, 평가 방법 등에 대한 계획은 각 기관 구성원들 간의 민주적인 협의를 통해 정한다.

둘째, 유아의 특성 및 변화 정도와 누리과정의 운영을 평가한다.
평가는 유아평가와 누리과정의 운영평가로 구분되어 이루어진다.

● 유아평가

- 유아평가는 궁극적으로 유아의 행복과 전인적 발달을 지원하는 데 그 목적이 있다. 교사는 유아의 놀이, 일상생활, 활동 속에서 유아의 고유한 특성이나 의미 있는 변화를 발견하고, 그것을 바탕으로 유아의 배움과 성장을 돕기 위하여 평가를 할 수 있다.
- 교사는 유아의 배움이 나타나는 놀이, 일상생활, 활동에서 유아가 가장 즐기고 잘하는 것, 놀이의 특성, 흥미와 관심, 친구관계, 놀이를 이어가기 위한 자료의 활용 등에 주목하여 유아 놀이를 관찰하고 이를 통해 유아의 특성과 변화를 다각적으로 이해하도록 한다.

● 누리과정 운영평가

- 누리과정 운영평가는 유치원과 어린이집의 교육 과정이 유아·놀이 중심으로 적절하게 운영되고 있는지 평가하는 데 그 목적이 있다.
- 유치원과 어린이집의 누리과정 운영평가에서는 놀이시간을 충분히 운영하였는지, 유아 주도적인 놀이와 배움이 이루어지고 있는지, 놀이 지원이 적절한지 등을 평가함으로써 놀이 속에서 나타나는 유아의 특성 및 변화 정도와 연계하여 파악할 수 있다.

- 필요에 따라 부모와의 협력이나 행정적·재정적 지원이 적절하게 이루어지고 있는지 등을 평가할 수도 있다.
- 기관별, 학급별 상황이나 필요성에 따라 적합한 방법을 선택하여 누리과정을 평가할 수 있다.

셋째, 평가의 목적에 따라 적합한 방법을 사용하여 평가한다.

2019 개정 누리과정에서 평가 방법은 평가의 목적과 대상에 따라 달라질 수 있다고 제시하고 있으며, 이에 유치원과 어린이집은 평가 목적에 가장 적합한 평가 방법을 자율적으로 정하여 활용할 수 있다.

- 교사는 유아의 특성과 변화 정도를 파악하기 위하여 유아들의 실제 놀이 모습을 계획안에 기록할 수 있고, 놀이 결과물과 작품 등을 일상적으로 수집할 수 있다. 유아들의 놀이를 관찰할 때에는 유아의 말, 몸짓, 표정 등에서 드러나는 놀이의 의미와 특성에 주목하여 이 중 필요한 내용을 메모나 사진 등 교사가 할 수 있는 가장 용이한 방법으로 기록한다.
- 교사에 의해 수집된 관찰기록 자료는 교실에서 자율적으로 수립한 계획안에 포함하여 유아의 특성과 변화 정도를 파악하는 데 활용할 수 있다.

넷째, 평가의 결과는 유아에 대한 이해와 누리과정 운영 개선을 위한 자료로 활용될 수 있다.

- 교사는 유아의 놀이, 일상생활, 활동을 통해 수집된 자료를 평가의 목적에 맞게 종합하여 평가의 결과를 얻을 수 있다.
- 유아평가의 결과는 유아가 행복감을 느끼고 전인적으로 발달하도록 도움을 주는 데 활용할 수 있다.
- 누리과정이 추구하는 인간상과 목적 및 목표 등에 비추어 유아의 특성과 변화 정도를 이해하고 유아의 배움과 성장에 도움이 되도록 지원하는 데 활용

할 수 있다.

– 수집된 모든 자료를 바탕으로 개별 유아의 특성과 변화 정도를 종합적으로 이해하여, 이를 부모와의 면담자료 및 유아의 생활지도 등에 활용할 수 있다.

5) 2020 개정 어린이집 평가제

2018년 12월 11일 영유아보육법 개정안이 공포됨에 따라 2019년 6월 19일부터 기존의 어린이집 평가인증제도는 어린이집 평가제로 변경되어 시행되기 시작했다. 이러한 평가제 시행은 지금까지 평가인증을 신청한 어린이집에 한하여 이루어진 어린이집 질 관리가 전국 모든 어린이집으로 확대되었다는 점에서 의미가 크다고 볼 수 있다(보건복지부·한국보육진흥원, 2020).

(1) 개정 방향

- 국가는 모든 어린이집의 상시적인 보육서비스 질 확보를 위해 국가 수준의 기준을 제공하고 주기적으로 평가하여 지속적으로 관리하는 데 초점을 둔다.
- 영유아가 자유롭게 놀이를 즐기고 일과를 통해 존중받도록 하며, 급간식 및 안전관리를 통해 안심 보육환경 조성을 한다.
- 보육교사의 평가업무 부담 경감 및 근무환경 개선, 직무역량 강화 등을 통해 영유아보육에 온전히 집중할 수 있는 여건을 마련한다.
- 2020년 어린이집 평가 지표는 2019년 개정 누리과정, 2020년 보육지원 체계 개편 내용을 반영한다.

(2) 주요 개정 내용(평가인증제 vs. 2020 개정 평가제)

기존 어린이집 평가인증제와 2020년 개정 어린이집 평가제의 핵심적인 내용을 비교, 정리한 〈표 6-4〉를 제시하면 다음과 같다.

〈표 6-4〉 어린이집 평가인증제 vs. 2020년 개정 어린이집 평가제

구 분	어린이집 평가인증제	2020년 개정 어린이집 평가제	비고
평가대상	• 평가인증 신청 어린이집	• 전체 어린이집	
평가지표	• 통합지표(4영역 21지표 79항목) – 필수요소 5	• 평가제 지표(4영역 18지표 59항목) – 필수지표 1, 필수요소 8	
평가절차	• 어린이집 신청→기본사항 확인→자체점검→현장평가→종합평가(총 4개월)	• 평가대상 통보→기본사항 확인 및 자체점검→현장평가→종합평가(총 3개월)	
	• 참여수수료 어린이집 납부	• 참여수수료 전액 국가 부담	
	• 기본사항: 필수항목 9개, 기본항목 미준수는 차하위 등급 부여	• 기본사항: 사전점검사항 5개, 위반이력사항 – 사전점검사항 미준수는 D등급 부여, 위반이력사항 발생 시 차하위 등급 부여	
	• 소위원회와 종합평가위원회에서 심의, 등급 결정	• 소위원회와 종합평가위원회에서 심의, 등급 결정 ※ 필수지표 및 요소 미충족 시 A등급 불가	
	• 재참여, 재평가 과정 운영	• 재참여, 재평가 과정 폐지	
평가결과	• 4등급(A, B, C, D), D등급 불인증	• 4등급(A, B, C, D)	
평가주기	• 〈유효기간〉3년(A등급 1년 연장 가능)	• A, B 등급 3년/C, D 등급 2년	
결과 공표	• 평가받은 어린이집 결과 공시 – 평가인증 결과, 인증이력 등 공개	• 전체 어린이집의 결과 공시 – 평가결과, 평가이력 등 공개	
사후관리 및 등급 조정	• 인증 어린이집 사후관리 – 연차별 자체점검보고서 제출 – 확인점검(무작위, 월 단위 시기 안내) – 확인방문(배우자 및 직계존비속 또는 1년 이상 재직교사로 대표자 변경, 주소 변경) – 인증유효기간 종료 • 법 위반 및 행정처분 발생 시 인증취소	• 평가 등급별 사후관리 – 연차별 자체점검보고서 제출(A, B 등급) – 사후방문지원(C, D 등급 의무 실시) – 확인점검(평가 관련 민원발생, 법 위반 및 행정처분, 정보 공시 부실 어린이집 등에 대하여 불시점검) • 법 위반 및 행정처분 발생 시 최하위 등급 조정	
결과 활용	• 인증 어린이집에 대한 행·재정적 지원	• 평가 등급별 행·재정적 지원 등 • 2회 연속 D등급 어린이집은 지도점검 대상 우선 선정	

출처: 보건복지부·한국보육진흥원(2020).

(3) 평가지표 구성 체계

2020 개정 어린이집 평가제의 평가지표 구성은 다음의 내용을 중심으로 편성되어 있다.

- 영유아 안전-권리존중 및 놀이 중심 보육과정 운영을 강조한다.

- 영유아 권리존중(1-1)지표, 급간식 위생, 안전요소 필수 지정(3영역)

- 주요 핵심지표를 중심으로 지표 및 항목 수를 감축하고 균형 배치한다.

- 21지표 → 18지표, 79항목 → 59항목 축소
- 지표별 평가항목 수를 평균 3~4개로 균형 배치

- 보육교직원의 근무여건 개선 지원 및 전문적 역량 제고에 초점을 둔다.

- 보육교직원 처우 및 스트레스 관리 관련 지표 강조
- 보육교직원의 직무역량 제고를 위한 항목 강화

- 평가지표: 지표별 평가항목의 '충족' 개수에 따라 3개 등급(우수, 보통, 개선 필요) 중 1개를 부여한다.

- 평가 영역: 영역별 평가지표 중 '우수', '보통', '개선 필요' 등급 지표 수에 따라 3개 등급(우수, 보통, 개선 필요) 중 1개를 부여한다.

- 어린이집 등급: 4개 평가 영역의 등급 종류(우수, 보통, 개선 필요) 및 수에 따라 어린이집 등급(A, B, C, D) 중 1개를 부여한다.

아래 〈표 6-5〉에서 어린이집 등급별로 부여기준과 평가주기를 요약하여 정리하였다.

〈표 6-5〉 어린이집 등급별 부여기준(평가기준)

기관 등급	등급 부여기준	평가주기
A	4개 영역 모두 '우수'인 경우	3년
B	'우수' 영역이 3개 이하이며, '개선 필요' 영역이 없는 경우	
C	'개선 필요' 영역이 1개 있는 경우	2년
D	'개선 필요' 영역이 2개 이상인 경우	

또한 평가지표 체계를 요약하여 정리하면 다음의 〈표 6-6〉에 제시한 바와 같다.

〈표 6-6〉 평가 영역별 평가지표 구성 체계

영 역	하위 영역(지표 수)	영역별(총 지표 수)
1영역	1-1: 영유아 권리존중(2) [필수] 1-2: 보육계획 수립 및 실행(5) 1-3: 놀이 및 활동지원(3) 1-4: 영유아 간 상호작용 지원(4) 1-5: 보육과정 평가(3)	5(17)
2영역	2-1: 실내 공간 구성 및 운영(4) 2-2: 실외 공간 구성 및 운영(3) 2-3: 기관 운영(4) 2-4: 가정 및 지역사회와의 연계(3)	4(14)
3영역	3-1: 실내외 공간의 청결 및 안전(3) 3-2: 급간식(3) 3-3: 건강 증진을 위한 교육 및 관리(3) 3-4: 등하원의 안전(3) 3-5: 안전교육과 사고예방(3)	5(15)
4영역	4-1: 원장의 리더십(3) 4-2: 보육교직원의 근무환경(3) 4-3: 보육교직원의 처우와 복지(3) 4-4: 보육교직원의 전문성 제고(3)	4(12)
전체		18(59)

마지막으로 2020 개정 어린이집 평가제의 필수지표 및 요소는 아래 〈표 6-7〉을 살펴보면 된다.

〈표 6-7〉 필수지표 및 요소

필수지표		3영역 건강·안전
필수요소	3-2-2-1	식자재는 신선한 것을 구입하고 이를 위생적으로 보관한다.
	3-2-2-2	유통기한 경과식품(식자재 등)이 없다.
	3-2-3-3	1회 조리된 음식은 당일 소모하고 재배식하지 않는다.
	3-4-1-4	영유아의 인계 과정이 규정에 따라 안전하게 이루어진다.
	3-4-2-4	영유아를 두고 자리를 비울 때에는 책임 있는 성인에게 인계한다.
	3-4-3-4	운전자와 함께 차량에 동승한 성인은 영유아를 안전하게 보호한다.
	3-5-2-1	보육교직원을 대상으로 기본적인 안전교육을 정기적으로 실시한다(영유아 학대 예방교육 포함).
	3-5-2-4	영유아 학대 예방지침(체벌금지 포함)을 준수한다.

출처: 보건복지부·한국보육진흥원(2020).

4. 평가결과의 적용

영유아, 교사, 프로그램 및 시설에 관한 평가결과는 영유아교육의 질적인 향상에 도움을 줄 수 있는 방향에서 적용되어야 한다. 이러한 평가결과는 대상 영유아의 현재 발달 수준을 발견하고 이후의 개별화된 학습을 가능하게 해 줄 뿐만 아니라, 문제행동을 보이는 영유아를 전문가에 의뢰할 때 유용한 자료로 활용될 수 있다. 평가결과는 가정과 관련 교육시설 간의 친밀한 연계를 위해 가정 통신 또는 면담 자료로 활용되어 부모와 교사 간의 의사소통의 기회를 제공해 줄 수 있다. 평가결과를 바탕으로 자체연수와 자율장학을 통해 교사로 하여금 질적으로 향상된 역할수행을 할 수 있도록 도움을 줄 수 있다(김경희 외, 2014). 또한 어린이집에 대한 평가결과를 토대로 환경을 개선하고, 이는 효과적인 시설운영에 기초 자료로 활용될 수 있다.

양질의 영유아 프로그램을 운영하기 위해서 평가는 객관적으로 이루어져야 하며, 2020년 어린이집 평가제에서 강조하고 있듯이 어린이집 자체평가와 동시에 외부의 전문가나 평가 담당자들로 구성된 현장관찰(사후점검 포함)과 연계하여 평가결과를 향후 질 제고를 위해 활용하여야 한다.

C·H·A·P·T·E·R 07

영유아 프로그램 개발의 실제

영유아 프로그램은 보육과정이나 교육 과정 같은 구성 체계와 의미를 갖지만 일반적으로 보육과정이나 교육 과정은 보편적이고 장기적인 성격을 띠며, 프로그램은 특수적이고 단기적인 성격을 띤다고 볼 수 있다.

본 장에서는 보육과정이나 교육 과정 같은 장기적인 성격을 띠는 프로그램이 아닌 특수적이고 단기적인 성격을 띤 영유아 프로그램과 개발의 실제를 알아보고자 한다. 이를 위해 먼저 영유아의 발달과 요구에 대해 고찰하고 발달과 관련한 영유아의 요구를 수용하기 위한 교사의 역할과 놀잇감 및 지원전략에 대해 알아보고 영유아 발달에 적합한 프로그램 개발에 도움을 주고자 한다. 또한 영유아 프로그램 개발 실제에 있어서는 다양한 개발 모형 중에서 어린이집의 보육교직원들이 주축이 되어 개발된 기관 중심의 프로그램들을 살펴보고 영유아프로그램 개발의 향후 전망에 대해 논의해 본다.

1. 영아의 발달 및 요구

영아 프로그램을 개발하기 위해서는 영아의 발달에 대해 이해하여야 한다. 그 이유는 영아들의 발달 특성에 따라 영아의 발달단계와 연령을 고려하여 발달에 적합한 실제(DAP: Developmentally Appropriate Practice)에 근거한 프로그램을 개발해야 하기 때문이다. 발달에 적합한 실제(DAP)의 특징은 "영아들이 어떻게 학습하고 발달하느냐"에 대한 지식이 프로그램 실제에 적용된다(임부연·장영숙·최미숙·최윤정·최일선·황윤세 역, 2008).

0~2세 영아시기는 인간의 전 생애 중 가장 중요하고 급속한 양적 또는 질적인 변화가 일어나는 시기이다. 이 시기는 신체, 인지, 언어, 사회·정서발달 및 기타 여러 행동발달의 속도가 빨라 성장과 성숙, 학습의 과정이 함께 작용하며, 취약하지만 놀라운 잠재력과 회복력을 가지고 발달한다. 출생 후 약 한 달간을 신생아기라고 하며, 이후부터 2세까지 영아기라고 한다. 모체 안에 있는 태내기와 신생아기, 영아기의 발달 변화에 대한 이해는 전 생애에 걸쳐 나타나는 발달 현상을 이해하는 바탕이 되며, 이후 발달의 광범위한 측면에서 중요한 영향을 미친다. 또한 영아기 발달의 개인차는 매우 크고 개인 내 발달 영역 간에도 차이가 있기 때문에 영아기 발달의 내용을 올바르게 이해하고 건강한 발달을 이룰 수 있도록 영아의 요구에 민감하게 대처하는 것은 전 생애의 발달을 위해 매우 중요하다.

1) 영아의 신체발달

(1) 신체발달의 원리

인간의 신체적 발달은 약 20년의 세월에 걸쳐 이루어진다. 특히, 영아의 신체성장은 유전과 영양에 의한 성숙에 의해 결정되고 예측이 가능하며 몇몇의 원리에 의해 발달한다.

영아기의 운동능력은 두미(cephalo-caudal)발달의 원칙에 따라 머리에서 다리로, 근원(proximal-distal)발달 원칙에 따라 몸통에서 몸의 말단으로, 세분화(mass to specific)발달 원칙에 따라 전체적인 동작에서 세부적인 동작으로 발달한다.

(2) 신체발달의 특징

영아기의 출생 후 첫 1년간은 생애에 걸친 발달에 많은 영향을 미치고 운동기능과 감각능력이 빠르게 발달하며 두뇌발달에 결정적인 시기이다. 키와 몸무게의 증가와 함께 각 부분의 상대적인 비율도 달라져 머리의 경우 출생 시 몸 전체의 1/4이었던 것이 1세가 되면 1/5로 줄어든다. 운동기능의 발달은 시기와 순서는 비슷하게 발달하지만 개인 간 발달에는 개인차가 있다. 영아기의 운동발달 중 대근육 운동으로 기기, 걷기, 뛰기, 달리기가 순서에 의해 일어나고, 소근육 운동으로 물체를 손으로 쥐거나 붙잡고 조작하는 정교한 운동기술을 필요로 한다.

영아의 감각과 지각발달은 선천적으로 타고난 감각기관을 토대로 다양한 자극에 반응하는 감각활동을 하고, 감각활동에 근거하여 지각경험을 한다. 시력의 경우 신생아는 매우 약한 편이지만 생후 1년이 되면 급격하게 발달하여 시력이 1.0에 이르고 2세 무렵이 되면 성인 수준에 이른다. 청각은 모체에서부터 들을 수 있어서 태내에서 들었던 소리를 선호하기도 한다. 촉각은 온도반응에 민감하여 실내온도가 내려가면 신체운동을 활발히 하여 체온 조절을 스스로 하고, 안아 주거나 신체적 접촉 등을 통해 정서적 안정감을 느낀다. 따라서 영아기는 감각운동발달의 기초가 되는 시기이므로 다양한 감각적 경험을 할 수 있도록 주변 환경과의 직접적인 접촉과 경험을 통해 자신의 감각적 변화를 이해하고 이를 통해 세상을 이해할 수 있도록 도와야 한다. 또한 이 시기 영아들은 혼자 하려는 강한 욕구로 인해 안전사고가 발생할 수 있으므로 각별히 주의해야 하며 대·소근육 발달과 일상생활 속에서 오감을 발달시킬 수 있는 환경 구성과 신체발달에 적합한 놀잇감을 마련해 제공해 주는 교사의 역할이 중요하다.

〈표 7-1〉은 영아의 신체발달을 촉진하기 위한 교사의 역할 및 놀잇감에 대해 6개월 단위로 살펴본 것이다.

〈표 7-1〉 영아기 신체발달 요구를 위한 교사 역할 및 놀잇감

연령	교사의 역할 및 놀잇감
1~6개월	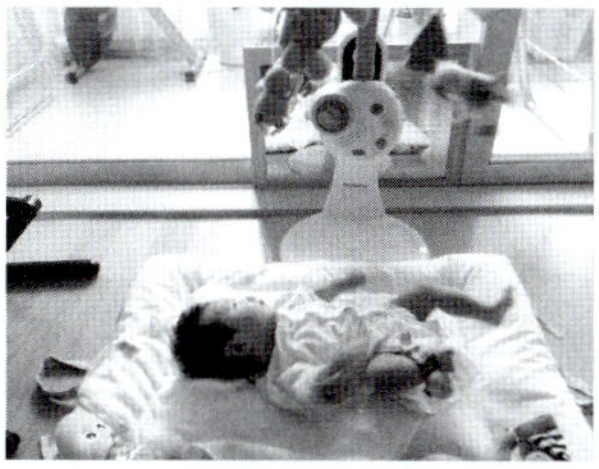 • 운동발달을 연습할 수 있도록 배로 눕혀 주거나 머리, 어깨 등을 들려고 시도할 수 있도록 도와준다. • 반사적으로나 우연히 움직였을 때 소리가 나거나 움직이고 돌아가는 모빌 등을 준비해 준다. • 잡는 기술을 발달시키는 시기이므로 접근해서 잡을 수 있도록 영아의 손에 맞는 크기의 딸랑이를 준비하여 영아의 시야에서 잡을 수 있는 위치에서 준다. • 딸랑이를 오른손 왼손, 높게, 낮게, 멀리, 가까이에서 주어 반복해서 잡아 보면서 눈과 손의 협응을 발달시키도록 한다. • 잡기 기술을 연습하면서 놀잇감을 가지고 노는 시간이 증가하고 방법도 달라지므로 아기용 체조 기구나 영아가 좋아하고 흥미를 보이는 놀잇감을 자주 제공해 준다. • 앉을 수는 있으나 쉽게 피로를 느낄 수 있으므로 자주 위치를 바꾸어 주고, 배밀이를 할 수 있도록 도와주며 세심하게 관찰해야 한다. • 안전한 장소에 놀잇감을 두어 영아가 원하는 놀잇감을 가지고 놀면서 만족감을 느끼게 한다.
7~12개월	 • 움직이거나 탐색하는 행동이 확장되는 시기이므로 운율적인 흥얼거림에 맞추어 신체적인 활동을 하거나 탁자 아래 통과하기 같은 활동을 활발히 할 수 있도록 교사가 모델링이 되어 준다. • 영아의 도전적 시도를 주의 깊게 관찰하고 원하는 운동을 시도할 수 있도록 한다. • 엄지와 검지를 이용하는 소근육 활동이나 눈과 손의 협응을 이룰 수 있는 집기, 뚜껑 맞추기, 두드려 보기 등을 할 수 있도록 주변의 다양한 용품 등을 준비해 준다. • 이동운동을 시도하기 때문에 기는 데 장애물이 없도록 넓은 공간을 마련해 주고 붙잡고 서거나 걸을 수 있도록 영아의 손 높이에 안전하게 잡을 수 있는 지지대를 마련해 준다. • 15cm 정도 높이의 계단이나 낮은 탁자를 마련하여 기어오를 수 있도록 배려한다. • 구멍 안으로 집어넣을 수 있는 컵 같은 놀잇감을 마련해 준다.

연령	교사의 역할 및 놀잇감
13~18개월	 • 다양한 감각기관으로 주변을 탐색할 수 있는 있는 환경을 마련해 주고 신체 각 부분의 움직임을 시도해 볼 수 있도록 도와준다. • 걷기를 원할 때 혼자 걷도록 지켜봐 주고 도움이 필요할 때 교사가 영아의 손을 잡아 주어 걷는 데 성취감을 느끼도록 한다. • 손으로 쥘 수 있는 작은 공이나 부드러운 풍선 등을 제공하여 손을 쥐었다 펼 수 있는 활동을 돕도록 한다. • 손가락으로 가리키는 게임이나 물건을 던져 넣을 수 있는 입구가 큰 통이나 공간 등을 마련해 준다. • 혼자서 블록을 3~4개 정도 쌓을 수 있기 때문에 영아의 크기에 맞는 블록을 준비해 준다. • 영아가 혼자 옷을 벗으려는 시도를 하면 스스로 할 수 있는 기회를 주고 도움이 필요한 상황에서 즉시 도와준다. • 규칙적으로 바깥에서 신체활동을 할 수 있도록 하고 간단한 신체기구를 이용하여 신체활동을 하도록 돕는다. • 침대에서 기어 내려올 수 있으므로 침대위에서 잠을 재울 경우에는 각별히 주의를 기울여야 한다.
19~24개월	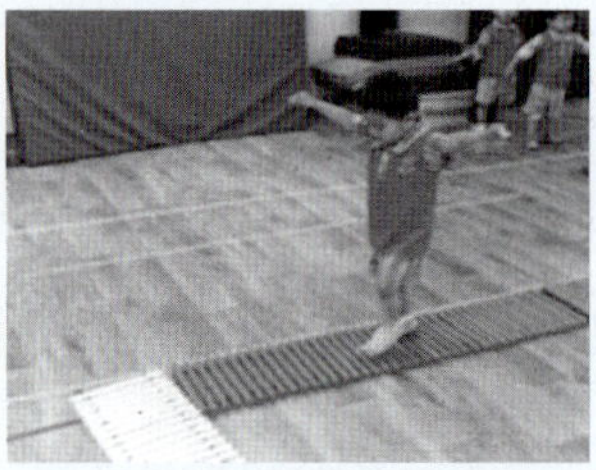 • 장애물이 없는 영역을 만들어 앞, 뒤, 옆으로 자유롭게 움직이거나 공을 차고 놀 수 있도록 한다. • 평평한 공간을 제공하고 실내외에서 끌차나 바퀴 달린 놀잇감을 자유롭게 끌고 다닐 수 있는 공간을 마련해 준다. • 영아와 함께 물건을 통 안에 넣는 게임을 하거나 병뚜껑을 열거나 닫는 것을 탐색할 수 있도록 교사가 시범을 보여 준다. • 계단과 같은 낮은 곳에서 뛰어내리려고 하기 때문에 주의해서 살펴야 한다. • 색종이나 그릴 수 있는 도구를 마련해 준다.

연령	교사의 역할 및 놀잇감
25~30개월	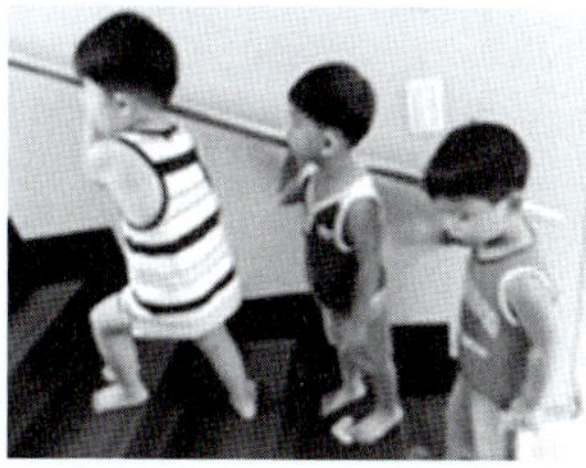  • 감각적인 차이를 느낄 수 있는 활동을 한다. • 기어오를 수 있는 기구를 마련해 주고 계단에서 한 발씩 발을 바꾸며 오르내릴 수 있도록 배려하고 어려워하면 도움을 준다. • 안정된 자세로 일직선으로 걸을 수 있으므로 보육실이나 실외에서 바르게 걸을 수 있도록 선을 그어준다. • 목표점을 향해 던지기를 할 수 있으므로 큰 바구니나 비어 있는 작은 상자를 마련하여 던질 수 있는 안전한 놀잇감을 제공해 준다. • 1~5초 동안 한 발로 설 수 있으므로 서 있는 동안 노래를 불러 주거나 숫자를 세어 준다. • 4조각 정도의 퍼즐을 맞출 수 있기 때문에 주제와 관련한 퍼즐을 마련해 주면 좋다. • 찰흙을 굴리고, 치고 비틀거나 떼어 낼 수 있으므로 촉감이 좋고 위생적인 찰흙이나 지점토를 준비해 준다. • 양칫물과 치약 사용, 옷 입고 벗기, 손 씻기 등을 시도해 볼 수 있도록 도와준다. • 영아의 손에 알맞은 식사도구를 준비하여 스스로 먹을 수 있도록 한다.

연령	교사의 역할 및 놀잇감
31~36개월	  • 10cm 정도의 장애물을 넘거나 15cm 정도 높이의 평균대 위를 걸을 수 있으므로 유니바와 평균대를 준비해 준다. • 사다리, 정글짐을 기어오르고 도움 없이 계단을 오를 수 있으므로 실외 놀이터를 이용하여 대근육 활동을 할 수 있도록 기회를 자주 제공한다. • 자르기를 시도하므로 안전가위와 다양한 종이를 준비해 준다. • 혼자서 블록을 10개 정도 쌓을 수 있으므로 크기가 다른 블록을 충분히 제공해 준다. • 옷의 단추를 끼우고 빼는 방법, 지퍼 이용방법 등을 보여 주고 영아가 스스로 시도해 보도록 옷을 입고 벗는 시간을 기다려 준다.

출처: 보건복지부(2013).

영아기 신체운동 발달을 지원할 수 있는 다양한 전략 및 유의점

1. 어린 영아에게 배를 바닥에 대고 엎드려 함께 놀이할 수 있는 기회를 많이 제공하는 것이 좋다. 이는 영아가 몸통과 목의 조절을 강화하도록 도와준다.
2. 누워 있는 영아에게는 영아가 손을 뻗치고 발을 차서 모빌 등 장난감을 잡거나 건드릴 수 있는 기회를 제공하고, 기는 영아에게는 충분하게 공간을 탐색할 수 있는 독립된 공간을 제공하는 것이 필요하다. 신체 움직임을 촉진할 수 있는 다양한 공간과 활동의 기회를 제공한다.
3. 보행기는 어떠한 경우에도 사용해서는 안 된다. 보행기는 영아가 움직이고 있는 자신의 사지를 볼 수 없는 방식으로 고안되어 있기 때문에 초기 신체운동 발달에 부정적인 영향을 미친다. 비록 양육자가 영아를 지켜보더라도 보행기를 타는 동안 상해를 입을 수 있다.

4. 어린 영아가 바닥에 등을 대고 누워 있을 때 옆에서 선호하는 장난감을 제공하여 영아 스스로가 팔을 뻗고 몸을 돌리도록 유도한다. 스스로 뒤집기를 할 수 있는 기회를 제공하는 것이 좋다.
5. 영아가 스스로 이동할 수 있는 시기로 들어서면 잡고 걸을 수 있는 안전한 표면이 필요하다. 주로 영아는 가정에서 소파나 낮은 탁자를 사용하는데 안전한가를 늘 주의 깊게 살펴야 한다.
6. 대근육 운동발달 지원을 위한 음악을 제공하는 것이 필요하다. 특히, 걸음마기 영아는 춤추거나 노래하는 등 리듬에 맞춰 몸을 움직이는 것을 선호한다.
7. 하루일과에서 정해진 시간에 날씨가 허락되는 한 지속적으로 바깥산책 및 놀이활동을 제공한다. 자연스러운 일과에서 계절의 변화를 감각적으로 인식하고 걷기, 오르기, 달리기 등 양육자가 영아를 위해 흥미롭고 도전적인 환경을 제공하는 것은 신체운동 발달에 필수 요소이다.
8. 영아의 현행 발달 수준(대·소근육 기술)을 파악한다. 영아의 현재 발달 상태를 정확히 알면 이에 적절한 활동을 제공할 수 있다. 신체 성장이 급속하게 이루어지는 생후 1년 동안에는 항시 곁에서 언어적·행동적으로 상호작용을 하는 양육자와 함께 신체적으로 접촉하며 놀이하는 것이 가장 중요하다.
9. 주변 세상에 대한 흥미와 호기심을 가져야 영아는 활발하게 움직인다. 신체 움직임을 촉진할 수 있는 편안한 분위기와 양육자가 수용적 태도를 갖추는 것이 영아기 신체운동 발달의 핵심이다.
10. 0~2세 표준보육과정 신체운동 영역의 내용과 수준별 내용을 파악하여 연령별 신체운동 발달을 위한 활동을 계획, 실행, 평가의 과정을 거쳐 발달에 적합한 활동을 제공하고 가정과 연계하여 가정에서도 연령별 발달에 맞는 신체운동이 이루어질 수 있도록 한다.

출처: 문혁준·김경은·서소정·성미영·안선희·임정하 외(2015).

2) 영아의 언어발달

(1) 언어의 정의 및 중요성

인간이 동물과 구별되는 것은 언어를 사용하기 때문이다. 언어란 듣고, 말하고, 읽고, 쓰는 데 필요한 규칙들의 순서와 체계라고 할 수 있다. 영아기의 언어발달은 울음으로부터 시작되어 쿠잉과 옹알이 단계를 거쳐 한 단어, 두 단어 문장을 구사하는 순서로 발달한다. 영아들의 언어발달 이전 시기의 비언어적 몸짓은 어휘력 발달에 영향을 미치는 의사소통의 기능을 하며 영아의 어휘력 증진과 관계가 있다. 또한 양육자와의 의사소통의 기능으로 중요한 역할을 한다. 언어는 이러한 언어적·비언어적 표현을 통해 의사소통을 하며, 의사소통과 사고과정에 필수적 요소로 언어를 통해 세상을 이해하게 된다.

언어는 영아의 사회·정서발달은 물론 학습을 촉진하는 도구로 사용된다. 언어를 통해 적극적으로 주변을 이해하고 자신의 생각을 표현하며 주변을 통제할 수 있다. 따라서 언어발달은 영아기에 획득해야 하는 중요한 발달과업임과 동시에 영아기는 언어발달의 결정적 시기라고 할 수 있다. 그러므로 언어발달이 폭발적으로 일어나는 출생에서 두 돌 사이의 영아기는 언어적 상호작용이 활발히 일어날 수 있는 인적, 물리적 환경이 중요한 시기이다.

(2) 언어의 구성요소

언어는 복잡한 체계로 구성되어 있으므로 언어를 쉽게 이해하기 위해서는 음운론, 형태론, 통사론, 의미론, 화용론의 다섯 가지 기본요소를 이해하여야 한다. 음운론(phonology)은 말소리의 구조, 배치, 연결을 지배하는 규칙에 관한 언어의 구성요소로서 음소(phoneme)가 있다. 음소는 소리의 차이로 인해 서로 다른 의미를 나타내는 언어의 가장 작은 단위이다. 형태론(morphology)은 단어의 내적 구성에 관한 언어의 구성요소로서 형태소는 의미를 전달하는 언어의 가장 작은 문법단위이며, 하나 이상의 형태소가 모여 단어를 구성한다. 통사론(syntax)은 문장의 형식과 구조를 지배하는 언어의 구성요소로서 통사론의 규칙은 단어, 구, 절, 문장의 특성, 단어의 순서, 문장의 구조 등에 대해 다루며, 서술, 의문, 명령과 같은 기능에 따라 문장의 구성에 차이가 있다. 의미론(semantics)은 단어와 단어 조합의 의미와 내용을 지배하는 규칙체계를 말하며 사물이나 사건에 대한 지각, 인지, 사고와 언어 형태 간의 관계에 관한 내용을 다룬다. 화용론

(pragmatics)은 의사소통의 맥락 안에서 언어 사용을 지배하는 규칙을 의미하므로 언어구조에 관한 규칙보다는 언어 사용에 관한 규칙을 다룬다(문혁준·김경은 외, 2015).

(3) 언어발달의 단계

영아기의 언어발달단계는 언어 이전의 시기, 한 단어 시기, 두 단어 시기의 단계로 발달한다. 〈표 7-2〉는 영아기의 언어발달단계를 살펴본 것이다.

〈표 7-2〉 영아기의 언어발달단계

발달단계	발달단계 및 특징
언어 이전 시기 (출생~1세)	언어 이전의 시기는 출생에서 최초의 어휘를 사용할 수 있을 때까지로 출생 후 영아가 분화되지 않은 울음소리를 낼 때부터 첫 단어를 말할 때까지로 분화되지 않은 울음, 분화된 울음, 옹알이, 자기소리 모방, 타인 소리 모방의 단계로 나뉜다. 언어 이전단계의 특징은 출생에서 6개월과 6개월에서 한 돌까지로 나누어 살펴볼 수 있다. 출생에서 6개월경까지의 주요 특징은 옹알이가 나타나는 것이다. 옹알이는 'ㅁ', 'ㅂ', 'ㅍ' 등의 음소가 섞인 것이다. 또한 목구멍을 울리는 소리를 내기도 하고 같은 소리를 반복해서 내기도 한다. 6개월에서 한 돌까지의 주요 특징은 첫 단어의 출현이다. 옹알이는 6~8개월경에 가장 활발하다가 차차 감소하며 첫 단어를 말하게 되는 돌 전후에 사라지게 된다.
한 단어 시기 (1세~15개월)	한 단어 시기는 첫돌을 전후해서 영아가 사용하는 한 개의 단어가 하나의 구나 문장을 의미하기 때문에 한 단어 시기라고 한다. 영아는 9, 10개월~18개월 사이에 첫 어휘를 사용할 수 있게 되는데 특징적인 사항은 과잉확대현상(overextension)과 과잉축소현상(underextension)이 나타난다.
두 단어 시기 (18~24개월)	두 단어 시기에는 한 주에 10~20개의 단어를 학습하게 되는 어휘 폭발기로 이 시기 영아의 표현 어휘 수는 50~300개가 된다. 이렇게 많은 어휘를 표현할 수 있음에도 이 시기에 영아는 명사와 주요 동사나 주요 형용사를 연결시키는 두 개의 단어를 사용한다. 두 단어 시기에 접어들면 문법이 발달하기 시작하며, 두 단어 조합 시에 주축문법이라는 규칙을 사용하게 된다. 두 단어 중 한 단어는 사용빈도가 높고 그 단어에 다른 단어가 합쳐지는 축의 역할을 하는 주축어가 되고 다른 단어는 개방어가 된다.

(4) 의사소통의 발달

소통의 사전적 의미는 '막히지 아니하고 잘 통함', '뜻이 서로 통하여 오해가 없음'을 뜻한다. 의사소통은 상대방과의 관계가 원만하게 진행되는 것을 의미한다. 우리가 일반적으로 사용하는 커뮤니케이션(communication)은 지식, 정보 및 감정이 전달되는 것이다. 즉, 커뮤니케이션은 전달을 의미하는 것이지 반응까지를 포함하는 것은 아니다. 의사소통의 의미 속에는 커뮤니케이션뿐만 아니라 이에 대한 반응까지 포함되어야 한다. 따라서 의사소통은 커뮤니케이션을 한 후 반응이 일어나 상호교류가 이루어진 상태라고 정의할 수 있다.

영아가 어휘와 문장을 사용하게 되면서 보다 효과적으로 의사소통을 할 수 있게 된다. 그러나 대화를 보다 효과적으로 하기 위해서는 듣기, 말하기 외에도 여러 사회적 기술이 요구된다. 10개월경이 되면 영아들은 다른 사람과의 의사소통을 시도한다(Golinkoff, 1993). 한 돌이 지나면 언어를 사용할 뿐만 아니라 손으로 지적하기, 손 흔들기, 머리 끄덕이기 등을 이용하여 자신의 의사를 표현하며 15개월경이면 타인과 의사소통을 할 때 자신을 쳐다보는 것이 필요함을 이해하기 시작한다. 두 단어 시기에는 다양한 의사소통의 의도를 표현하게 되며, 이후 점점 어휘가 확장되고 구문도 문장단계로 발달하게 된다(유효순 외, 2013).

영아기 언어발달 요구를 위한 교사의 역할 및 놀잇감은 〈표 7-3〉과 같다.

〈표 7-3〉 영아기 언어발달 요구를 위한 교사의 역할 및 놀잇감

연령	교사의 역할 및 놀잇감
1~6개월	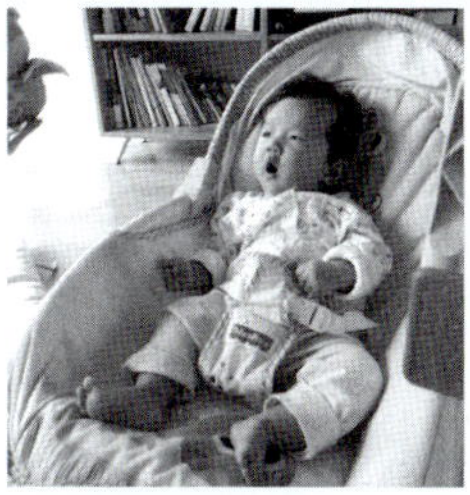 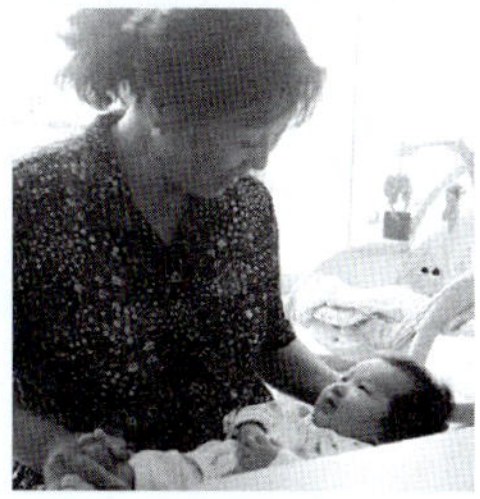 • 교사는 얼굴 표정이나 신체언어, 행동 등을 통해 영아와 메시지를 주고받으며, 영아가 원하는 것을 확인해 주는 메시지를 보내는 것이 좋다. • 기회가 있을 때마다 영아에게 말을 해 준다. 여러 가지 목소리의 크기, 높낮이, 부드럽거나 큰소리, 웃는 소리 등을 사용한다. • 놀잇감을 좋아하기는 하지만 사람이 반응해 주는 것에 가장 흥미를 보이므로 교사가 옹알이 소리를 모방해 주면 영아의 옹알이도 크기나 강도가 증가한다. • 교사는 영아가 옹알이로 부를 때 반응해 줌으로써 영아에게 언어의 사용방법을 가르칠 수 있다. • 보다 다양한 자음을 발성하며 음높이나 음량이 다양해지고 발성빈도가 많아지며, 기쁨과 실망 등 영아의 정서 상태가 소리로 표현되므로 영아의 표현에 맞게 반응해 준다.
7~12개월	 • 한 가지 특정한 옹알이를 발견하면 그것을 며칠 지속하다 또다시 새로운 것을 발음하게 되는데 교사는 영아의 변화를 민감하게 관찰하여 반응해 준다. • 교사가 말해 주는 것을 좋아하므로 언어적 상호작용을 많이 해 준다. 가끔씩은 옆에서 말해 주기만 해도 1시간이나 그 이상도 혼자 노는 데 만족하게 된다. • 영아가 자기 이름을 인식하는 능력을 갖는 때이다. 말할 때나 노래를 부를 때 영아의 이름을 많이 넣어 주도록 한다. • 이름을 쉽게 부를 수 있는 놀잇감들을 선택하고 가능하면 영아에게 놀잇감의 이름을 말로 해 주는 것이 좋다. • 책에 대한 선호도가 생기므로 영아가 여러 종류의 책을 접할 수 있게 한다. • 영아의 표현적 어휘가 생기는 시기이다. 영아가 배우는 첫 단어는 주로 영아에게 친숙한 사람이나 동물의 이름이거나 친숙한 행동과 관련된 단어이다. 영아가 주변 사물에 대한 어휘를 발달시켜 가도록 교사는 분명하게 언어적 표현을 해 주도록 한다. • 이 시기에 영아는 아주 특수한 메시지로 의사소통할 수 있으므로 영아가 보내는 몸짓이나 표정의 사인에 민감해야 한다.

연령	교사의 역할 및 놀잇감
13~18개월	• 영아에게 단어를 반복해 주고 때때로 문장으로 확장해 준다. • 영아의 말과 행동에 익숙해져야 한다. • 영아에게 간단한 요청이나 질문들을 자주 사용해 본다. 영아는 그러한 요청이나 질문들이 무엇을 뜻하는지 점차 이해하게 된다. • 영아에게 친숙한 그림이나 사진의 이름을 가리켜 보거나 말해 보게 한다. • 그릴 수 있는 재료를 주고 그리게 한다. 영아가 그린 그림에 영아의 이름과 영아의 표현을 써 준다.  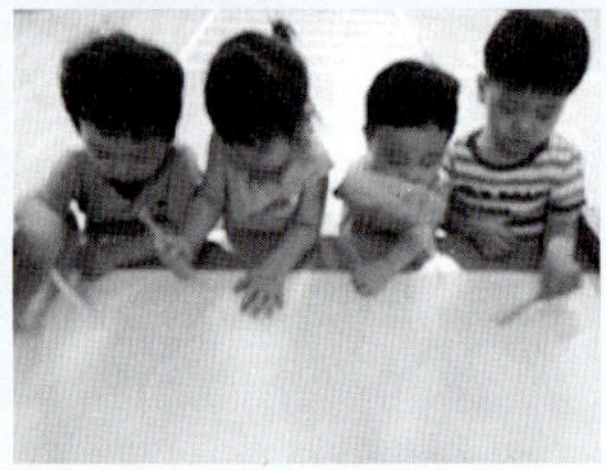
19~24개월	• 영아 주변 세계의 행동이나 물건을 가리키면서 이름을 말하거나 말로 표현하도록 격려한다. • 사물의 이름만을 이야기할 때 문장으로 확장하도록 한다. • 그림을 보여 주거나 책을 읽으면서 게임을 한다. • 인사말을 적절하게 사용하도록 돕는다. 교사가 영아에게 '~해 줄래?', '고맙다'등의 말을 지속적으로 사용한다. • 영아의 끊임없는 질문에 잘 대답해 준다. 이것은 영아가 사물에 대한 것과 세상에 대한 정보를 얻는 방법이다. • 간단한 지시를 해 보고 영아가 적절히 수행했을 때 칭찬해 준다. • 영아가 이해할 수 있는 이야기를 운율을 살려 들려준다.  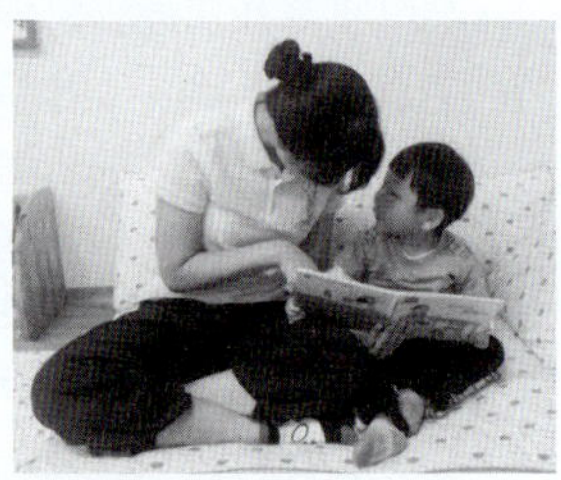

연령	교사의 역할 및 놀잇감
25~30개월	• 사물을 가리키면서 이름을 부른다. • 속성을 사용하여 명칭과 명칭을 조합한다. • 행동어를 사용하므로 영아의 행동을 밝혀서 지적해 준다. • 반복어를 사용하므로 반복을 의미하는 단어들을 사용한다. • 부정어를 사용하므로 행동과 함께 '안돼, ~하지마'라는 말을 사용하고, 이때 그 이유를 설명한다. • 문장으로 말할 수 있으므로 말할 때 억양을 잘 넣어 표현하여 영아가 모방하게 한다. • 크레용, 분필, 칠판, 종이와 같은 자료와 공간을 제공하고, 영아와 함께 긁적거리기를 한다. 또한 영아의 긁적거리기에 명칭을 써 주고 메모를 해 준다.  
31~36개월	• 새로운 사물을 보고 느끼고 사용하도록 제시해 주고, 사물과 행동을 한 단어씩 명칭을 붙이고 문장으로 사용해 준다. • 적절한 단어 순서를 사용하여 영아의 문장을 반복해 준다. • 영아가 사용한 의미에 응답해 주고, 그가 사용한 문장과 생각을 확장시켜 준다. 또한 영아의 의미에 반응을 하고 영아의 생각에 대해 질문한다. • 영아가 실수했을 때 단어의 복수형태와 과거 문장을 올바르게 고쳐 주고 다시 말해 준다. • 크게 읽어 주고, 영아가 읽을 때 잘 들어 준다. 성대모사를 해 가면서 재미있게 읽어 준다. • 글씨를 써 주거나 사물에 적당한 이름을 붙인다. 때때로 영아가 불러 주는 대로 써 준다. 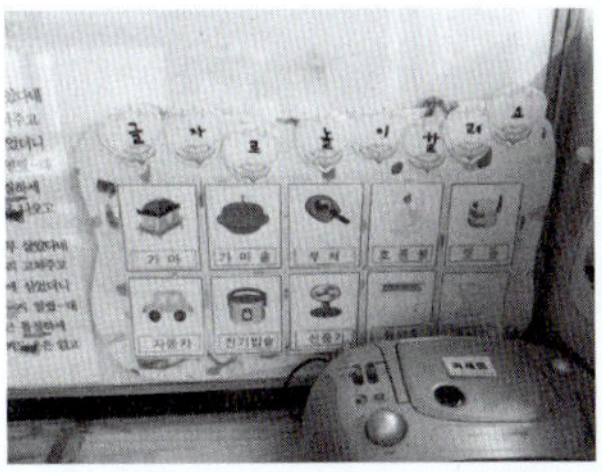 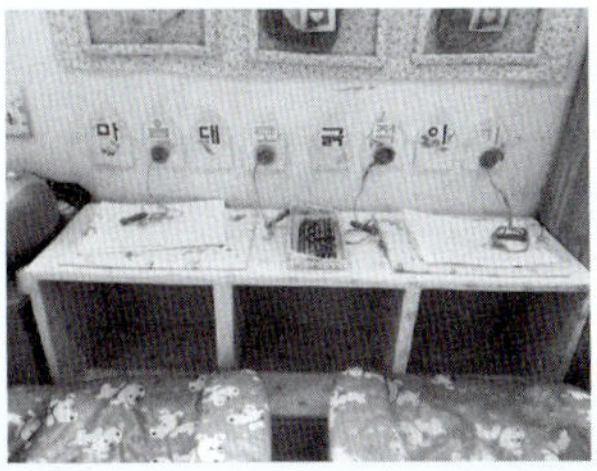

출처: 보건복지부(2013).

3) 영아의 사회 · 정서발달

인간은 누구나 사회적인 존재이다. 영아가 태어나서 최초로 맺게 되는 사회적 관계는 부모이다. 하지만 현대사회는 핵가족화와 맞벌이가정의 증가로 인해 부모 이외에 다른 주 양육자가 양육하게 되는 경우도 많다. 영아가 사회적 존재로 살아가게 하기 위해서는 부모나 주 양육자가 영아를 따뜻하고 애정적으로 양육하여 사회화 과정을 긍정적으로 이끌어 갈 수 있도록 양육해야 한다. 영아가 자신을 존중하고 타인에 대한 신뢰감을 발달시켜 자신의 능력을 긍정적으로 발달시키며 자신이 개별적 존재라는 것을 인식하고 자신의 정서를 조절해 나갈 수 있는 바탕을 마련해 주어야 한다. 영아기에 형성된 사회·정서적 특성은 전 생애에 걸쳐 지속적으로 영향을 미치므로 영아기의 사회·정서적 발달은 사회에서 수용될 수 있는 방식으로 바람직하게 형성할 수 있도록 해야 한다.

(1) 주요 특성

영아는 태어나면서 미분화된 기본적인 정서를 가지고 태어나지만 영아기를 거치면서 점차 정서를 분화시켜 나간다. 또한 출생 시부터 각기 다른 기질적 특성을 보이며, 출생 후 1년 동안에 주 양육자와의 정서적 유대감인 애착을 형성하게 되고, 애착은 영아기의 가장 중요한 사회적 발달로서 전 생애 동안 영향을 미치게 된다.

❶ 기질

기질(temperament)이란 영아가 각자 세상에 반응하는 행동유형과 반응의 특성으로 개인의 행동을 특징짓는 기본적인 양식을 기질이라고 한다(Thomas & Chess, 1977). 기질은 활동 수준, 사회성, 과민성과 같은 특성을 포함하며 전 생애 동안 안정적인 경향이 있고 인성 형성과 성인기 성격의 토대가 된다고 믿는다.

기질의 심리적 특성에 대해 영아의 기질이 선천적으로 결정되는지 또는 후천적 경험에 의해 형성되는지 또는 기질이 지속적인지 아니면 변화되는 것인지 하는 두 가지 측면에서 생각해 볼 수 있다(송명자, 2011). 영아는 출생 직후부터 각기 다른 기질적 특성을 보인다. 어떤 영아는 조용하고 순하고, 순하지만 행동이 느리고, 어떤 영아는 지나치게 활기차고 행동이 민첩한 영아도 있다. 이러한 영아의 기질에 대해 유전론과 환경론이 서로 다른 주장을 하고 있지만 확고한 결론을 내리기는 어렵다.

수많은 기질연구를 가능하게 한 뉴욕종단연구(New York Longitudinal Study)에서 Thomas와 Chess(1986)는 ① 활동수준, ② 접근/회피, ③ 적응성, ④ 기분, ⑤ 주의지속성, ⑥ 주의산만성, ⑦ 규칙성, ⑧ 반응 강도, ⑨ 반응 역치 등 9개의 기질을 구성하는 차원을 발견하여 이를 바탕으로 순한 기질, 까다로운 기질, 느린 기질의 세 가지 유형으로 구분하였다. 이렇게 영아들의 각기 다른 기질을 반영한 바람직한 발달을 위해서는 영아의 기질과 조화를 이루는 주 양육자의 양육행동이 가장 중요하다고 할 수 있다.

❷ 정서발달

영아가 출생 후 한 달간의 신생아기에는 정서가 분화되지 않은 흥분 상태이나 생후 2개월이 되면 쾌와 불쾌의 정서로 분화된다. 5~6개월이 되면 불쾌의 감정은 분노, 슬픔, 공포 등의 부정적 정서로 나누어지나 쾌의 감정은 기쁨, 행복, 만족, 웃음 등의 긍정적 정서로 나타나며, 1년이 지날 때까지 하나로 지속되는 특징이 있다. 성장하면서 점차 다양한 정서를 인식하고 표현하며 2세경이 되면 미숙하지만 성인이 보이는 일차 정서와 이차 정서를 나타내게 된다. 일반적으로 일차 정서는 기쁨, 분노, 놀람, 공포, 슬픔 등이 있으며, 이차 정서는 첫돌 이후에서부터 수치심, 부러움, 죄책감, 자부심, 당황 등의 정서로 분화되어 나타나게 된다. 이차 정서는 높은 수준의 인지과정이 요구되고 자아개념이 발달되어야 하므로 자아의식적 정서(self-conscious emotions)라고도 한다.

❸ 애착

영아는 출생 후 첫 1년 동안 양육자와 친밀한 정서적 유대관계인 애착(attachment)을 형성하게 되는데 영아기에 형성되는 가장 중요한 형태의 사회적 발달이라고 할 수 있다. Freud의 정신분석이론에 따르면, 생애 첫 발달단계인 구강기에 입을 통해 욕구를 충족하게 되는데 구강자극을 통해 만족감을 느낄 수 있는 것은 수유를 제공하여 영아의 욕구를 만족시키는 사람이 어머니이기 때문에 어머니와 애착을 형성하게 된다는 것이다. 한편, Erikson은 이 시기에 이루어야 할 중요한 발달과업이 신뢰감이라고 보았는데 수유를 비롯한 영아의 기본적인 욕구를 만족시켜 줄 수 있는 사람이 어머니이므로 애착의 대상이 된다고 보았다(문혁준 외, 2015).

애착의 발달 과정은 ① 애착 전 단계(preattachment, 출생~6주), ② 애착형성 단계(beginnings of attachment, 6주~6, 8개월), ③ 명백한 애착단계(clear-cut attachment, 6, 8~18개월, 2세), ④ 상호적 관계의 형성단계(formation of a reciprocal relationship, 18개월~2세 이후)로 구분할 수 있다(Bowlby, 1969).

Ainsworth 등(1978)은 영아와 양육자 간의 애착형성에 대해 알아보기 위해 낯선 상황(strange situation) 실험을 고안하여 1~2세 영아와 양육자를 대상으로 분리 또는 재결합 상황으로 구성된 8개의 에피소드를 통해 애착의 안정성을 측정하였다. 이러한 낯선 상황 실험을 통해 안정애착(secure attachment), 회피애착(avoidant attachment), 저항애착(resistant attachment), 혼란애착(disorganized/disoriented attachment)으로 애착의 유형을 구분하였다.

낯선 상황 실험과 영아기 사회·정서발달 요구를 위한 교사의 역할 및 놀잇감은 〈표 7-4〉, 〈표 7-5〉와 같다.

〈표 7-4〉 낯선 상황 실험

에피소드	사 건	시간	관찰할 수 있는 애착행동
1	실험자가 부모와 영아를 놀이실로 안내하고 나간다.	30초	
2	영아가 장난감을 가지고 노는 동안 부모는 앉아 있는다.	3분	안전기지로서의 부모
3	낯선 성인이 들어와 부모 옆에 앉고 부모와 이야기를 나눈다.	3분	친숙하지 않은 성인에 대한 반응
4	부모가 놀이실을 떠난다. 낯선 성인이 영아에게 반응해 주고, 만약 영아가 울면 달래 준다.	3분	분리불안
5	부모가 돌아와 영아를 반갑게 맞아 주고, 영아에게 진정이 필요하면 달래 준다. 낯선 성인은 놀이실을 떠난다.	3분	재결합에 대한 반응
6	부모가 놀이실을 나간다.	3분	분리불안
7	낯선 성인이 놀이실로 들어와 영아를 달래 준다.	3분	낯선 사람에게 위안 받는 능력
8	부모가 돌아와 영아를 반기면서 달래 준다. 영아가 다시 장난감에 흥미를 가질 수 있게 해 준다.	3분	재결합에 대한 반응

출처: Ainsworth et al.(1978).

〈표 7-5〉 영아기 사회·정서발달 요구를 위한 교사의 역할 및 놀잇감

연령	교사의 역할 및 놀잇감
1~6개월	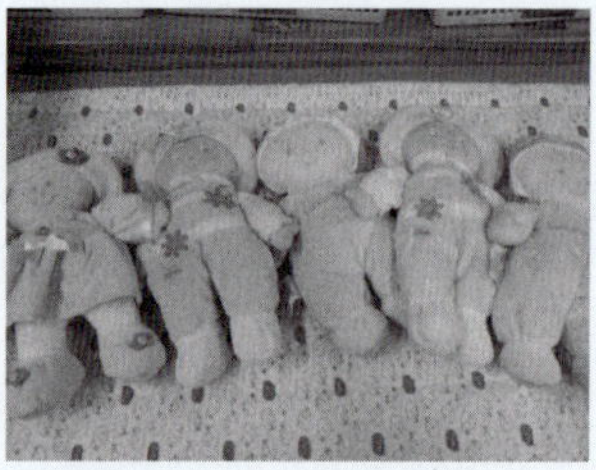 • 교사는 비록 3개월인 영아라도 사회적인 존재로 대해 주어야 한다. 이 시기에는 서로 마주 보면서 이야기하고, 말하고 웃어 주면 영아도 따라서 옹알이 소리를 내며 웃는다. • 친숙한 상호작용을 통해 이전의 유대감 이상으로 친밀하고 가까워지도록 한다. • 영아를 아기의자나 침대에 내려놓을 때에 교사는 웃어 주며 눈 맞추기를 하는 것이 좋다. 그리고 되도록 영아가 편안하고 만족스러울 때 내려놓는 것이 좋다. • 낯선 사람에 대한 두려움에도 불구하고, 6개월 영아는 매우 사회적이어서 형제나 다른 영아들과 노는 것을 좋아하므로 함께 놀 수 있는 시간을 갖는다.
7~12개월	• 영아가 비슷한 연령의 영아는 물론 다른 나이의 아동과도 놀 수 있는 기회를 주도록 한다. • 주 양육자에게 강한 애착을 보이며, 낯선 사람에 대한 공포심을 나타내므로 긴밀한 일대일 상호작용을 통하여 안정감을 준다. • 다른 영아에 대하여 매우 반응적이고 놀이활동에 적극적이므로, 다양한 놀잇감을 제공하고 또래들이 놀이를 함께 볼 수 있도록 한다. • 사회적 승인이나 비난에 민감하며 자아존중감이 발달하기 시작하는 시기이므로 긍정적인 피드백을 자주 주도록 한다. • 교사가 옆에 있는 것만이 아니라 적극적으로 함께 놀아 주기를 요구한다. 영아가 재미있어 하는 놀이를 개별적으로 시간을 갖고 자주 해 주도록 한다. 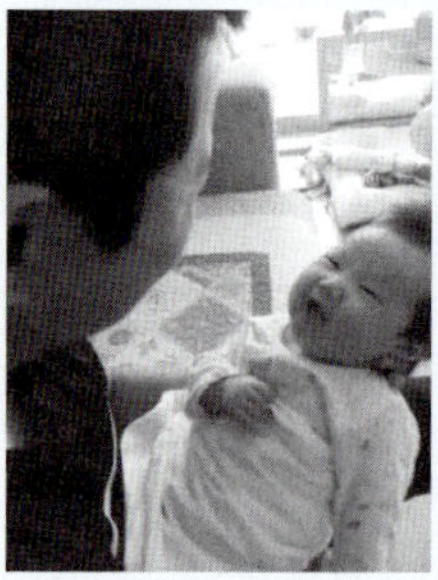 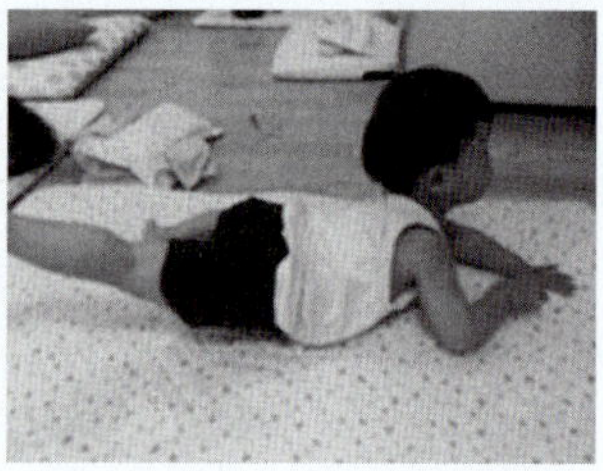

연령	교사의 역할 및 놀잇감
13~18개월	• 다른 사람의 얼굴 표정에 관심을 보이므로 일관된 정서표현을 보여 주어야 한다. • 영아는 낯선 상황이나 장소에 공포감을 느끼므로 새로운 사람이나 새로운 경험을 접할 때는 반드시 소개를 해 주고, 영아도 자신의 느낌대로 반응할 수 있도록 한다. • 애정적 표현을 받아 주면서 교사도 영아에게 애정적 표현을 다시 해 준다. • 영아가 무조건 부정적으로 행동할 때에는 가능한 선택을 하도록 분명하게 제시해 준다. • 만져 주고, 안아 주고, 쓰다듬어 준다. • 영아의 요구에 일관성 있고 신속하게 반응해 준다. • 영아 스스로 활동을 시도하도록 격려한다. • 영아는 옳고 그름에 대하여 아주 초기단계로 배우기 시작한다. • 영아가 주의를 끌기 위해 하는 행동을 알아차려서 이러한 행동을 할 때 빨리 반응해 준다.  
19~24개월	• 영아가 다른 친구나 사람의 행동에 대해서 감정을 표현하도록 돕는다. • 필요할 때 꾸준히 도움을 주어야 한다. 영아가 혼자 할 수 없는 것에 대하여 도움을 찾을 때 칭찬해 준다. • 영아가 교사나 친구들을 쳐다보고 즐길 수 있도록 해 준다. • 영아의 행동이 긍정적일 때 영아를 언어적, 비언어적으로 인정해 준다. • 공격적인 행동에 대하여 옆에서 주의를 주고, 기억하도록 한다. 때때로 공격성이 일어났던 상황에서 영아를 분리시키거나 사물일 경우 치워준다. • 영아가 수줍어 할 때 그대로 놔둔다. 그리고 영아가 다른 사람과 상호작용을 하지 않고 관찰만 할 수 있는 시간을 가지도록 도와준다. • 영아 자신이 말과 행동으로 자신의 느낌을 표현하도록 돕는다. 영아의 반응이 거부적이더라도 교사는 영아에 대해 지속적으로 애정을 표현하도록 한다.  

연령	교사의 역할 및 놀잇감
25~30개월	• 자신이 무엇을 할 수 있는지 알 수 있으므로 자신이 만족을 느끼며 사용할 수 있는 자료나 교구를 선택하도록 하고, 도전적인 자료를 제공한다. • 독립성을 나타내므로 가능한 많은 과제를 아동 스스로 성취하도록 기다려 주고, 꼭 필요한 경우에만 도와준다. • 성인을 즐겁게 하려고 노력하므로 영아에게 언어적, 비언어적 피드백을 제공한다. • 타인에 대한 감정을 나타낼 수 있으므로 영아에게 감정을 보여 주고, 각 감정에 적절한 행동을 보여 준다. • 교사는 영아의 기질을 파악한 후 영아 특징에 적합한 방법을 모색한다. • 타인의 정서를 인식할 수 있으므로 영아의 행동을 언어로 표현해 주고 타인의 느낌에 대해 언어로 표현한다. 행동에 적절한 반응을 제공하고, 영아가 타인의 정서를 이해할 때 칭찬한다. • 내 것과 남의 것을 구별하므로 영아의 소유와 타인의 소유를 확인시켜 준다. 현재 사용하고 있을 때는 '나의 것'이다.  
31~36개월	• 영아의 반응을 수용해 주고, 사회적으로 수용되는 한도 내에서 반응하도록 도와준다. • 부정적으로 행동할 때 다른 활동에 흥미를 갖도록 자극하고, 다른 말로 표현해 준다. • 영아의 배우고자 하는 의욕을 강화시켜 주고, 모험적 경험의 기회를 제공한다. 또 기술을 숙달시킬 수 있는 다양한 놀잇감, 교구, 놀이자료들을 제공해 준다. • 자신의 감정을 발산시키거나 통제할 수 있는 활동을 제공해 준다. • 소유에 매우 민감하므로 모든 영아가 사용할 수 있을 정도로 충분한 놀잇감과 자료를 제공한다. • 영아가 다른 사람에게 어느 정도 통제력을 발휘할 기회를 준다. • 협동할 수 있도록 놀잇감, 자료, 시간을 제공한다. • 기다림을 배우기 위해 일상생활에서 경험할 기회를 활용해 본다.  

출처: 보건복지부(2013).

4) 영아의 인지발달

인지는 인간의 정신적 사고과정을 의미하는 것으로 영아가 어떻게 지식을 습득하는지에 대해서는 접근하는 방법에 따라 차이를 보인다. Piaget에 의하면, 영아기는 기존에 가지고 있는 도식과 외부 환경 간의 불일치를 경험하며 인지활동과 지적 성장을 촉진시키고, 감각활동과 운동을 통해 인지를 발달시키는 감각운동기라고 하였다.

(1) 감각운동기

감각운동기는 6개의 하위단계로 나눌 수 있는데 각 단계는 개인의 물리적·사회적 환경과 생리적 요인들에 의해 영향을 받지만 모든 영아는 순서대로 6단계를 거친다. 각 단계의 성취는 누적되며 이전 단계에서 습득한 기능을 다음 단계가 되어 기억하고 활용한다(Ginsburg & Opper, 1988).

〈표 7-6〉은 Piaget의 감각운동기 6단계에 대한 내용이다.

〈표 7-6〉 Piaget의 감각운동기 6단계

1단계: 반사적 운동기(출생~약 1개월)
빨기, 울기, 숨쉬기, 재채기 등과 같은 생득적 반사를 가지고 주위 환경에 적응하려는 시기임

▼

2단계: 1차 순환 반응기(1~4개월)
우연히 일어난 흥미를 끄는 단순행동을 반복하지만 행동의 범위는 자신의 신체에 국한됨(엄지손가락 빨기)

▼

3단계: 2차 순환 반응기(4~8개월)
영아 자신의 신체에 국한되던 반복행동이 주위에 존재하는 물체로 확장되어 반복행동을 보임(딸랑이 흔들기)

▼

4단계: 2차 순환 반응의 협응기(8~12개월)
특별한 목적을 가지고 의도적인 행동을 보임 (우유병을 잡기 위해 우유병 위에 있는 이불을 밀침)

▼

5단계: 3차 순환 반응기(12~18개월)
이전의 단순한 목적을 지닌 반복행동이 이 단계에서는 행동결과를 살피기 위해 의도적으로 자신의 행동을 다양한 방법으로 변화시키는 능동적 행동으로 바뀜

▼

6단계: 정신적 연합기(18~24개월)
정신적 표상을 사용하기 시작하며, 이전의 시행착오뿐만 아니라 통찰에 의해서도 문제를 해결함

출처: 문혁준·서소정·김정희·김혜연·김태은·이종신·성미영(2015).

(2) 대상영속성 발달

영아의 감각운동기에 획득되는 중요한 능력인 대상영속성(object permanence)은 사람이나 사물이 보이지 않더라도 계속 존재하고 있다고 인식하는 것이다. 4~5개월의 영아에게 흥미 있는 장난감을 보여 주고, 영아가 그것을 잡으려 할 때 종이로 가리면 영아는 그에 대한 흥미를 잃어버린다. 이러한 행동은 영아가 대상영속성의 개념을 아직 형성하지 못했다는 것을 알 수 있다. 하지만 18~24개월 사이 영아는 사물의 이동을 보지 못하여도 정신적 표상에 의해 이동과정을 추적하여 사물을 찾아내는 대상영속성의 개념이 형성된다(유효순·원혜경·김정희·문명희, 2020).

(3) 영아의 인지발달단계

영아의 발달과 요구에 대한 인지발달을 확장시켜 주기 위해서는 무엇보다 영아의 인지발달단계를 이해하는 것이 중요하다.

영아의 인지발달단계와 영아기 인지발달 요구를 위한 교사 역할 및 놀잇감을 살펴보면 〈표 7-7〉, 〈표 7-8〉과 같다.

〈표 7-7〉 영아의 인지발달단계

연령	인지발달단계
1개월~	소리에 반응한다.
2개월~	까꿍 놀이를 한다.
3개월~	주변의 사물을 보고 만지고 빨기를 반복한다.
5개월~	물체가 없어지는 상황에 관심을 보인다.
8개월~	주변의 움직이는 생명체를 지각한다.
9개월~	크기를 지각하고 말한다.
10개월~	날씨 상황을 감각을 통해 느낀다.
12개월~	궁금한 것을 알고자 한다.
13개월~	'있다'와 '없다'를 구별한다.
15개월~	주변 사물의 특성을 모양에 따라 인식한다.
16개월~	일상의 단순한 순서를 인식한다.
17개월~	다양한 자연현상(바람, 눈, 비, 낮, 밤 등)과 자연물(흙, 돌)을 인식한다.
20개월~	한 개와 여러 개를 구별한다.
24개월~	익숙한 위치와 장소를 안다.
25개월~	많고 적음을 구별한다.

출처: 보건복지부(2013).

〈표 7-8〉 영아기 인지발달 요구를 위한 교사 역할 및 놀잇감

연령	교사의 역할 및 놀잇감
1~6개월	 • 놀잇감이나 자료는 영아가 독립적으로 사용하고 가지고 놀 수 있도록 영아가 놀잇감을 볼 수 있고, 잡을 수 있는 위치에 둔다. • 영아의 시각발달을 위해 초점을 맞출 수 있는 알맞은 거리에 사물을 두며 영아의 시선을 끌 수 있는 매력적인 것으로 준비한다. • 영아가 다양한 위치에서 움직이고 볼 수 있도록 여러 위치에서 손뼉을 쳐 주는 등 영아가 머리를 들어 소리 위치를 볼 수 있게 한다. • 목소리와 다른 소리 간의 차이를 구별하도록 소리들을 다양하게 선택하여 들려준다. • 천장에 달려 있는 사물, 게시판 등에 변화를 주어 영아가 새로 보는 것에 자극받도록 한다. • 얼굴, 디자인, 형태, 색 등에 선호를 나타내므로 이 점을 고려하여 환경을 구성해 주고 자주 변화를 준다. • 교사가 영아와 마주 앉아 여러 가지 손동작을 해 주는 것이 좋다. 초기의 모방은 얼굴 표정이나 말소리, 그리고 의사소통의 다른 측면들이 주로 많으나 6개월경에는 다른 사람의 손동작도 모방한다. • 작고 자세한 것에 주의를 기울이며, 동시에 여러 사물로 노는 것을 즐기고 다양한 감각이 결합된 사물을 좋아한다. • 다른 질감의 공, 누르면 소리를 내는 고무로 된 놀잇감, 종소리가 나는 블록, 열쇠, 숟가락 등을 좋아하므로 제공해 주도록 한다.
7~12개월	• 까꿍놀이는 7~8개월 영아가 가장 재미있어 하는 놀이이고, 눈앞에서 사라진 사물이 아주 가버린 것이 아니라는 것을 알 수 있도록 영아와 자주 까꿍놀이를 한다. • 교사는 영아와 사물을 사용하여 앞이나 뒤로 전달하면서 노는 사회적 게임들을 할 수 있다. • 영아는 친숙하지 않은 얼굴을 인식하는 능력이 증가함에 따라 얼굴 표정이나 목소리의 톤에서 변화를 알게 되기 때문에 영아의 위험한 행동에 대해서 말이나 표정으로 통제하려는 시도를 해 볼 수 있다. • 관심이 있는 것에 보다 지속적으로 몰두하나, 똑같은 자극의 반복에는 싫증을 내게 되므로 다양한 놀잇감을 제공한다. • 영아는 어떤 행동에 대한 칭찬이나 보상을 기대하므로 적절하게 반응해 준다.

연령	교사의 역할 및 놀잇감
7~12개월	• 바깥에 자주 데리고 나가 사물을 경험하게 해 준다. • 가족 모두의 이름을 알고 이름을 부르면 쳐다보고 사진을 보고 가족을 지적하기도 하므로 어린이집에 가족사진을 이용한 활동을 많이 하도록 한다.  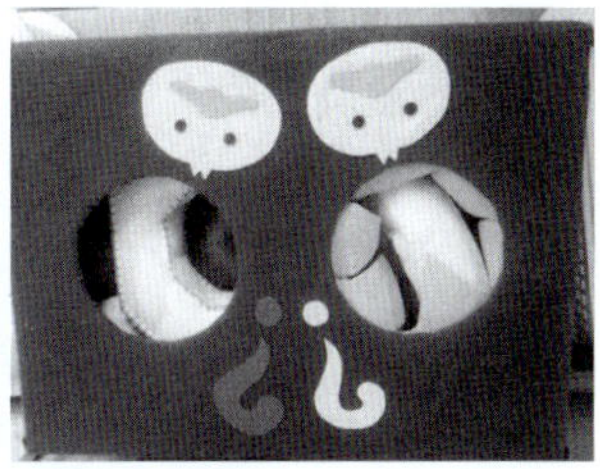
13~18개월	• 영아가 보는 앞에서 물건을 숨기는 놀이를 한다. 담요 아래나 다른 곳에 물체를 숨기고 영아에게 물어보고, 영아가 잘 보고 생각한 것에 대하여 칭찬해 준다. • 한 가지 용도의 자료나 놀잇감보다는 다양하게 사용할 수 있는 개방적인 놀잇감을 제공하고 다양하게 사용하도록 격려한다. • 크기대로 맞추는 고리 끼우기나 포개기, 블록 쌓기 등을 할 수 있다. • 영아가 시간을 두고 생각하여 조작해 볼 수 있는 자료를 주고 답을 말해 주지 않고 영아에게 물어보거나 요청해 본다. • 일상생활에서 시각, 청각, 촉각, 후각, 미각(빨기) 등의 다양한 감각적 자극을 제공한다. • 영아들의 조작을 통해서 움직이거나 변화되는 놀잇감을 제공한다. • 영아들도 움직이는 곤충이나 떨어지는 나뭇잎, 열매 등에 관심을 보이는 경우가 많다. 이때 세밀히 관찰할 수 있는 기회를 제공하여 생명체에 관심을 보이고 반응하도록 한다. • 산책할 수 있는 기회를 충분히 줌으로써 바람, 햇빛, 비, 눈 등의 자연현상을 느끼고 즐길 수 있게 한다. • 빗소리, 바람소리 등 자연의 소리를 직접 경험하게 하거나 경험을 한 후에 사진자료를 함께 제시하면서 녹음된 소리를 들려준다.  

연령	교사의 역할 및 놀잇감
19~24개월	• 영아가 어떠한 문제를 해결할 때 여러 가지 방법을 시도해 볼 수 있도록 격려하고, 도움이 필요할 때 영아가 무엇을 해야 할 것인지 생각하도록 돕는다. • 영아에게 물건을 생각해서 찾아보게 하거나 힌트를 듣고 찾아보게 한다. • 영아의 놀이를 관찰하고 놀이가 주제에 맞게 유지되도록 도와준다. • 상징놀이나 모방놀이를 할 수 있도록 옷이나 소품 등의 자료를 제공한다.  
25~30개월	• 그림이나 모양이 비슷한 것을 모을 수 있으므로 영아 스스로 분류한다. • 단어를 상황에 따라 다르게 사용하므로 다르게 사용된 단어를 잘 듣고 무슨 뜻인지 물어본다. • 사물의 명칭 분류를 시작하므로 사물의 분류를 따라 해 보고 분명히 해 준다. 영아가 붙인 다른 명칭에 사물을 포함시켜 확장시켜 준다. • '약간, 좀 더 많이, 없다, 크다' 등을 이해할 수 있으므로 실제 사물과 함께 크기나 양을 나타내는 단어를 이용한다. 영아가 사용하는 언어에 반응해 주고 확장시켜 준다. • '지금, 곧' 등을 이해할 수 있으므로 시간에 관련된 행동을 말로 옮긴다.  

연령	교사의 역할 및 놀잇감
31~36개월	• 영아가 스스로 분류한 체계에 대해 영아의 설명을 들어본다. • 영아가 사용한 이름이 성인과 다른 의미를 가질 수도 있으므로 정확한 의미를 물어본다. • 일상생활에서 양에 관해 경험하도록 한다. • 영아가 위치를 바꾸었을 때 공간에 관한 낱말을 사용해 준다. • 매일의 생활에서 '이것이 저것보다 더 많다'와 같은 비교하는 문장을 사용한다. • 매일의 경험 안에서 시간에 관한 낱말을 사용한다. • 자연스럽게 접하는 사물에 대한 탐색을 허용하고, 탐색할 수 있는 충분한 시간을 주어 사물의 속성을 탐색하고 비교하도록, 지켜봐 주고 탐구하는 분위기를 조성한다. • 영아가 일상에서 자주 접하는 반복되는 동작과 리듬을 인식하고 반복적인 규칙성을 경험할 수 있도록 다양한 매체를 활용한다. • 영아가 흥미를 보이는 그림책에 나타난 주인공의 특정 동작이나 의성어, 의태어를 통해서 간단한 규칙성을 경험하게 한다. • 일상의 간단한 순서를 알고 지키도록 격려한다. • 여러 가지 놀잇감(구슬 꿰기, 블록, 자연물, 자동차, 인형 등)을 제공하여 다양한 수학활동을 하게 한다. • 세어 보기, 모양 끼우기, 간단한 모양 맞추기, 점토놀이, 비교해 보기, 비슷한 것끼리 짝짓기 등의 활동을 통해 수학적 경험을 많이 하도록 한다.  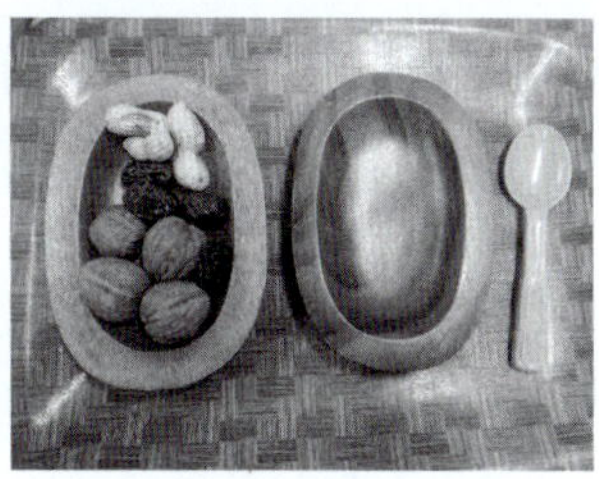

출처: 보건복지부(2013).

2. 유아의 발달 및 요구

유아 프로그램 개발의 실제에 있어 유아의 발달에 대해 이해하는 것은 중요하다. 그러한 이유는 다양한 연령과 단계에서 그리고 특별한 맥락에서 유아가 어떻게 학습하고 발달하는지에 대해 연구와 이론으로 명료화되어 온 모든 것이 그들의 능력과 발달과업이 조화를 이루는 학습 환경을 만들어 내는 데 적용되기 때문이다.

수정된 순간부터 죽음에 이르기까지의 인간발달단계 구분에서 보면 유아기는 출생 후 영아기를 거쳐 도달하게 되는 시기로 대체로 만 3세에서 만 5세까지를 의미한다. 유아기는 태내기나 영아기에 비해 변화의 속도는 느리지만 아동기에 비해 빠른 속도로 성장한다. 이때의 학습은 주로 탐구, 관찰, 실험 등을 통해 이루어지고, 놀이가 일이고, 성공적인 과제를 수행할 수 있으며, 독립적인 존재가 되려 하고, 대·소근육의 신체운동이 활발해진다. 두뇌발달은 운동 능력 발달과도 관련이 있는데 유아기 동안 두뇌의 수초화(myelination)[5]가 진행되면서 세포 간 정보 전달 속도가 빨라지게 된다. 4~5세경이 되면 수초화가 완성되며 유아는 손과 눈의 협응 능력이 매우 발달하게 된다(문혁준 외, 2015). 손과 눈의 협응력이 활발해져 자조 기술이 향상되며 옷 입고 벗기, 도구를 이용하여 식사하기, 화장실 스스로 다녀오기 등 기본생활을 위한 능력이 급격하게 발달한다.

또한 영아기에 비해 자율성과 주도성 발달과 함께 취학에 필요한 기술 습득과 상호작용 대상도 확장해 나간다. 사회·정서적으로도 안정성을 유지하고, 상징놀이를 통해 성인의 역할을 경험하면서 자신과 세상을 발견해 나간다. 이러한 유아들의 발달을 돕기 위해서는 바람직한 환경적 자극에 노출되어 학습

5) 신경세포의 축색돌기가 수초라는 덮개에 의해 마디를 이루며 둘러싸여지는 과정. 수초는 지방 세포층의 물질로 되어 있어 신경자극을 보다 빠르게 전달하게 한다.

(learning)이 이루어지도록 해야 한다. 학습은 유아의 활동, 행동, 태도에 영향을 미치며, 사회, 가족, 지역 공동체 등의 구성원이 되는 과정에도 영향을 미친다. 인간은 사회적 바탕 위에서 삶을 유지해 나가야 하기 때문에 유아들이 사회화(socialization)되어 가는 과정에서 사회적 가치와 신념, 관습, 기대 등을 습득하여 사회문화적 맥락 안에서 적응해 나갈 수 있도록 부모, 교사, 양육자들은 그들의 요구를 받아들여야 한다.

1) 유아의 신체발달

유아기의 신체운동 발달은 영아기에 비해 성장 속도가 완만하게 이루어지지만 지속적으로 성장이 이루어지며 대·소근육 발달은 섬세하고 보다 정교하며 빠르게 발달하기 때문에 다양한 신체활동에 참여하도록 한다. 유아는 활동성이 증가하므로 다양한 신체활동을 통해 신체운동기능을 발달시켜 나가고, 이러한 신체운동기능은 신체 발육이나 안전, 인지 및 사회성 발달에도 크게 영향을 미친다.

(1) 키와 몸무게

유아들은 해마다 평균 키가 5~7cm 정도 크며 몸무게도 2~3kg씩 증가하는데 남아가 여아에 비해 키도 크고 몸무게도 더 증가하여 5세에는 남아의 평균 신장 및 체중이 109.6cm와 19.0kg, 여아의 평균 신장 및 체중이 108.4cm와 18.4kg이던 것이, 6세가 되면 남아의 평균 신장 및 체중이 115.9cm와 21.3kg, 여아의 평균 신장 및 체중이 114.7cm와 20.7kg, 7세가 되면 남아 평균 신장 및 체중이 122.1cm와 24.2kg, 여아의 평균 신장 및 체중이 120.8cm와 23.4kg 정도로 증가한다(질병관리본부, 2017).

하지만 나이에 따라 키의 성장률은 다소 감소하는데 비해 몸무게의 성장률은 다소 증가하는 경향을 보이고, 머리가 몸 전체에서 차지하는 비율도 점차 감소하여 신체 비율의 변화를 가져온다. 몸의 지방도 점차 줄어들어 영아기에 통통했던 아기도 이 시기를 거치면서 살이 빠지고 몸통이 길어진다. 유아의 대부분이 신체의 비율과 신체적 능력 면에서 유사한 특징을 보이나 일반적으로 여아는 남아에 비해 지방층이 많고 남아는 근육층이 더 발달한다.

(2) 골격의 발달

유아기에는 연골조직이 더욱 단단해지며 이에 따라 외관이 점차 단단해지는 경화현상이 나타난다. 경화현상은 아동기와 청소년기까지 계속 된다. 2~6세경에 약 45개의 새로운 골단(epiphyses) 또는 성장센터가 생성하며 연골 속의 성장충추가 단단해지면서 이 시기의 유아들은 성장통을 겪게 된다. 이때 방사선 촬영을 통해 유아의 성장판과 골격 연령을 측정함에 따라 향후 신체 성장장애 진단을 예방할 수 있다(Berk, 2007).

어깨와 골반 근육은 아직 충분히 발달하지 않아 남녀 모두 직선적이고 평면적인 체격을 가지므로 성인과 같은 체격의 특징은 나타나지 않는다.

(3) 치아의 발달

유아의 치아는 2세반이 되면서 20개의 유치를 모두 가지게 되며 만 4~5세로 접어들면서 유치가 1~2개씩 빠지기 시작하며 영구치가 나오기 시작한다. 대체로 여아가 남아에 비해 신체발달이 빨라서 유치도 더 일찍 빠지고 영구치도 빨리 나온다. 유치가 유아시기에 빠지기는 하지만 이후 영구치의 건강과도 관련이 있기 때문에 영아기부터 이를 닦는 습관을 갖도록 도와주어야 한다.

영아시기에 여러 가지 정서적인 이유로 손가락을 빠는 습관은 유치나 영구치가 고르게 나는 것에 영향을 미칠 수 있으므로 손가락 빠는 습관에 대해 유의해야 한다.

(4) 대·소근육 발달

유아들은 뛰고 달리고 뒹굴고 넘어지는 등의 대근육 활동은 물론 블록을 쌓거나 퍼즐을 맞추는 등의 소근육 활동이 활발해진다. 3세의 유아들은 단순히 움직이는 대근육 활동을 좋아하고, 소근육 활동으로는 엄지와 검지로 작은 물건을 잡을 수는 있으나 영아기의 능력이 남아 있어 미숙한 상태이고, 블록으로 쌓을 때도 삐뚤게 쌓으며, 퍼즐 맞추기도 조각이 들어가야 할 위치는 알아도 조각을 정확히 끼우는 데 아직 서툰 경우가 있다. 4세 유아들은 대근육 활동으로 계단이나 정글짐을 오르내리기 같은 모험적인 활동을 많이 하고, 소근육의 협응은 급격히 향상되고 정확해진다. 5세가 되면 빠르게 앞으로 뛰거나 뒤로 걷기, 줄넘기하기, 훌라후프 돌리기 등 또래들과 경주나 게임하는 것을 즐기고 협응력이 발달하여 정교한 구조물을 완성하고 바느질 활동도 완수할 수 있다(문혁준 외, 2013). 대·소근육 운동 능력의 향상은 유아의 자아 인식을 발달시키는 데 결정적인 역할을 하기 때문에(이순형 외, 2013) 이 시기의 정상적인 운동발달은 매우 중요하다. 그러므로 유아의 신체적 성장에 영향을 주는 영양 상태나 수면 습관, 정서적 안정감과 스트레스, 질병과 상해 같은 다양한 요인에 대해 민감하게 대처해야 한다.

신체발달을 위한 지원 전략

- 누리과정의 신체발달과 관련한 신체운동·건강 영역의 목표와 내용범주를 살펴보면, 유아가 다양한 신체활동에 즐겁게 참여하고, 청결과 위생, 즐거운 식사, 적당한 휴식을 통해 건강한 생활습관을 기르며, 일상에서 안전하게 생활하는 방법을 배우고 실천하는 내용으로 구성하였다. 유아는 몸을 움직여 놀이하는 것을 좋아하며, 자신의 몸을 건강하고 안전하게 지키고자 하는 힘을 가지고 있다. 신체운동·건강 영역은 유아가 자신의 몸에 관심을 가지고 즐겁게 참여하며, 건강하고 안전한 생활을 해 나가는 다양한 경험과 관련된 내용이다. 교사는 유아가 몸을 충분히 움직이는 경험을 통해 신체활동의 즐거움을 느끼고 기초 체력을 키우도록 돕는다. 교사는 유아가 일상에서 건강하고 안전한 생활을 실천할 수 있도록 지원할 수 있다(교육부·보건복지부, 2020).
- 유아기는 자신의 움직임에 대한 욕구가 강하여 건강한 유아는 잠시도 쉬지 않고 신체활동에 참여하며 주변 환경이나 자연을 탐색하고, 또래와의 다양한 활동을 하며 신체 및 운동기능의 발달이 지속적으로 일어난다.
- 유아기에는 달리기, 뛰기, 잡기 등 기본적인 이동운동 능력이 향상되고 감각기관의 발달로 소근육 발달 및 협응력도 발달하기 때문에 다양한 신체활동 자료 및 신체활동을 경험할 수 있는 기회를 제공하는 것이 무엇보다 중요하다.
- 대근육 활동은 걷기와 달리기 같은 기본 동작을 시작으로 뒤로, 옆으로, 지그재그로 달리기와 한발 뛰기, 두발모아 뛰기, 유니바 뛰어 넘기, 미끄럼 타기, 술래잡기 등을 경험해 볼 수 있도록 배려한다.
- 안전한 장소에 구르기용 매트, 끌차, 유아용 이동식 농구대, 세발자전거, 커다란 블록류, 다양한 크기의 공, 고리던지기, 줄넘기, 훌라후프 등을 비치하여 유아가 안전하고 자유롭게 대근육 활동을 할 수 있도록 준비해 준다.
- 소근육 활동 자료로는 다양한 퍼즐, 모양 끼우기, 뚜껑 맞추기를 할 수 있는 안전하고 청결한 음료수 병이나 화장품 통, 바느질 자료, 단추 끼우기, 지퍼 올리기, 끈 끼우기, 옮겨 담기를 할 수 있는 자연물이나 곡류(호두, 밤, 대추, 은행, 콩, 쌀 등)를 준비하여 일상생활에서 흔히 볼 수 있는 재료를 이용하여 소근육을 발달시킬 수 있는 놀이를 즐기도록 한다.
- 유아기는 또래와 함께하는 게임 등을 즐기기 때문에 개인뿐만 아니라 집단으로 하는 신체활동에 참여하게 하여 집단활동의 규칙과 다른 사람과의 협력을 자연스럽게 익히도록 하는 것도 바람직하다.

- 하루일과에서 일정한 시간 동안 바깥놀이터나 산책을 통해 자연스러운 일과 내에서 계절의 변화를 감각적으로 인식할 수 있도록 배려해야 한다.
- 유아들이 음악을 들으면서 신체활동을 즐겁게 할 수 있도록 음악을 준비하고 리본 막대나 리본테이프, 스카프 등을 이용하여 리듬과 박자에 맞춰 몸을 자유롭게 움직이거나 춤을 추는 음률활동은 신체발달은 물론 사회·정서 및 창의적 표현 활동에도 긍정적인 영향을 미친다.
- 다양한 신체 및 음률활동을 일상생활 속에서 자주 경험함으로써 안정된 자세와 몸의 균형을 유지할 수 있고 창의적인 표현활동으로 건강한 생활을 할 수 있기 때문에 유아의 현행 발달 수준을 파악하여 유아의 근접발달 영역(zone of proximal development) 내에서 교사나 양육자는 수용적인 태도로 적절한 활동을 제공할 수 있도록 지원해야 한다.

2) 유아의 언어발달

(1) 언어의 정의 및 구성요소

유아기의 언어는 영아기의 언어발달을 토대로 자신을 표현하거나 타인과 의사소통하기 위해 소리를 체계적이고 관습적으로 사용하는 것을 의미(Crystal, 1995)하는 것으로 생각이나 느낌을 소리나 글자로 나타내는 것이 언어이다. 언어는 의사소통과 사고과정에 필수적인 요소로 인간은 누구나 언어를 통해 세상을 이해한다. 언어는 진화하고 성장, 변화하는 속성을 가지고 있으며 특정한 역사, 사회, 문화의 맥락에서 진화해 나간다(이승복·이희란 역, 2013).

언어는 크게 형식(form), 내용(content), 사용(use)의 세 가지 구성 요소로 구분된다(Bloom & Lahey, 1978). 형식은 소리와 상징을 연결하는 요소들을 포함하는데 음운론, 형태론, 통사론이 포함되며, 내용은 의미론이, 사용은 화용론이 해당된다. 이렇게 다섯 가지 구성 요소가 언어의 기본적인 규칙 체계에 해당된다.

(2) 언어발달 과정

두 단어로 전보식 문장을 사용하는 단계를 넘어서면 유아의 어휘 수는 계속 증가하여 6세까지 10,000개의 단어를 습득할 수 있으며, 문장의 길이도 길어져 3~4세경에는 3~4개의 단어로 문장을 구성하고 4~5세경에는 4~5개의 단어로, 5~6세경에는 6~7개의 단어로 구성된 문장을 사용한다. 유아기에는 부정문과 의문문, 복문의 발달이 주로 이루어지는데 부정문의 경우 1년 7개월경부터 사용하며 '싫어', '아니야', '안 돼'와 같은 부정적 의미의 문장을 사용한다. 4~5세경부터는 부사, 형용사를 사용하거나 어간에 붙이는 어미를 변화시킬 수 있다. 5~6세경에는 성인이 사용하는 문법과 유사할 정도로 대부분의 문법에 숙달하게 된다(문혁준 외, 2015).

유아기 문자언어발달의 읽기발달단계는 출생에서 8세까지의 시기를 읽기발달의 시작 단계, 초보적 읽기단계, 실험적 읽기단계, 관례적 읽기단계로 구분한다. 쓰기발달 과정은 쓰기발달의 시작 단계, 초보적 쓰기단계, 실험적 쓰기단계, 관례적 쓰기단계로 구분할 수 있다(김명순·신유림, 2000). 이 중 유아기에 해당되는 읽기발달은 초보적 읽기와 실험적 읽기단계가 해당되며, 쓰기발달은 초보적 쓰기단계와 실험적 쓰기단계가 유아기의 문자언어발달에 해당된다.

(3) 언어발달의 특징

유아기 언어발달의 특징은 다음과 같다. 첫째, 유아들의 언어발달 능력은 운동반응 표현과 언어반응 표현으로 구분되며, 운동반응 표현이란 유아가 언어로 표현하지 않더라도 이미 그 언어에 대한 개념을 갖고 있어 자신의 행동으로 이해한 것을 표현하는 것이다. 둘째, 유아들의 언어는 자기중심적인 특성이 있어 친구들과 놀면서 자기 이야기만을 하여 의사소통이 원활하지 못하는 경우가 생긴다. 셋째, 유아들은 주위의 사물에 호기심을 가지고 끊임없는 질문을 계속하면서 어휘와 문장의 구조를 발달시키며, 구체적인 경험을 통하여 언어발달이 향상된다(문혁준 외, 2015). 또한 과잉일반화 현상(over generalization)과 혼잣말(사적 언어, private speech)이나 사회적 언어(social speech), 말더듬(stammering) 등이 나타난다. 과잉일반화 현상은 주격 조사를 주격의 명사 형태에 관계없이 똑같이 일반화하여 사용한다. 예를 들면, '가방이 없어'를 '가방이가 없어' 또는 '동생이 가져갔어'를 '동생이가 가져갔어'라고 표현하는 것은 주격조사를 잘못 적용한 것이다. 혼잣말은 타인에게 담화를 하고자 하는 것이 아니며 혼자서 독백을 하는 것으로 4~7세 사이에 절정에 달한다. 사회적 언어는 유아가 3세 이전에는 타인이 이해할 수 있는가 없는가에 관심을 두지 않고 오직 자신을 위하여 이야기하다가 3세 이후가 되면 타인을 향해 이야기하기 시작하며 자신의 말을 타인이 이해할 수 있도록 수정하기 시작한다. 말더듬이란 말소리, 음절, 단어가 반복되고 말의 유창성이 방해되는 상태를 말하며, 2세에서 5, 6세 유아들 대부분이 말할 때 단어를 반복하거나 주저하는 경향을 보인다. 말을 더듬는 것은 언어발달 과정에서 나타나는 일시적인 현상으로 쉽게 극복되지만 특정 유아의 경우 지속적으로 나타나기도 한다(유효순 외, 2020).

언어발달을 위한 지원 전략

- 누리과정의 언어발달과 관련한 의사소통 영역의 목표와 내용범주를 살펴보면, 유아가 일상생활에서 다른 사람의 말이나 이야기를 듣고 말하기를 즐기며, 주변의 상징을 읽고 글자와 비슷한 형태로 써보기에 관심을 가지며, 다양한 책과 이야기를 통해 상상하기를 즐기는 내용으로 구성 하였다. 유아는 주변 사람들과 소통하며 관계를 맺는 능동적인 의사소통자이다. 유아는 다른 사람의 말을 주의 깊게 듣고 자신의 생각과 느낌을 다양한 방법으로 표현하며 소통하는 것을 즐기고, 책과 이야기에 관심을 갖는다. 의사소통 영역은 유아가 다른 사람과 소통하며, 일상에서 만나는 글자나 상징에 관심을 가지고 책과 이야기를 즐기는 경험과 관련된 내용이다. 교사는 유아가 자신의 느낌과 생각을 적절하게 말하는 경험을 통해 바른 언어생활을 할 수 있도록 돕는다. 또한 유아가 아름다운 우리말이 담긴 책과 이야기에 흥미를 가지고 언어가 주는 재미와 상상을 충분히 즐길 수 있도록 지원할 수 있다(교육부·보건복지부, 2020).
- 유아가 언어 사용에 대한 자신감과 즐거움을 느끼며 다른 사람이 전달한 구어나 문어의 내용을 이해하는데 중점을 두고, 일상생활에서 자연스럽게 접하게 되는 내용을 말하고 듣는 기회로 활용하고, 생활 속의 환경 인쇄물을 자주 접하도록 한다. 또한 유아가 그림책의 이야기 내용에 집중하도록 하여 저자가 전달하고자 하는 의도를 즐겁게 발견할 수 있도록 한다(보건복지부·교육부, 2015).
- 유아가 책을 보려고 할 때 부모가 함께 책을 읽고 이야기를 나눈다든지, 부모나 형제자매가 책을 읽는 모습을 지켜보면서 유아도 책에 관심을 갖고 따라 읽는 경우도 있다(문혁준 외, 2015).

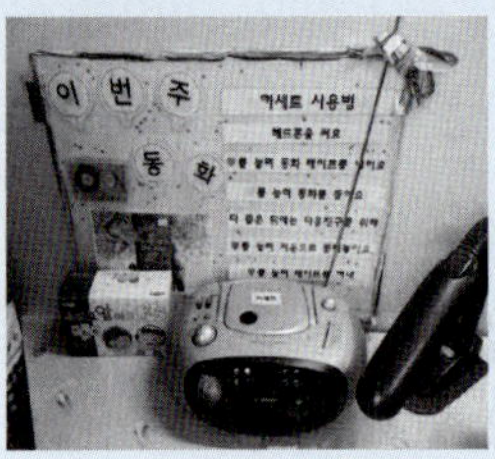

3) 유아의 사회 · 정서발달

2세에서 6세 사이의 유아기는 정서적인 측면에서 괄목할 만한 발전을 보인다. 유아기를 흔히 유아들의 정서적 유능성이라 하는데 그 이유는 유아들은 정서를 이해하고 다른 사람의 정서적 신호에 적절하게 반응하게 되며, 정서의 자기 통제를 잘하고 강한 부정적 정서에 잘 적응할 수 있게 된다. 또한 자의식적 정서와 공감을 종종 나타내며 이는 도덕성 발달에 기여하기 때문이다. 유아기 정서발달은 부모나 양육자의 양육 태도가 영향을 주며 정서적 유능성은 성공적인 또래관계를 맺게 하고 전반적으로 정서적 건강을 유지하게 한다(유효순 외, 2020).

유아가 자신에 대한 개념을 형성하는 것은 주변 세계에 대한 반응 양식을 결정할 뿐만 아니라 타인과의 사회적 관계를 형성하는 데 중요한 역할을 하기 때문에 유아기에는 자아발달을 위해 자아개념을 습득하고, 자아존중감을 형성하며 자아를 통제할 수 있어야 한다. 또한 사회적 상호작용 기술을 발달시킬 수 있어야 하며 성역할에 대한 인식과 정서적인 발달이 이루어져야 한다.

(1) 자아발달

유아가 행복하게 살 수 있는 원동력이 되도록 건전한 자아개념을 갖고 자신에 대해 긍정적으로 평가하여 바람직한 사회적 관계를 유지할 수 있어야 한다. 자아개념의 발달은 영아기에 기초적인 틀이 형성되어 있지만 유아기에 이르러 자아개념이 더욱 발전하여 자신을 표현할 수 있다. 영아기가 끝나갈 무렵 자아개념이 발달하는 것은 언어 능력의 발달이나 기억의 발달과 관련이 있다. 유아는 언어가 발달하면서 자신을 다양하게 묘사할 수 있으며(Harter, 1998), 자신과 관련된 기억을 하게 되면서 다른 사람과는 다른 자신만의 특성을 구분할 수 있고 평가할 수 있게 된다(Howe & Courage, 1997). 즉, 자아개념이란 자신의 신체, 행동, 사고가 독특하며 타인과 다르다는 것을 깨닫는 것이다.

자아존중감(self–esteem)이란 자기 자신의 가치(worth)에 대한 스스로의 판단이나 감정을 말한다. 유아가 4세경이 되면 영유아교육기관이나 또래관계 속에서 자신의 학습능력, 친구 만들기 등 여러 가지 면에서 자신을 평가할 수 있다. 대부분의 유아들은 자기 자신을 매우 긍정적으로 보는 경향이 있지만 모든 유아가 긍정적인 자아존중감을 갖는 것은 아니다. 유아의 긍정적 자아존중감은 자신의 능력을 발휘하고 적응하는 데 중요한 영향을 미치며, 주도성에도 영향을 크게 미치기 때문에 유아기에 형성되어야 할 중요한 기술이다. 자아존중감이 높은 유아는 자신의 판단에 자신감을 갖고, 사회적 상호작용에도 긍정적이며 또래관계에서도 원만한 경향을 보인다.

자아통제(self control)란 사회적 규범이나 요구에 부응하고 어떤 목적을 달성하기 위해 충동을 억제하며 사회적으로나 다른 사람에게 수용되는 방식으로 행동하는 능력을 말한다. 자아를 통제할 수 있는 능력은 윤리적, 도덕적인 행동을 형성하는 데 기본이 된다. 자아통제는 양육자의 통제 방식이나 양육행동, 양육자와의 관계에서 중요한 역할을 하며 유아의 사회화 과정에 영향을 미친다. 유아의 자아통제는 만족지연 능력과 관련이 있는데 만족지연 능력이란 이후의 더 큰 보상을 위해 즉각적인 만족을 지연시킬 수 있는 능력을 말한다. 만족지연 능력은 이후의 성공적인 인지적·사회적 발달을 예측할 수 있는 변인으로 주목받고 있다(문혁준 외, 2015). 유아 초기에는 외적 요인에 의해 통제되다가, 세 돌경부터 스스로 자신이 무엇인가를 하려고 할 때 내적 자아통제가 이루어지기 때문에 이 시기의 유아들이 내적 자아를 잘 통제할 수 있도록 교사나 양육자가 도와주어야 한다.

(2) 사회적 상호작용 기술의 발달

생후 2년 정도 되면 신체운동 능력 및 언어 능력의 발달과 함께 사회적 상호작용이 일어나기 시작하고 상호작용을 할 또래의 특성에 맞게 반응을 하거나 자신의 행동을 조절할 수 있게 된다. 또래와의 관계가 양방향의 상호적 관계로 유지되어야 하기 때문에 또래의 관계에 민감해야 하고 자신도 또래에게 영향력을 행사할 수 있어야 한다. 또래와의 관계에서 사회적 기능을 성공적으로 해낼 수 있는 능력을 '사회적 유능성(social competence)'의 개념으로 설명하고, 사회적 유능성을 이해하기 위해서는 사회적 상호작용 기술(social interaction skills)과 우정(friendship)의 두 가지 측면을 고려해야 한다(Howes, 1988).

사회적 상호작용 기술은 또래들이 놀이활동에 쉽게 참여하고 또래와 어울려 놀이하며, 애정을 잘 표현하고 또래들에게 수용되고 인기를 얻을 수 있는 행동을 말한다. 우정은 친밀감과 애정을 느끼고, 서로 지지해 주며, 도구적 또는 정보적인 지원을 해 주는 지속적인 양방향적인 관계를 말한다. 우정은 자아존중감을 높여 주는 것과 같은 중요한 기능을 하는데, 가족 이외의 곳에서 안정감을 제공해 줄 수 있다는 데서 우정의 진정한 의미를 찾을 수 있다(Rubin, Coplan, Nelson, & Lagace-Seguin, 1999).

(3) 성역할발달

성역할(gender role)의 발달은 자아개념을 형성하는 데 중요한 부분을 차지한다. 성역할이 발달함으로서 세상을 바라보는 관점이 달라지고 사회적으로 적절한 행동을 하는 데도 영향을 미친다. 성역할을 습득한다는 것은 성유형화(남성 또는 여성)되어 간다는 것을 의미한다. 하지만 성유형화(gender typing)를 지나치게 강조하면 성역할에 대한 고정관념을 형성할 수 있다. 남녀평등 사상이 주를 이루는 현대를 살아가야 하는 유아들이 성역할 고정관념이 강해지면 성장해서도 성과 관련하여 여러 가지 어려움을 겪게 된다.

Bem(1985)의 성도식(gender-schema)이론은 사회학습이론과 인지발달이론을 결합한 것으로 성 유형화가 유아의 인지발달 수준이나 사회문화적 요인의 영향을 받지만 동시에 성도식화(gender schematization) 과정을 통해 형성된다. 성도식은 주어진 사회에서 남성과 여성에 대한 기대나 믿음으로 여성과 남성의 특성에 맞는 역할을 배우면서 피상적 형태의 집단 내-집단 외 도식을 형성하게 되므로 유아는 자신이 여아인지 남아인지 알고 자신의 성 개념과 일관성 있게 성역할에 맞는 행동이나 활동을 하게 된다.

(4) 정서발달

정서는 영아기에 이미 기본적인 정서는 물론 복합적인 정서를 표현하고 타인의 정서를 이해할 수도 있다. 하지만 언어 능력이 미숙하기 때문에 자기감정을 언어로 전달하기에는 한계가 있다. 그러므로 유아기는 자신의 감정을 인식하고 사회적으로 적절한 방식으로 표현할 수 있는 능력을 길러야 한다. 정서는 일반적으로 긍정적인 정서와 부정적인 정서로 구분할 수 있으며, 긍정적인 정서로는 사랑과 애정, 행복 등이 있고, 부정적인 정서로는 분노, 공포, 슬픔, 불안, 경쟁심이나 질투심 등이 있으며 유아기에는 주로 2차정서가 공통적으로 나타난다.

[그림 7-1]은 정서의 체계이고 〈표 7-9〉는 정서표현 행동에 대한 내용이다.

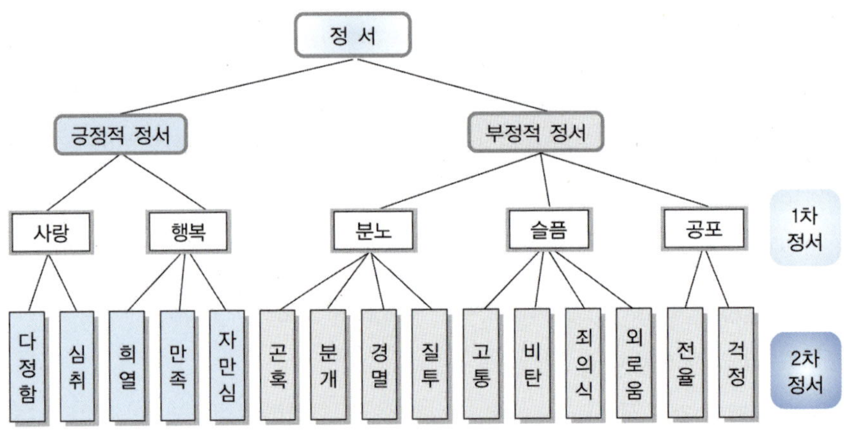

[그림 7-1] 정서의 체계

출처: Cole & Cole(1993).

〈표 7-9〉 정서표현 행동

하위 범주	기 쁨	슬 픔	화 남
얼굴 표정	미소 짓기, 웃기	입이나 눈을 아래로 향하기, 입술 다물기	울기, 얼굴 찡그리기, 입술 깨물기, 눈동자 굴리기, 뺨 부풀리기
억양	올라가는 억양, 환호성 지르기	저음의 떨어지는 억양, 칭얼거리기	소리 지르기, 으르렁거리는 목소리, 투덜대기
몸짓	손뼉 치기, 춤추기, 노래 부르기, 아래위로 점프하기, 몸을 크게 휘두르기	한숨짓기, 자리에 무너지듯 앉기, 뒤로 물러나 앉기, 어깨 늘어뜨리기, 고개 돌리기, 고개 숙이기, 머리 긁적이기, 위를 올려다보기	뻗기, 발 구르기, 물건 던지기, 엉덩이를 들었다 놓기, 몸을 격렬하게 흔들기, 자기 몸치기, 어깨 들썩거리기
신체접촉	안기, 뽀뽀하기, 손잡기, 만지기, 쓰다듬기	울먹이며 안기기, 울먹이며 상대 유아의 옷 끌어당기기	밀기, 치기, 때리기, 찌르기, 주먹질하기, 누르기, 잡아당기기

출처: 김지현·이순형(2004).

사회·정서발달을 위한 지원 전략

- 누리과정의 사회·정서 발달과 관련 한 사회관계 영역의 목표와 내용범주에 대한 내용을 살펴보면, 유아가 자신을 이해하고 존중하며, 친구와 가족 또는 다른 사람들과 사이좋게 지내며, 유아가 속한 지역사회와 우리나라, 다양한 문화에 관심을 갖는 내용으로 구성하였다. 유아는 자신을 소중히 여기고 주변 사람과 관계를 맺어 나가며 다른 사람을 배려하고 존중한다. 유아는 자신이 살고 있는 사회와 세상에 대해 알고 싶어한다. 사회관계 영역은 유아가 자기 자신과 다양한 삶의 모습을 이해하고, 다른 사람과 더불어 살아가기 위해 필요한 의미 있는 경험과 관련된 내용이다. 교사는 유아가 자신을 소중하고 가치 있는 사람으로 여기며 다른 사람과 더불어 살아가는 방법을 익히도록 돕는다. 또한 유아가 자신이 속한 사회와 주변 세계에 대해 관심을 가지고 적응해 나갈 수 있도록 지원할 수 있다(교육부·보건복지부, 2020).
- 유아에게 양육자는 정서 표현과 이해, 조절에 대한 모델이 된다. 그러한 이유는 양육자와 유아가 상호작용하는 과정에서 유아는 양육자가 정서를 어떻게 다루는지 관찰하면서 정서를 다루는 방식을 내면화하기 때문이다. 또한 양육자는 유아의 정서 표현에 반응함으로써 유아의 정서발달에 영향을 미친다.

- 부모나 양육자가 자녀의 정서를 사회화하는 과정은 자녀의 정서에 대한 반응, 정서에 대한 대화, 부모의 정서 표현의 세 가지 경로로 제시할 수 있다(Ashiabi, 2000; Eisenberg, Cumberland, & Spinrad, 1998).

첫째, 자녀가 표현하는 정서에 부모가 어떠한 반응을 하는가에 대하여 부모는 유아가 보이는 부정적 정서에 민감하게 반응하는 경향이 있으며, 이때의 부모의 반응이 정서 사회화에 큰 의미를 지닌다. 유아가 부정적 정서를 보일 때 벌을 주는 부모, 부정적 정서를 억제하도록 하는 부모, 유아를 위로해 주거나 부정적 감정을 다루는 방법을 가르쳐 주는 부모가 있을 것이다. 유아가 부정적 정서를 나타낼 때 부모가 부정적으로 반응하면 유아의 정서적인 각성을 강화시키게 되어 유아가 자신의 정서를 조절하는 것을 더 어렵게 만들 수 있다(Eisenberg, Fabes, & Murphy, 1996). 이럴 때는 부모나 양육자가 유아의 정서를 온정적으로 인정해 주고, 지지해 주어야 부정적 정서를 해결해 나갈 수 있다.

둘째, 부모와 자녀의 정서에 대한 대화를 통해 유아의 정서 사회화가 이루어질 수 있다는 것이다. 부모는 자녀와 일상적인 대화를 하면서 특정한 정서를 강조하거나, 왜 어떤 정서를 표현하게 되는지, 정서를 표현한 다음에는 어떤 일이 일어나는지 이야기 할 수 있게 된다. 따라서 부모와 정서적인 경험에 대해 대화를 많이 한 유아는 자신의 정서를 표현하거나, 다른 사람의 정서를 이해하는 데 더 뛰어난 능력을 가질 수 있다. 그러나 정서에 대해서 부모와 거의 대화를 나누지 않은 유아, 특히 부정적 정서에 대해 자연스럽게 이야기 나눈 경험이 없는 유아는 부정적 정서가 표현되어서는 안 된다고 생각하기 쉽다.

Gottman(1997)은 '정서적으로 유능한 아이로 키우기(Raising an emotionally intelligent child)'라는 저서에서 부모가 자녀의 감정을 코치하는 다섯 단계의 감정 코치 방법을 제시하였는데 '① 자녀의 정서를 인식하라. ② 자녀의 정서를 인지함으로써 자녀와 친밀감을 높이고, 자녀를 지도할 수 있는 기회로 삼아라. ③ 자녀의 감정을 공감하여 경청하고, 인정해 주어라. ④ 자녀가 느끼는 정서를 언어로 표현할 수 있도록 도와주어라. ⑤ 자녀가 스스로 문제를 해결할 수 있도록 도와주되, 행동의 제한을 두어라'이다.

셋째, 부모의 정서 표현을 통한 것인데 부모는 유아에게 정서 표현에 대한 모델이 되기 때문에, 긍정적인 정서를 많이 표현하는 부모와 부정적인 정서를 많이 표현하는 부모에 따라 유아의 정서 표현이 달라질 수 있다. 부모가 긍정적인 정서를 많이 표현하면 유아도 긍정적인 정서를 가지게 되기 때문에 부모와 양육자가 다양한 정서를 적절하게 표현하는 것이 유아의 정서발달에 도움이 된다.

- 첨단 통신과 과학 기술의 발달로 세계화가 급속히 진행되고 있는 현대사회에서 유아가 사회 변화에 적응하고, 사회 구성원으로서 올바르게 성장할 수 있도록 하기 위해서는 긍정적인 자아개념과 바람직한 사회 정체감을 형성하기 위한 기초가 마련되어야 한다.
- 일상생활 속에서 다양한 사회·문화적 차이를 인정하고 받아들이는 개방적 경험을 통해 다른 사람과 더불어 살아가는 기능과 태도를 익혀 건전한 사회·정서발달을 이루도록(보건복지부·교육과학기술부, 2013) 하는 것은 부모와 양육자의 몫이다.

4) 유아의 인지발달

유아기는 인지적으로 급격히 성장하여 원인과 결과에 대한 인과관계를 알게 되어 결과를 예측하는 능력이 생기지만 3세경에는 주의집중 시간이 짧고 자기중심적이며 실제와 상상을 구별하지 못한다. 4세경에는 상상과 현실의 구분이 가능해지고 문제의 속성에 대해 이해하여 사물 간의 차이점을 발견하게 된다. 5세경에는 사물의 기능과 속성에 따라 분류와 서열화가 가능해지고 보존개념이 생기며 시·공간 개념과 인과관계에 대한 지각이 발달한다(황해익·송연숙·최혜진·손원경·남미경·고은미 외, 2013). 또한 주의집중 시간은 연령에 따라 차이는 있지만 흥미 있는 활동에 대해서는 3세도 20~30분 정도의 집중력을 보이며 두 가지 이상의 정보도 기억할 수 있게 된다.

유아기에 인지적인 측면이 급격히 발달한다는 점에 대해서는 많은 학자들이 동의하지만 정확히 어떠한 기제가 유아의 인지를 발달시키는가에 대해서는 학자마다 조금씩 다른 견해를 보인다. 흔히 인지발달하면 Piaget의 인지발달이론이나 Vygotsky의 사회문화적 인지이론, 정보처리이론 등이 논의되지만 대표적인 인지이론으로 Piaget의 인지발달이론의 2~7세에 해당되는 전조작기 사고의 전개념적 사고기(preconceptual period)와 직관적 사고기(intuitive period)에 대해 살펴보고자 한다.

(1) 전개념적 사고

■ 상징적 사고

상징적 사고는 영아기 말에 시작되어 유아기에 활성화되는데 정신적 표상이 가능해져 사고가 시작되는 것이다. 상징적 사고는 특정 대상이나 경험을 표상하기 위해 상징(symbol)을 사용하는 능력으로 모방이나 상징놀이를 하게 된다.

언어는 상징적 사고의 가장 명확한 예로서 가령 '가방'은 무언가를 담아 들고 다닐 수 있는 것을 말하고, '의사'는 아픈 사람들의 병을 치료한 사람을 가리킨다. 유아가 상징을 사용함에 따라 이전의 경험을 재구성할 수 있고 눈앞에 있지 않은 대상들에 대해 생각하거나 비교하면서 시행착오가 감소되고 문제 해결 능력이 증가하게 된다(문혁준 외, 2015).

유아가 좋아하는 가장놀이(상상놀이)에서 사용하는 막대기는 빗자루나, 총, 칼이 될 수 있고, 보자기나 천 조각은 옷이 되기도 하고 하늘을 나는 양탄자가 되기도 한다. 만화영화를 보면서 만화 속 주인공이 되기도 하고, 엄마가 되기도 하며, 의사 선생님이 되기도 한다(Garvey, 1990). 이렇게 현실에서 시도해 볼 수 없는 것들을 상상 속에서 놀이를 통해 해 보고 재현해 보면서 유아는 세상에 대한 지식을 습득해 나가게 된다. 이러한 상상놀이 장면은 영유아교육기관의 역할 영역에서 자주 볼 수 있는 장면이다.

'전조작적'이라는 것은 유아가 논리적으로 조작할 수 있는 능력이 발달되어 있지 않아 인지적으로 덜 성숙했음을 의미하며, 전조작기 유아의 인지 능력은 다른 사람의 관점을 이해하지 못하는 '자기중심성', 지각적 정보에 기초하여 대상이나 사건의 단지 한 가지 차원에만 집중하는 '중심화'와 가역성을 요구하는 조작을 수행하지 못하는 인지적 특성을 보인다(Salkind, 1985).

■ 자아중심적 사고

유아기의 전개념적 사고의 특징인 자아중심성은 다른 사람의 관점에서 사물을 보는 데 어려움을 겪는다. 즉, 타인의 생각이나 감정, 관점, 지각 등에 대해 자신과 같은 생각을 갖고 있다고 생각한다. 사물의 현상을 자신의 입장에서 보기 때문에 자신의 조망과 타인의 조망을 구별하지 못하지만 이기적이거나 독단적인 것과는 다른 차원의 인지를 말한다. 그로 인해 유아들은 상대방의 관점을 이해하지 못하고 자신의 생각만을 전달하거나 자신이 좋아하는 것은 모두 좋아할 것이라고 생각하는 경우이다. 예를 들면, 엄마의 생일에 선물을 하는데 자신이 좋아하는 로봇이나 자동차, 인형 등을 선물하는 경우에서 자아중심적인 사고를 엿볼 수가 있다. 이러한 유아의 자아중심적인 특성은 Piaget의 자아중심성 실험인 '세 산의 실험'에서 그 근거를 찾아볼 수 있다.

■ 물활론적 사고

물활론적 사고란 생명이 없는 사물들도 생명과 감정이 있다고 믿으며, 모든 사물이 살아 있다고 생각하는 유아들의 사고이다. 유아들은 생물과 무생물 사이를 구별하지 못하여 해, 달, 시계 등이 무생물임에도 움직이기 때문에 살아서 움직인다고 믿고, 사물도 사람들처럼 생각과 소원, 동기와 느낌이 있다고 생각한다. 이 때문에 자신이 좋아하는 인형도 살아 있다고 생각해서 편안하게 잠을 자거나 쉴 수 있도록 침대를 마련해 주고, 토닥거려 주거나 노래를 흥얼거리면서 부모나 교사가 잠을 재워 주는 흉내를 내기도 한다. 이러한 물활론적인 사고는 연령이 증가함에 따라 단계를 거쳐 발달하고 4~5세가 되면 점차 감소하기 시작한다.

(2) 직관적 사고

Piaget는 4~7세 유아의 단계를 직관적 시기(intuitive period)라고 하였으며, 어떤 사물을 볼 때, 사물의 두드러진 속성을 바탕으로 보기 때문에 한 가지 이상의 측면을 동시에 고려하지 못한다. 따라서 사물이나 사건의 여러 측면에 주의를 기울이지 못해 그 속에 내재된 규칙이나 어떤 조작을 이해하지 못하고 중심화(centration)되어 논리적으로 생각하지 못한다. 겉으로 나타나는 두드러진 한 가지 특성만으로 사물을 판단하므로 유아는 사물의 어떤 성질(부피, 질량, 수)은 형태나 모양이 달라져도 바뀌지 않는다는 보존개념을 획득하지 못한다. 또한 이 시기 유아는 개체들을 하나의 특성으로 유목화할 수 있으나, 하나 이상의 특성으로 유목화하는 데는 어려움을 경험한다. 유목화란 개체들을 상위 집단과 하위 집합으로 나누고 그것들의 상호관계를 이해하는 능력으로 장미꽃은 꽃의 한 종류이고 앵무새는 동물이면서 새의 한 종류라는 것을 아는 것이다(문혁준 외, 2015).

Piaget는 유목화도 세 단계를 통해 발달함을 제시(Ginsburg & Opper, 1988)하였는데 처음 두 단계는 모두 전조작기에 해당되고, 세 번째 단계는 구체적 조작기에 해당된다. 1단계에 속하는 2~4세 유아들은 유목화를 하지 못하고 2단계의 5~7세 유아는 유목이라는 범주를 만들 수 있게 된다.

인지발달을 위한 지원 전략

- 누리과정의 인지발달과 관련이 있는 자연탐구 영역의 목표와 내용범주를 살펴보면, 유아가 호기심을 가지고 궁금한 것을 적극적으로 탐구하는 과정을 즐기며, 생활 속의 문제를 수학적, 과학적으로 탐구해 보면서, 생명과 자연환경을 존중하는 내용으로 구성하였다. 유아는 호기심이 넘치는 과학자다. 궁금한 것에 대해 답을 찾기 위해 적극적으로 탐색하고 탐구하며 이를 즐긴다. 자연탐구 영역은 유아가 물질, 사물, 자연현상, 동식물 등의 특성과 변화를 수학적, 과학적으로 탐구하는 다양한 경험과 관련된 내용이다. 교사는 유아가 호기심을 가지고 주도적으로 탐구하는 다양한 경험과 관련된 내용이다. 교사는 유아가 호기심을 가지고 주도적으로 탐구하는 과정을 즐기며, 스스로 궁금증을 해결해 가도록 돕는다. 또한 유아가 주변의 동식물, 생명, 자연환경

에 관심을 가지며 생명을 소중히 여기고 사람과 자연이 더불어 살아가는 방법을 실천하도록 지원할 수 있다(교육부·보건복지부, 2020).

- 유아기에는 인지발달과 관련된 뇌 영역이 발달하고 동시에 다양한 경험을 통해 유아는 인지적으로 성숙하며 영아에 비해 아는 것과 할 수 있는 것들이 많아진다.
- 유아의 인지발달을 위해서는 물리적인 환경 구성과 부모나 교사, 유아보다 인지발달이 빠른 형제·자매, 또래들과의 상호작용이 중요한 역할을 한다고 볼 수 있다.
- 인지적 발달을 도모하는 역할로는 인지적 모델, 인지적 발달을 도모하는 상호작용자, 인지적 발달을 촉진하는 환경 조성자로 구분할 수 있다.

첫째, 인지적 모델로서의 역할

- 유아는 양육자의 행동을 관찰함으로써 새로운 지식이나 행동을 습득하게 되므로 유아가 습득한 지식은 영유아교육기관과 같은 공식적인 기관에서 학습을 통해 배우기도 하지만 가정에서 부모나 형제·자매와의 일상생활 속에서 배운 것들도 많다.

둘째, 인지적 발달을 도모하는 상호작용자로서의 역할

- 부모나 영유아교육기관 교사들의 애정적이고 지지적인 상호작용 속에서 유아의 인지를 발달시킬 수 있기 때문에 유아의 요구에 민감하게 대처하고 유아의 관심에 즉각 반응하여 부모나 교사와의 협동을 통해 인지발달이 이루어질 수 있도록 해야 한다.
- 유아는 자신이 속한 문화의 지식과 기술도 스스로 발견하는 것이 아니라 양육자의 안내를 받아 습득(Gauvain, 2001)하기 때문에 양육자는 유아가 자신의 잠재력을 충분히 발휘할 수 있도록 격려하고 조정하는 인지적 후원자가 되어야 한다.
- 유아가 집중할 수 있도록 도와주고 일상생활에서 다양한 인지적 자극을 제공해야 한다.
- 새로운 사물, 개념 경험들을 분명하고 정확하게 설명하며, 유아의 연령이나 발달 수준에 맞는 다양한 경험을 제공한다(Fagot & Gauvain, 1997).
- 양육자는 아동과 다정하고 친밀한 시간을 가지며 유아의 의견을 존중하고 생각할 수 있는 기회를 갖게 하며, 유아가 스스로 결정할 수 있도록 배려하고 탐색활동을 격려할 뿐만 아니라 어떤 것을 성취하기 위해 시도하는 것에 대해 높은 가치를 두어야 한다(Amabile, 1996).

셋째, 인지적 발달을 촉진하는 환경 조성자로서의 역할

- 유아가 속해 있는 가정환경의 질이 아동의 지적 수행과 직접적으로 관련되어 있다는 연구 결과(Sameroff, Seifer, Baldwin, & Baldwin, 1993)에서 볼 수 있듯이 양육

자가 제공하는 물리적, 심리적 환경이 유아의 인지발달에 영향을 미친다는 것을 알 수 있다.

– 가정의 경제적 빈곤, 부모의 낮은 교육 수준, 양육자의 부적절한 양육행동은 유아의 인지발달에 부정적인 영향을 미칠 수 있기 때문에 이러한 환경에 처해 있는 유아들을 위한 국가적 차원의 지원이 필요하다 할 수 있겠다.

- 유아는 놀이를 통해 인지적인 것들을 습득해 나가기 때문에 놀 수 있는 기회를 충분히 주고 유아들의 발달과 흥미에 맞는 놀잇감을 준비하여 타고난 호기심을 활발하게 유지하도록 돕고 격려하여 유아가 자신이 살고 있는 세계에 대해 즐겁게 배울 수 있도록 해야 한다.
- 다양한 경험을 통해 유아 스스로 창의적으로 사고하고 추론하며 해결방안을 생각해 보도록 하여 탐구하는 태도와 인지발달을 도모할 수 있도록 한다(교육부·보건복지부, 2020).

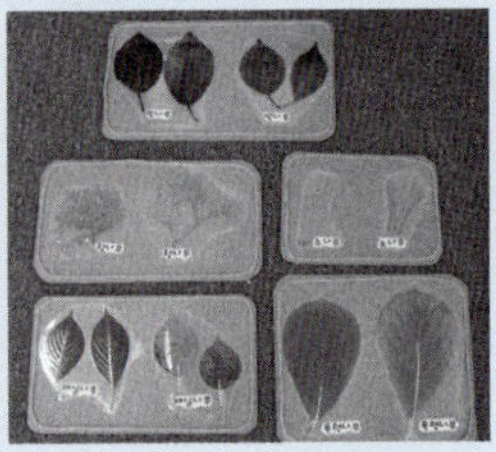

3. 영유아 프로그램 개발의 실제

1) 프로그램의 정의

영유아 프로그램은 발달심리학적 구분에 기초하여 출생에서 약 8세에 해당하는 영유아 시기를 대상으로 발달과 학습을 위한 목적과 구체적인 목표, 적절한 교육 내용과 교수실제, 안정적인 일과 운영, 질 좋은 환경과 교사진, 부모참여 등의 요소를 갖춘 유아교육의 접근으로 정의된다(이기숙·강숙현, 2018).

프로그램으로서 교육 과정을 보는 입장은 유아교육 분야에서만 볼 수 있는 독특한 관점이다. 그래서 보육과정과 보육 프로그램이라는 용어는 종종 혼용되기도 하지만 2007년에 국가 수준의 연구·개발 확산 모형인 어린이집 표준보육과정이 고시되고, 2008년에 개발 보급되어 운영되었으며 현재는 4차 어린이집 표준보육과정으로 0~1세 보육과정, 2세 보육과정, 3~5세 보육과정(누리과정)이 영유아·놀이 중심 보육 프로그램으로 운영되고 있다.

2) 영아 프로그램

영아 프로그램 개발은 출생에서 2세까지의 영아를 대상으로 발달적 변화에 맞게 발달에 적합한 것이어야 하며, 영아들의 발달적 요구가 반영되어야 하고 경험과 관련이 있는 프로그램으로 개발되어야 한다. 또한 영아 프로그램은 연령별 발달과 특징을 고려하여 과정 중심적이고 반복적인 활동이어야 하며 개방적인 목표와 보육경험을 제공해 주어야 한다. 교사는 영아의 발달적 특성과 요구, 행동양식 등에 관한 지식을 가지고 있어야 적절한 지원을 해 줄 수 있는 프로그램을 개발하여 운영할 수 있다(이기숙, 2013).

다음에 소개될 프로그램은 어린이집 현장에서 적용되고 있는 영아들의 발달에 적합한 대표적인 프로그램으로 배변훈련 프로그램과 적응 프로그램에 대해 알아보고, 현장에서 보육교직원에 의해 개발된 기관 중심 모형 프로그램들을 소개해 본다.

(1) 배변훈련 프로그램

배설은 인간의 가장 기본적인 생리적 현상으로 영아의 바람직한 배변습관은 신체 건강은 물론 정신 건강에도 중요한 역할을 한다. 영아는 자신의 배설 욕구를 적절하게 표현하지 못하고 올바르게 해결하지 못해 자주 실수를 하게 되기 때문에 성인의 도움이 절대적으로 필요하다(보건복지부, 2013).

배변훈련이란 영아가 오랫동안 자기 몸을 감싸던 기저귀를 떼고 변기에 배변을 하게 되는 과정으로(박찬옥·구수연·이옥임, 2010) 여기서 기저귀는 단순한 물리적 대상이 아닌 1년 반을 넘게 영아의 몸을 감싸고 있던 안정감과 친밀감을 주는 일종의 애착대상이 될 수 있다. 이러한 기저귀를 떼는 분리의 경험은 영아들에게 복잡하고 어려운 경험일 수 있기 때문에 영아를 긴장하게 하거나 억압적인 분위기에서 배변훈련을 하게 되면 배변에 대해 부정적인 자세를 갖게 된다. 그러므로 영아의 배설기관의 조절 능력에 따라 적절한 배변훈련의 시기를 정하여 단계적으로 실시하여야 한다.

배변훈련의 적절한 시기는 영아에 따라 개인차는 있으나 생리적으로 방광과 대장을 조절할 수 있는 생리적인 성숙이 이루어질 때, 영아가 혼자 설 수 있고, 자신의 요구를 언어적, 비언어적으로 표현할 수 있는 18~24개월 사이에 시작하는 것이 적절하다.

영아의 배설기관 조절 능력 발달을 살펴보면 〈표 7-10〉과 같다.

〈표 7-10〉 영아의 배설기관 조절 능력 발달

<table>
<tr><th colspan="2">장 조절(배변 조절)</th><th colspan="2">방광 조절(배뇨 조절)</th></tr>
<tr><td>6개월</td><td>장 움직임의 조절 시작</td><td>15~16개월</td><td>방광조절 시작</td></tr>
<tr><td>18개월</td><td>장의 움직임이 있다는 것을 지각</td><td>18~24개월</td><td>소변을 보고자 하는 신호를 보임</td></tr>
<tr><td>18~24개월</td><td>움직임이 다가온다는 신호를 보임</td><td rowspan="2">2년~
2년 6개월</td><td rowspan="2">소변을 보고자 혼자 변기로 감
흥분, 피로, 병 또는 어떤 활동에 몰두한 탓으로 실수를 할 때를 제외하고는 낮 동안 배뇨통제 능력이 생김</td></tr>
<tr><td>2년</td><td>흥분, 피로, 병으로 인해 실수하는 경우를 제외하고는 조절 능력이 생김</td></tr>
<tr><td>2년~
2년 6개월</td><td>대변을 보고자 혼자 변기로 감</td><td>3년~
3년 6개월</td><td>이따금 실수하지만 밤에도 통제력이 생김</td></tr>
</table>

출처: 김혜경·김홍은·문혁준·박은혜·유애열·임혜영 외(2002).

❶ 배변훈련 프로그램의 목적

영아들은 자율성이 생기면서부터 스스로 배변을 조절해 보려고 한다. Freud의 심리성적 이론의 성격발달단계에 따르면, 구강기(0~1세) 다음을 항문기(1~3세)라 하여 배설물을 보유하고 방출하는 과정에서 쾌감을 느끼는 특징이 나타나는 시기로 대소변 가리기 및 항문과 관련된 행동을 통해 인성발달이 이루어지는 시기라고 볼 수 있다. Erikson은 자율성이 발달하는 시기로 자기 조절을 통해 자율감을 가질 수 있는 능력과 자존심이 싹트는 시기라고 하였다.

대소변을 가리기 위해서는 대소변을 누고 싶다는 인식과 대소변을 참고, 화장실에 가서 바지를 내리고 변기에 앉을 수 있는 기본적인 대근육이 발달하여야 하며, 의사소통이 가능한 언어발달과 무엇이든 혼자 해 보려고 하는 자율성도 발달해야 한다(박찬옥 외, 2013). 대소변에 대한 보살핌은 영아기에 가장 일상적인 일로서 양육자의 민감하고 즉각적인 반응이 요구되는 일이다.

어린이집 표준보육과정 기본생활 영역의 내용범주 건강하게 생활하기의 내용을 보면, 1세의 경우 '배변 의사를 표현한다'는 내용이 있고 2세의 경우 '건강한 배변 습관을 갖는다'의 내용을 제시하고 있다. 배변훈련 프로그램은 영아가 대소변을 가리는 단순한 문제가 아니라 영아의 신체, 인지, 언어, 정서 등 영역별 발달단계를 고려하여 자율성과 성취감을 경험할 수 있도록 하는 데 목적이 있다.

❷ 배변훈련 프로그램의 내용

배변훈련 프로그램의 진행은 영아의 발달단계에 따라 보통 생후 18개월에서 24개월 사이에 시작하는 것이 적절하다. 하지만 영아의 개인차에 따라 아직 준비가 안 된 영아들은 시기를 다소 늦추는 것이 바람직하다. 개인차를 존중하지 않고 배변훈련을 하게 되면 오히려 네 돌이 지나도 대소변을 못 가리는 경우도 있다. 배변훈련은 보통 대변을 먼저 가리기 시작하고, 소변을 가리는 것이 대변을 가리는 것보다 더 어렵다. 소변은 횟수도 많고 참을 새도 없이 나오기 때문이다. 영아의 발달단계에 따른 배변훈련의 내용을 살펴보면 〈표 7-11〉과 같다.

〈표 7-11〉 영아의 발달단계에 따른 배변훈련 내용

영아 발달단계	내 용
15~24개월	• 영아의 배변훈련이 가능해지는 시기로서 영아에게 적합한 변기를 사용해야 하고 변기를 보여 주고 그 용도를 설명해 준다. • 놀이실의 한 영역에 배변 영역을 두어 장난감인형을 그 위에 앉혀 보기도 하고 스스로 의자에 앉는 것처럼 걸터앉아 보는 것도 도움이 된다. • 다른 친구들이 화장실이나 영아 용변기를 사용하는 것을 보게 되면 가르치지 않아도 자연스럽게 알게 되는데 기저귀를 채우지 않은 상태에서 주의 깊게 관찰하여 일정시간에 대소변을 보도록 하고 잠자기 전과 후에 반드시 대소변을 보도록 습관을 들인다. • 18개월이 지나면서 교사는 관찰을 통해 영아의 배변의사를 파악하고 '쉬할래?', '응가했구나!' 등의 말로 표현해 준다. • 용변을 본 후엔 평범하게 잘했다고 표현해 주는 것이 좋다. 잘하면 착하고 잘못하면 나쁜 것이라는 도덕적 의미를 부여하지 않도록 한다. 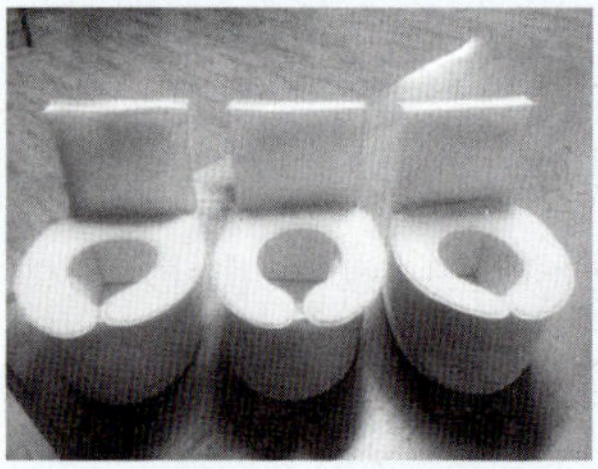 
24~29개월	• 영아가 기저귀를 차지 않은 상태에서 잦은 실수를 할 수 있으므로 여벌의 옷을 준비하고 영아의 배변의사 표현이나 관찰을 통해 화장실로 신속하게 데리고 가서 변기에 앉히는 연습을 시작한다. • 강압적으로 시도하지 않도록 하며 5분 이내에 처리하지 않으면 다음에 시도하도록 한다. • 하루일과 계획에 화장실에 가는 시간을 규칙적으로 배정하여 훈련하게 하며 제대로 가릴 때에는 격려와 칭찬을 아끼지 말아야 한다.  

영아 발달단계	내 용
30~36개월	• 영아가 배변행동 전에 '쉬'와 '응가'라는 말로 스스로 자신의 의사를 표현하는 시기로 영아가 혼자 시도하게 하고 뒤처리만 도와주어도 좋다. • 만약 실수를 하였다면 이유를 파악하여 구체적인 도움을 주고 실수에 대해 수치심을 느끼지 않도록 야단을 치거나 친구와 비교하는 일 등으로 부끄러운 생각을 갖지 않도록 주의한다. • 영아 스스로 하도록 도와주며 배변훈련을 하는 일, 화장실 사용 순서를 익히는 일 등에 대해 이야기 나눈다.  

출처: 조옥자(2009).

❸ 배변훈련 프로그램의 운영

배변훈련 프로그램의 운영을 위해서는 다음과 같은 준비와 방법으로 프로그램을 진행하여야 한다.

첫째, 영아가 앉았을 때 편안하고, 앉은 상태에서 움직여도 쉽게 넘어지지 않을 정도로 튼튼하고 씻어내기 쉬운 영아에게 적합한 변기를 사용한다.

둘째, 영아에게 아기용 변기를 보여 주고 변기가 무엇인가를 가르치고 용도를 설명해 준다.

셋째, 영아가 변의를 느끼고 있음을 어떤 식으로 표현하는가를 관찰하고 기저귀를 빼고 앉히는 시기를 판단한다.

넷째, 대변은 하루에 한두 번밖에 보지 않고 보통 일정한 시간에 보게 되기 때문에 대변은 소변보다 가리기가 쉽다. 영아가 변기를 사용할 준비가 되었다면 변의가 느껴질 때 영아에게 변기에 앉아 보라고 권한다.

다섯째, 용변가리기는 영아가 원할 때만 가능하기 때문에 금방이라도 변을 볼 것 같아도 싫다는 표현을 할 때는 야단을 치면서 변기에 앉히려고 급하게 서두르지 않고 영아가 주도적으로 배변을 할 수 있도록 도와준다.

여섯째, 변기에 변을 볼 경우 지나치게 반응하면 영아에게 스트레스로 남을 수 있기 때문에 지나치게 반응하지 말아야 하며 기저귀에 싸 버려도 야단을 쳐서는 안 된다.

일곱째, 배변훈련 중인 영아는 혼자서 옷 입고 벗기를 좋아하기 때문에 옷 입고 벗기 등을 스스로 할 수 있도록 도와주어야 변기 사용에도 더욱 적극성을 보인다.

여덟째, 어느 정도 시기가 되면 영아의 배변 시간은 아침에 일어나서, 낮잠 전후, 식사 전후, 밤에 잠자기 전 등 일정한 시간에 보게 되므로 그 시간을 적극 활용해야 한다.

아홉째, 화장실 사용 순서를 익힐 수 있도록 화장실에서 어떻게 옷을 입고 벗으며, 용변을 볼 수 있는지 그림을 붙여 주어 인지하도록 한다.

열째, 배변훈련은 영아의 정서 상태와 밀접하게 관련되어 있기 때문에 불쾌하거나 불편하지 않도록 칭찬이나 격려의 긍정적인 감정을 느낄 수 있도록 한다.

(2) 적응 프로그램

우리 사회가 산업화, 도시화, 핵가족화되면서 어린이집을 이용하는 수가 급격히 증가되고, 1991년 영유아보육법이 공포되기에 이른 사회적 현상은 영유아들이 일과를 보내는 공간이 가정보다는 영유아교육기관이 되고 있다는 사실을 반증해 주고 있다. 영유아는 새로운 환경에 낯설어하고 친숙한 양육자와 분리되어야 하는 상황에 놓이면 불안해진다. 마찬가지로 부모와 가족도 영유아를 새로운 영유아교육기관에 보내는 것에 대해 심리적인 어려움을 겪을 수 있다. 영유아들이 주양육자가 바뀌면 또래와 함께 규칙적인 생활에 어려움을 느낄 수도 있기 때문에 영유아교육기관은 영유아와 가족이 새로운 상황에 순조롭게 적응할 수 있도록 체계적인 적응 절차를 마련하여 도와주어야 한다(보건복지부, 2013). 특히, 영아의 경우는 애착형성의 가장 중요한 시기로서 유아에 비해 좀 더 심한 격리불안을 느끼게 된다. 격리불안이 심할 경우 그 시기에 달성해야 하는 성공감보다는 실패를 경험함으로써 이후의 성장 발달에 부정적인 영향을 미칠 수 있다. 그러므로 영유아의 적응을 위한 적응 프로그램을 개발하여 적용하는 것이 바람직하다. 이에 보건복지부·한국보육진흥원(2020) 어린이집 평가제 지표에서도 영유아가 새로운 환경에 잘 적응하고 영유아를 맡기는 학부모도 안심하고 사회생활을 할 수 있도록 단계적으로 단축보육을 실시하는 등 개별 영유아의 상황에 따라 체계적인 계획을 세워 운영하도록 하고 있다.

❶ 적응 프로그램의 목적

보건복지부(2010)의 보육 프로그램 평가인증 지표에 제시된 영유아를 위한 초기적응 프로그램의 목적을 살펴보면 다음과 같다.

첫째, 영유아가 보호자와의 격리를 두려워하지 않고 어린이집을 안전하고 편안한 장소로 느끼도록 한다.

둘째, 새로운 선생님과 친구에 대해 친밀감을 느끼도록 한다.

셋째, 적응기간을 통해 이후 어린이집의 생활에 더욱 잘 적응하도록 한다.

또한 보건복지부(2013) 어린이집 표준보육과정에 기초한 영아보육 프로그램 운영의 이해에 제시된 영아반의 학기 초 적응의 목표는 "어린이집이라는 새로운 환경에 영아가 익숙해짐으로써, 점차 어린이집을 안전하고 편안한 장소로 여기게 되는 것이다"라고 제시되어 있다.

❷ 적응 프로그램의 내용

보건복지부(2010) 보육 프로그램 평가인증 지표에 제시된 영유아를 위한 초기적응 프로그램의 지도내용을 바탕으로 적응 프로그램의 내용을 살펴보고자 한다.

첫째, 어린이집에 친숙해지도록 도울 수 있는 환경을 구성한다. 즉, 가정과 비슷한 환경을 준비하고 영아의 흥미를 끌 수 있는 발달에 맞는 놀잇감과 음식을 준비한다. 또한 영아들이 사용하는 신발장, 사물함 등에 사진을 부착하여 소속감을 갖도록 돕고 보육실 내에 가족사진을 붙여 두어 가족과 함께 있다는 안정감을 느끼게 한다.

둘째, 부모와 연결되어 있다는 것을 느끼게 하여 불안을 줄인다. 이를 위해 헤어지기 시작할 때 부모를 배웅하는 경험을 갖도록 하고 불안을 보일 경우에는 가족사진을 보게 하거나 전화로 목소리를 들려줄 수 있도록 배려한다. 또한 영아와 애착이 형성되어 있는 애착물을 집에서 가져오게 하여 적응에 도움을 주도록 한다.

셋째, 교사나 또래와 점차 친해질 수 있도록 한다. 적응 초기에는 놀잇감을 이용해 간접 접촉을 하다가 친숙 정도가 깊어지는 적응 후기에는 신체적 접촉이나 대화를 자주하며, 영아를 존중하고 영아 자신의 속도와 흥미에 맞는 놀잇감이나 환경을 탐색할 수 있는 시간을 충분히 주고 영아의 욕구와 관심을 최대한 수용하고 반응해 준다.

넷째, 점차 적응을 기다려 준다. 영아들이 가정에서 습관화된 행동들을 수용해 주고 점차 어린이집의 생활에 적응할 수 있도록 기다려 주고, 다른 영아들을 관찰하고 모방하는 행동을 존중해 준다.

다섯째, 새로운 영아는 시간차를 두고 입소시키는 것이 바람직하다. 상반기 중간에 새로운 영아가 입소하여 부적응 현상을 보이게 되면 먼저 입소하여 어느 정도 적응이 되어 가는 영아도 다시 부적응 현상을 보일 수 있으므로 신학기에 입소한 영아들이 완전히 적응한 후인 하반기에 새로운 영아를 입소시키면 이미 적응하여 안정되고 서로 친숙하게 놀이할 수 있는 분위기여서 새로운 영아도 쉽게 적응할 수 있다.

❸ 적응 프로그램의 운영

영아의 안정적인 적응이란 울지 않고 주 양육자와 웃으면서 헤어지고, 급·간식, 배변, 낮잠 등의 일상적인 양육과 보육활동에 무리 없이 참여하며, 교사를 잘 따르고 또래들과 잘 어울려 노는 것을 의미한다고 볼 수 있다. 적응 프로그램은 부모나 부모를 대신할 수 있는 주 양육자와의 분리와 어린이집 적응의 두 단계에 걸쳐 이루어질 수 있다.

1~2주 영아 적응과정의 예와 적응기간 동안의 진행을 살펴보면 〈표 7-12〉, 〈표 7-13〉과 같다.

〈표 7-12〉 영아 적응과정의 예

기 간	내 용	적응 정도에 따른 보육시간	
1~2주	짧게 방문하기 보호자와 함께 놀이하기 오전 간식 먹기	적응 시	10:00~12:00
		부적응 시	10:00~11:00
	오전 놀이와 점심식사	적응 시	10:00~식사 후 13:00
		부적응 시	10:00~12:00 이전
	보호자와 잘 헤어지기 선생님과 놀이하기	적응 시	10:00~식사 후 13:00
		부적응 시	10:00~12:00 이전
	보호자와 웃으며 안녕하기 낮잠 자 보기	적응 시	09:30~낮잠 잔 후 15:30
		부적응 시	09:30~식사 후 13:00
	친구들과 함께 놀이하기 편안한 마음으로 낮잠 자기	적응 시	09:30~낮잠 잔 후 17:00
		부적응 시	09:30~식사 후 14:00
	하루 종일 지내기	적응 시	09:30~낮잠 잔 후 18:00
		부적응 시	보호자와 상담 후 귀가시간 조정

출처: 보건복지부(2013).

영아들은 가정에서 부모나 주 양육자와 맺는 애착의 정도나 기질적인 개인적 특성에 따라 각각 개인차가 있지만 어린이집에서의 일반적인 영아 적응 프로그램은 최소 1주일에서 1~2달까지 여유를 두고 실행해야 한다. 연령이 어리거나 애착 형성에 문제가 있을 경우, 기질적으로 까다로울 경우에는 적응기간을 여유 있게 마련하도록 한다.

〈표 7-13〉 적응기간 동안의 진행과정

구 분	부 모	영아의 예상 반응	교 사
1일	〈짧게 방문하기〉 영아와 함께 인사하기	부모와 영역에서 보육실 탐색 약 1시간 방문	〈거리감 두기〉 눈인사 영아 관찰 〈부모에게 적응 역할 소개하기〉 부모와 이야기하기
2일	교사, 영아와 함께 놀이하기(교사와 영아가 친해지도록 협조) 〈파트너십 형성하기〉 교사와 영아에 대해 이야기하기	놀잇감을 통한 주변인과의 접촉 약 2~3시간	〈간접적 접촉 시도〉 〈실마리 읽기〉 영아와 인사 놀잇감 소개 함께 놀이하기 〈파트너십 형성하기〉
3~4일	〈잘 헤어지기〉 영아와 인사하기 〈영아와 특별한 시간 갖기〉	울기 익숙한 놀잇감으로 안정하기 교사와 접촉하기 오전 프로그램에 참여 후 귀가	〈직접적 접촉 시도〉 〈영아 이해 및 표현〉 안기 · 달래기 엄마와 인사시키기 안아 주며 이야기 나누기

구 분	부 모	영아의 예상 반응	교 사
5~6일	영아와 인사하기 교사와 지속적인 관계 형성하기	울기 교사와 의사소통하기 일과에 적응하기 점심 식사하고 귀가	〈스킨십으로 접근하기〉 잦은 스킨십 제공하기 영아의 감정을 언어로 표현해 주기 〈짧게 방문하기〉 교실과 원 소개하기
7~8일	〈적응 행동 격려하기〉	일과에 적응하기 친구와 사귀기 낮잠 후 귀가	일과에 적응시키기 친구와 놀잇감 소개하기 영아의 적응 행동 칭찬하기
9~10일	영아의 적응 상태를 보아 시간을 조절하기	일과에 적응하기 친구와 사귀기	〈적응 행동 격려〉 영아의 적응 행동 칭찬하기 일과 진행
적응 후	〈지속적인 애정 표현하기〉	일과에 적응하기 친구와 사귀기	〈영아가 또래와 사귀도록 돕기〉 관찰을 통해 영아의 상태 체크

출처: 김혜경 외(2002).

(3) 현장 개발 영아 프로그램 소개

본 장에서는 어린이집에서 운영되고 있는 국가 수준의 보육과정 외에 현장에서 교직원들이 직접 개발하여 적용하고 있는 기관 중심 모형으로 한국어린이집 연합회의 전국우수프로그램과 근로복지공단 직장어린이집 우수프로그램에서 수상한 영아를 위해 개발한 프로그램들을 소개해 보고자 한다. 본 장에 소개된 기관 중심 모형 프로그램은 보육과정인 표준보육과정 프로그램과 함께 현장에서 실제 적용하고 있는 프로그램을 공모전에 공모하여 전문가들의 평가를 거쳐 선정된 그 기관만의 특별한 영아 프로그램이라고 할 수 있다.

다음에 소개된 프로그램은 2013년 한국어린이집총연합회에서 주최하는 프로그램 공모전에서 수상한 영아를 대상으로 하는 프로그램이다. 프로그램명과 필요성 및 목적, 프로그램 특징, 프로그램의 기대효과, 프로그램 발전 방향 및 향후 과제에 대해 간략하게 소개하였다. 또한 2009년부터 2019년까지 한국어린이집총연합회와 근로복지공단 직장어린이집 우수보육프로그램 공모전에 공모한 영아 프로그램에 대해 프로그램명과 대상, 개발기관을 소개하면 〈표 7-14〉, 〈표 7-15〉와 같다.

〈표 7-14〉 현장 개발 영아 프로그램 소개

<table>
<tr><td>프로그램명</td><td colspan="4">표준보육과정에 기초한 '단동십훈 영아놀이'</td></tr>
<tr><td>대 상</td><td>만 0세</td><td>개발기관</td><td colspan="2">수원근로복지공단 어린이집</td></tr>
<tr><td>필요성
및
목적</td><td colspan="4">영아기부터 자연스러운 전래놀이를 경험하는 기회를 제공하고 이를 통해 우리 민족의 전통가치와 태도를 지니도록 돕는 것은 사회문화적으로나 교육적으로 큰 의의가 있다. 이에 전래영아놀이와 표준보육과정의 자연스런 접목을 통해 영아발달을 도울 수 있도록 구안된 표준보육과정에 기초한 '단동십훈 영아놀이'는 영아와 교사가 하루일과 중 쉽게 반복적으로 경험하는 전래영아놀이의 다양한 활동을 통하여 영아의 신체와 정서발달을 지원하는 데 프로그램의 목적이 있다.</td></tr>
<tr><td rowspan="4">이론적
배경
(단동십훈)</td><td colspan="3">• 1훈: 불아불아(弗亞弗亞)–하늘처럼 맑은 아이가 하늘에서 내려왔다가 다시 하늘로 돌아가는 귀한 존재라는 뜻으로 세상을 밝히는 큰 사람이 되라는 조상들의 가르침이 담겨 있다.</td><td></td></tr>
<tr><td colspan="3">• 2훈: 시상시상(時想時想)–'웃어른을 공경하여 하늘의 뜻을 다하겠다'는 뜻으로 하늘을 섬기듯 웃어른을 섬기면 하나님의 밝은 마음을 가질 수 있다는 조상들의 가르침이 담겨 있다.</td><td>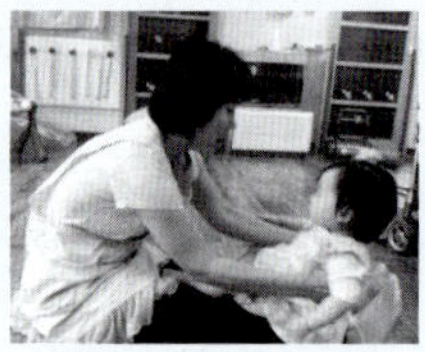</td></tr>
<tr><td colspan="3">• 3훈: 도리도리(道理道理)–천지만물이 하늘의 도리로 생겨났으니 사람 역시 도리를 다하며 살아야 한다는 뜻으로 삶의 목표를 바르게 세우고 양심을 밝히라는 선조들의 가르침이 담겨있다.</td><td></td></tr>
<tr><td colspan="3">• 4훈: 지암지암(持闇持闇)–손으로 쥐거나 잡는다는 것으로 바른 진리를 잘 선택하여 쓰라는 뜻이며 참된 것은 잡아서 실천하고 잘못된 것은 가려서 멀리 하라는 조상들의 지혜가 담겨 있다.</td><td>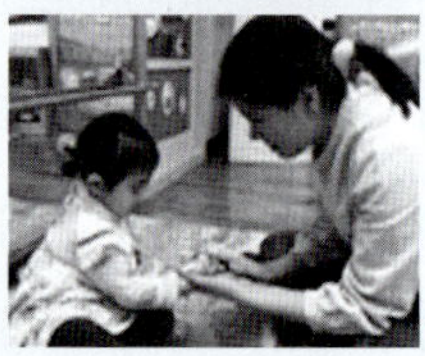</td></tr>
</table>

<table>
<tr><td rowspan="6">이론적
배경
(단동십훈)</td><td>• 5훈: 곤지곤지(坤地坤地)-하늘과 땅에 담긴 음양의 조화를 알고 덕을 쌓으라는 뜻으로 하늘과 땅의 이치를 깨달아 바르고 참다운 일을 행하라는 조상들의 지혜가 담겨 있다.</td><td>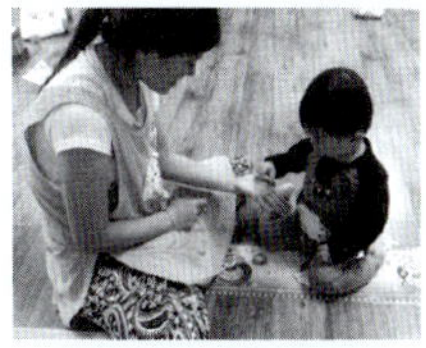</td></tr>
<tr><td>• 6훈: 섬마섬마(西魔西魔)-'서다'의 준말로 몸의 감각을 깨워 혼자 설 수 있는 힘을 키우라는 뜻으로 모든 아이를 귀한 인격체로 보고 독립심과 주체성을 키워 주는 조상들의 지혜가 담겨 있다.</td><td></td></tr>
<tr><td>• 7훈: 업비업비(業非業非)-해서는 안 되는 것을 가르칠 때 하는 말로 '애비애비'라고도 한다. 이치에 맞지 않는 일을 삼가고 모두에게 좋은 일을 하라는 조상들의 가르침이 담겨 있다.</td><td></td></tr>
<tr><td>• 8훈: 아함아함(亞含亞含)-'사람 안에 작은 우주가 있다'는 뜻으로 두 손을 가로 모아 잡으면 한자 '버금 아亞' 모양이 되는데, 이것은 하늘과 땅이 내 몸속에서 하나가 된다는 것을 상징한다.</td><td>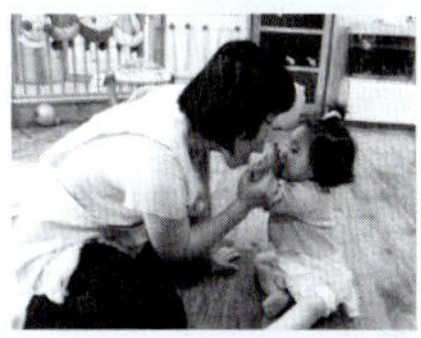</td></tr>
<tr><td>• 9훈: 짝작꿍짝작꿍(作作弓作作弓)-음양이 부딪혀 삶의 이치를 깨달았으니 손뼉 치며 노래하고 춤을 추자는 뜻으로 박수를 치면 온 몸에 기운이 통해 건강해진다는 조상들의 지혜가 담겨 있다.</td><td>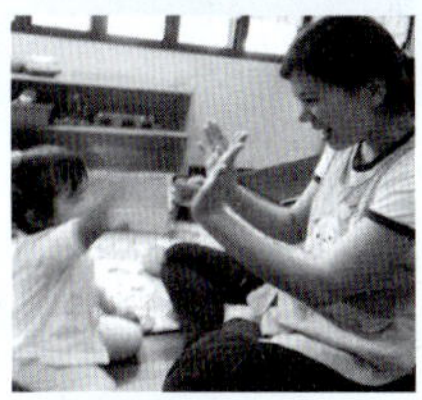</td></tr>
<tr><td>• 10훈: 질라아비 훨훨의(地羅阿備 活活議)-나팔을 불며 춤추는 동작, 우주의 이치를 깨닫고 천지의 기운을 받아 건강해 지라는 뜻으로 질라아비(단군할아버지)가 아이의 앞길을 인도해 준다는 의미가 담겨 있다.</td><td></td></tr>
</table>

<table>
<tr><td>프로그램
특징</td><td colspan="2">우리 조상들의 지혜가 엿보이는 '단동십훈'은 태어나서 세 살까지 영아들의 발달을 도울 수 있는 10가지의 손동작과 몸놀이로 구성되어 있으며, 특별한 놀이도구나 어려움 없이 실시할 수 있는 놀이다. 앉고, 서고, 걷고, 뛰는 등의 몸놀이를 하면서 머리부터 발끝까지 전신 운동을 하기도 하고, '곤지곤지', '잼잼', '짝짝꿍'과 같은 손놀이는 소근육 발달을 도와 두뇌발달에 좋은 영향을 준다.</td></tr>
<tr><td rowspan="3">프로그램의
기대효과</td><td>영아</td><td>• 교사와의 따뜻한 접촉을 통한 정서발달 도모
• 개월 수에 맞는 신체놀이 경험을 하며 신체발육 도모
• 전래놀이를 자연스럽게 경험하며 우리의 놀이를 경험</td></tr>
<tr><td>교사</td><td>• 영아와의 따뜻한 접촉 및 신체활동을 통한 민감성 향상
• 영아의 건강상태 및 발육상태 수시 확인 가능
• 전통놀이에 대한 인식 개선 및 보육 프로그램으로 활성화</td></tr>
<tr><td>부모</td><td>• 부모와의 많은 신체 접촉을 통한 안정애착형성 도모
• 영아의 건강상태 및 발육상태 수시 확인 가능
• 가정연계 교육을 통한 영아와의 놀이방법을 익힐 수 있음</td></tr>
<tr><td>프로그램
연간계획서</td><td colspan="2">한국어린이집총연합회 2013년 전국우수보육프로그램 자료집 및 한국어린이집총연합회 홈페이지(http://www.koreaeducare.or.kr/) 참고</td></tr>
<tr><td>프로그램
활동내용
및
실행방법</td><td colspan="2">한국어린이집총연합회 2013년 전국우수보육프로그램 자료집 및 한국어린이집총연합회 홈페이지(http://www.koreaeducare.or.kr/) 참고</td></tr>
<tr><td>프로그램
수행인력</td><td colspan="2">• 담임교사 6명 • 0세 영아 6명 • 0세반 학부모 12명(부, 모)</td></tr>
<tr><td rowspan="3">프로그램
발전 방향
및
향후 과제</td><td>교사
교육</td><td>'단동십훈' 영아놀이활동에 관심을 갖고 있는 많은 교사들이 현장에서 자료를 보다 쉽게 활용할 수 있도록 교사교육이 지원되어야 한다.</td></tr>
<tr><td>유아
교육
으로
확대</td><td>'단동십훈' 놀이는 손짓, 몸짓을 통하여 눈과 손의 협응을 도우며 영아기 뇌발달을 활성화 시키는 데 도움을 준다고 본다. 이러한 놀이법을 영아기에서 그치기보다는 유아기에 이르기까지 신체, 언어, 정서 발달에 이르는 다양한 활동과 연계하여 진행하도록 하며, 놀이를 통해 긍정적인 정서표현과 친사회적 행동발달을 도울 수 있도록 해야 한다.</td></tr>
<tr><td>부모
교육</td><td>육아에 대한 정보가 넘쳐 나고 있는 요즘 육아에 대한 경험과 지혜가 부족한 부모들은 놀이의 중요성은 알고 있으나 아이들과 어떻게 놀이를 해야 하는지 고민하고 있다. 가정에서 쉽게 '단동십훈' 놀이방법을 적용시킬 수 있는 방법을 모색하여 가정 내 활성화를 위하여 부모 교육이 마련되어야 한다.</td></tr>
</table>

출처: 한국어린이집총연합회(2013).

〈표 7-15〉 현장 개발 영아 프로그램(2009~2019년)

년도	대상	프로그램명	개발기관
2009년	만 1~2세	놀이 노래와 함께하는 영아 풀빛산책	부천근로복지공단 어린이집
	만 1~2세	음악을 통한 그림책 읽기	동서학원아기사랑 어린이집
	만 1~4세	빌딩 내 위치한 직장어린이집의 실외 활동방안	KRX푸르니어린이집
	만 0~2세	With Family Care Program 애착증진 상호작용 지원프로그램	과천청사 영아어린이집
	만 0~5세	어린이집 급식 개선을 위한 생태적 전통 먹을거리 프로그램	소사어린이집
2010년	0~5세 (가족참여)	어린이집과 친해지기	만리어린이집
	만 2세	그림책 활용을 위한 영아반 통합운영 프로그램 '생각 쑥쑥 재미 통통 그림책 놀이'	상계백병원어린이집
	만 1~4세	식사 지도를 통한 교사의 긍정적 상호작용	LG전자어린이집
	만 1~4세	주제통합 실내놀이와 연계된 실외놀이 프로그램	포스코어린이집
	만 2세	'비오는 날' 웅덩이에서	SK행복어린이집
	만 1~4세 (가정연계)	엄마 아빠와 함께하는 언어 · 수놀이	부산세관어린이집
2011년	만 2세	팡팡 페스티발	대전광역시립 어린이집
	만 0세 (가정연계)	희망 쑥쑥이야기	구립보경어린이집
	만 1~3세 (가정연계)	영유아기(결정적 시기) 책읽기 습관형성을 위한 부모 참여 및 부모역할 강화 프로그램	신기어린이집
	만 1~5세 (영유아)	몸도 튼튼, 마음도 튼튼! 아침 달리기 프로그램	부산법원어린이집
	만 1~4세 (영유아)	관찰일지에 근거한 연령별 발달 지원 프로그램	kdb 꿈나무어린이집
	영유아 (가정연계)	학부모 건강도우미	농촌진흥청어린이집
	만 1~5세 (영유아)	형님아우프로그램을 통한 사회관계 증진활동	인천법원어린이집

년도	대상	프로그램명	개발기관
2012년	전체 원아 및 학부모	지역연계를 통한 맞춤형 발달지원서비스 '영유아발달전문가 상담 및 중재서비스 연계프로그램'	하늘다솜 어린이집
2012년	만 1~5세 (영유아)	여름 겨울 특화프로그램 '여름아~놀자! 겨울아~놀자!'	군포시립 금정동어린이집
2012년	만 1~5세 (가정연계)	올바른 먹을거리 프로그램	부천근로복지공단 어린이집
2012년	만 2~4세 (가정연계)	아빠와 함께 건강한 가정 만들기	시립중산 누리어린이집
2012년	만 0~1세 (교사교육)	교사-영아 간 효과적인 그림책 읽기 상호작용을 위한 교사교육 프로그램	푸르니수지어린이집
2012년	만 1~5세 (영유아)	노래를 부르면 기본이 바로서요.	한국농어촌공사 해파란어린이집
2013년	만 2~4세 (영유아)	읽기, 쓰기 능력증진을 위한 통합적 놀이 프로그램	대전 청사새롬 어린이집
2013년	만 1~5세 (가정연계)	오늘은 아빠와 함께 점심 먹는 날	성동 마리아 차코스 어린이집
2013년	0~5세 (영유아)	'잠으로 아이가 자란다' 잠, 아자!	CJ키즈빌어린이집
2013년	만 1세	기저귀 파티-배변활동 프로그램	경기경찰어린이집
2014년	만 1~5세 (영유아)	연령별 보육과정 연계를 위한 실천적 프로그램-음률, 쌓기놀이 영역을 중심으로	공항 꿈나무어린이집
2014년	만 1세	엄마, 아빠는 새싹 지킴이 -엄마, 아빠랑 함께 하면 더 안전해요!	국회 제2어린이집
2014년	만 2~4세 (영유아)	아이맘, 안심, 세상, 놀이로 안전한 생활습관을 쑥쑥! 길러요	LG청주어린이집
2014년	만 1~4세 (영유아)	아빠! 책 읽어주세요.	공군 오산기지 어린이집
2014년	만 0~1세	식재료를 이용한 '톡톡' 오감놀이!	마포구청 직장어린이집
2015년	만 1세 (영아와 부모)	어린이집과 연계한 퇴근 후 30분 놀이 프로그램	서울아산병원 어린이집
2015년	만 2세	나랑놀자~!	가산이랜드 코코몽어린이집
2015년	만 1~5세 (영유아)	오! 나의 인(성)·권(리)	구립둔촌어린이집
2015년	만 1세	리듬말을 통한 영아 인성교육 〈좋은 생활 놀이〉	사이언스 신성어린이집

년도	대상	프로그램명	개발기관
2016년	만 1~2세	"반해요" 가정과 함께하는 영아발달 놀이 프로그램	한국휴렛팩커드 푸르니어린이집
	만 1세 (영아와 부모)	엄마, 아빠 참 잘했어요.	경찰청어린이집
	만 1~4세 (영유아)	제철채소를 이용한 편식 개선 프로젝트 "냠냠냠 잘 먹겠습니다"	동부화재 프로미 아이사랑어린이집
	만 2세 (영아와 부모)	생각이 반짝! 우리가족이 활짝! ('그림책을 통한 통합적 놀이' 가정연계 프로그램)	국방부청사 어린이집
	만 0~2세	불이야! 불이 났어요	시립밝은빛 어린이집
2017년	만 1~4세	함께 해요! 책놀이, 책누리	대구도시철도공사 다정다감어린이집
	만 0세	내 생애 첫 선생님과 함께하는 The 오감놀이	서울청사햇살 어린이집
	만 0~1세	우리 점심에 만나요	대전동구청 한솔어린이집
	만 2세	우리 아빠는 축구 선생님	숲속어린이집
	만 1~2세	냠냠 안심! 붕붕 안전!	이든어린이집
	만 1~5세 (영유아)	녹색안심보육 Eco education 환경정화운동	정관3어린이집
2018년	만 1세	등원맞이 고고(GOGO)프로그램	LG전자 평택어린이집
	만 1~2세	반해요 Plus-Up : 반죽에 과일을 더해요	한국서부발전(주) 반딧불어린이집
	만 2세	다 같이 재활용품 연구소 (재활용품을 이용한 친환경 놀이프로그램)	한솔교육 & CJ키즈빌어린이집
	만 1~2세	우리는 모두 다르지만, 함께 자라요. (기질을 존중한 보육프로그램)	LG전자어린이집
	만 0세	몸으로 느끼는 함께놀이 '밥이 좋아! 아이좋아!'	한솔교육 & CJ키즈빌어린이집
	만 1~5세 (영유아)	'레인보우 안전지킴 어린이집'	시립구름산 어린이집
	만 0~5세 (영유아)	건강실천 프로젝트 '지금처럼 당하면 안돼'	시립풍동숲 어린이집
	만 1~5세 (영유아와 부모)	슬기로운 아빠 생활	구립북아현 어린이집

년도	대상	프로그램명	개발기관
2019년	만 1~5세 (영유아)	모두모두 나와라! 소도구를 활용한 신나는 바깥놀이	한국방송통신전파진흥원 어린이집
	만 1~2세	미세먼지 걱정 없는 우리들의 활동 이야기	천안충무병원 어린이집
	만 1~2세	종이의 재발견	한국남동발전 빛뜰어린이집
	만 2세	부릉부릉 자동차 좋아! 뛰뛰빵빵 안전 최고!	김해어린이집
	만 0~2세	일년 내내 안전한 스마일어린이집	구립스마일 어린이집
	만 0~3세 (영유아)	권율 O · S · T(Open Safe Together) 우리 모두 함께 안전을 노래해요.	권율어린이집
	만 2세	'전해요, 안전해요' 버스에 혼자 남았어요	빛솔어린이집
	만 1~2세	생각하고 모방하고 체험하는 교통안전교육	자연과아이 어린이집

출처: 근로복지공단(2009~2019); 한국보육시설연합회(2009~2010); 한국어린이집총연합회(2011~2019).

3) 유아 프로그램

어린이집의 보육과정과 유치원의 교육 과정은 2011년에 어린이집과 유치원의 통합과정으로 누리과정이 개발되어 2012년부터 만 5세를 대상으로 보육 및 교육 과정으로서 운영되어 오다가 2013년부터는 3~5세 누리과정이 개발 보급되어 어린이집과 유치원에 통합된 보육과 교육 과정으로 운영되었으며, 2019년에 누리과정이 유아·놀이 중심으로 개정되어 2020년부터 시행되었다.

누리과정 이외의 유아 프로그램 개발은 3세에서 5세까지의 유아를 대상으로 발달적 변화에 맞게 발달에 적합한 것이어야 하며, 유아들의 발달적 요구가 반영되어야 하고 경험과 관련이 있는 프로그램으로 개발되어야 한다. 유아 프로그램 개발을 위해 교사는 유아의 발달적 특성과 요구, 행동양식 등에 관한 지식을 가지고 있어야 하며, 프로그램을 개발하여 운영할 때에는 반응적인 상호작용, 존중과 신뢰감 형성, 생활경험 제공, 성공적인 경험, 개별적 요구 반영, 안정감을 주는 반복적인 프로그램 적용, 충분한 활동 시간, 독립적 행동 강화, 욕구조절과 제한 설정, 명료하고 지원적인 의사소통이 이루어지도록 운영하여야 한다(이기숙, 2013).

다음에 소개될 프로그램은 어린이집 현장에서 적용되고 있는 유아들의 발달에 적합한 대표적인 프로그램으로 경제교육 프로그램과 사회교육 프로그램에 대해 알아보고, 현장에서 보육교직원에 의해 개발된 유아 프로그램들을 소개해 본다.

(1) 경제교육 프로그램

인간은 일상생활을 위해 재화를 획득하고 소비함으로써 소비자와 생산자로서의 활동을 지속하고 경제활동에 있어 경제현상의 이해와 합리적 소비와 구매에 대한 결정 능력을 갖추어야 한다. 금융감독원(2005)의 '유치원교사를 위한 금융교육'이라는 자료에 의하면, 최근의 소비문화가 영유아들에 의해 결정되는 경우가 많은데 외식이나 휴가지 선정에서부터 자동차, TV, 컴퓨터 등에 이르기까지 상당 부분이 영유아들의 의사에 의해 결정되고 가정의 구매에 많은 영향을 주고 있다고 한다.

경제는 인간이 생활하는 데 필요한 재물이나 돈을 획득하고 활용하며 이를 통해 이루어지는 사회적 관계를 말한다. 합리적인 결정에 따라 경제생활을 영위하는 능력은 경제현상과 문제 해결에 적절히 대처할 수 있도록 하며 자신이 현명하게 선택한 일에 대하여 시간과 비용을 절감하는 동시에 이를 효율적으로 수행하도록 발휘하는 능력은 민주시민의 기본 능력과 자질이라고 볼 수 있다. 따라서 영유아는 일상생활에서 구매자로, 성인의 구매에 영향을 주고 나아가 미래의 소비자로서 올바른 소비문화와 경제생활에 대한 기초적 소양을 갖추고 돈에 대한 올바른 이해와 건전한 소비를 통해 올바른 경제교육의 기초를 마련해 주어야 한다(금융감독원, 2005). 이에 금융감독원에서는 금융을 중심으로 경제교육 프로그램을 개발하여 보급하였다.

■ 경제교육 프로그램의 목적

영유아들은 일상생활에서 돈과 관련된 중요한 경제활동을 하고 있기 때문에 영유아가 경제생활의 주체로서 합리적인 소비자와 생산자가 될 수 있도록 지도 해야 한다. 따라서 일상생활에서 경제에 대한 바람직한 태도를 형성하고, 경제생활에 대한 기본적인 인과관계를 이해하며, 소비자 및 생산자의 입장에서 합리적인 선택의 기본 원리를 배우고 익히는 것이 유아금융교실 경제교육 프로그램의 중요한 목적이 된다(금융감독원, 2005).

■ 경제교육 프로그램의 내용

유아금융교실 경제교육 프로그램은 유아가 알아야 할 경제의 기본 개념을 경제 주체들의 유기적인 조직망, 경제의 혈관–화폐, 경제의 순환 모형, 생활 속의 경제, 합리적인 소비자 교육으로 구분하여 소개하고 있으며 '장난감'이라는 아이템을 가지고 물건을 구매하게 되는 과정에서 배우고 활용할 수 있도록 프로그램 내용이 전개되어 있다.

첫째, 경제주체들의 유기적인 조직망은 바람직한 경제생활을 선택하기 위한 '경제원칙'에 따른 선택이다. 경제원칙이란 가장 적은 비용(노력)으로 가장 큰 성과(만족)를 얻고자 하는 것이다.

둘째, 경제의 혈관인 화폐는 우리의 몸을 돌고 있는 피와 같은 구실을 해 주어 국민경제가 움직이는 데 중요한 역할을 한다.

셋째, 경제의 순환 모형은 가계와 기업 간에 이루어지는 재화와 서비스의 흐름을 나타내는 것으로 가계는 소유하고 있는 노동, 토지, 자본을 생산요소시장에서 기업에게 판매하고 있다. 기업은 요소들을 투입하여 산출물을 생산하고, 이 산출물은 재화와 서비스시장을 통해 가계에 다시 판매된다. 따라서 생산요소는 가계로부터 기업으로 흐르고, 재화와 서비스는 기업으로부터 가계로 흐르고 있다.

넷째, 생활 속의 경제는 정보통신 기술과 교통의 발달로 인해 상품과 자본, 노동력과 기술이 국경을 넘어서 활발하게 이동하고 쏟아져 나오는 정보와 광고의 홍수 속에서 경제활동이 이루어지고 있다. 건전하고 합리적인 소비생활과 더불어 경제활동 속에서 한 나라의 국민으로서 세금 부담과 환경보존에 대한 책임과 의무를 충실히 수행할 때 우리 생활 속의 경제는 더욱 튼튼해질 수 있다.

다섯째, 합리적인 소비자 교육은 자신의 욕구를 스스로 조절할 수 있고 기회비용을 고려한 올바른 선택을 하게 된다. 상품을 구입한 후에도 보다 나은 제품과 서비스를 위해 소비자가 가지고 있는 권리를 적절히 행사하고 소비자로서 바른 소비생활을 해야 한다. 제한된 재화를 소비하고 관리하는 과정에서 신용과 도덕성은 정보화 시대, 세계화 시대의 경제활동에 기본적으로 갖추어야 할 덕목이며, 이를 실천하기 위한 노력은 개인뿐만 아니라 기업, 정부 모두에게 필요하다(박찬옥 외, 2013).

장난감의 구매과정과 경제개념을 살펴보면 〈표 7-16〉과 같다.

〈표 7-16〉 장남감의 구매과정과 경제개념

장남감의 구매과정	유아가 배우게 되는 경제개념	
장난감을 갖고 싶은 욕구 ▼	• 욕구와 희소성	• 선택과 기회비용
장남감의 가격 알아보기 ▼	• 수요와 공급	• 가격과 관련 변수
장난감을 가질 수 있는 방법 ▼	• 교환과 거래	• 화 폐
돈 벌기 ▼	• 돈 벌기	• 돈 관리하기
장난감이 만들어지는 과정 ▼	• 기업이 하는 일	• 수입과 수출
장난감을 살 수 있는 곳 ▼	• 시장의 기능	• 도매상과 소매상
장난감 구매 ▼	• 영수증 받기	• 정부가 하는 일
소비자의 역할	• 합리적인 소비생활	• 소비자의 권리와 책임

출처: 금융감독원(2005).

■ 경제교육 프로그램의 운영

유아금융교실 경제교육 프로그램은 보육현장에서 교사들이 금융에 대한 개념을 쉽게 이해하고 영유아들에게 활용할 수 있도록 운영되어야 한다.

첫째, 현재 보육현장에서 실시되고 있는 다양한 보육 프로그램에 맞추어 융통성 있게 접목한다.

둘째, 표준보육과정(3~5세 누리과정)의 각 영역에서 다양하게 적용되어야 한다.

셋째, 실내외에서 이야기 나누기, 토론, 역할놀이, 게임, 동화, 실외활동 등 다양한 방법을 활용하여 주제 관련 활동으로 유아들이 경제개념을 쉽고 재미있게 이해하도록 해야 한다.

넷째, '장난감'을 구매하기 위한 과정을 순서적으로 체계화하여 금융교육 프로그램으로 활용한다.

(2) 사회교육 프로그램

인간은 사회적인 동물이기 때문에 사회라는 거대한 집단 속에서 살아가야 한다. 영유아의 사회화는 1차적인 사회인 가정에서 부모와의 상호작용을 통해 기초적인 틀이 형성되지만 유아가 성장함에 따라 자신의 세계를 점점 확대해 감으로써 사회와 환경에 대한 관심을 넓히고 자신이 속한 가정, 학교, 지역사회, 나아가 세계 속에 참여하는 구성원이 되는 데 필요한 삶의 태도와 가치, 기술의 틀을 형성하게 된다(김영옥·엄정애·최윤정·박경희, 2000). 이러한 태도, 가치, 기술은 영유아기에 형성되기 때문에 사회교육을 통해 자아실현을 도와 바람직한 인간관계에 대해 이해하고 세상에 대한 자신의 생각과 탐구적 능력을 촉진시키는 것이 필요하다(박찬옥 외, 2013). 특히, 현재를 살아가는 영유아들은 각종 미디어에 대한 노출로 인해 세상에 대해 많은 것을 알게 되면서 어린 나이에 우리 사회에서 일어나고 있는 이슈나 문제들에 대해 몰두하게 되므로 영유아들이 살고 있는 세상에 대한 바람직한 탐구활동이 보육현장에서 다루어져야 한다(교육인적자원부, 2007).

■ 사회교육 프로그램의 목적

사회교육이란 민주시민을 육성하기 위한 교과로서 사회를 가르치는 것으로 21세기의 세계에 능동적으로 참여할 수 있도록 하는 데 필요한 지식, 기능, 시민적 덕목을 갖추도록 보육하기 위해 사회과학에서의 내용을 포함하는 교과 교육으로 정의한다. 따라서 사회교육의 주요한 목적은 유아들이 상호 의존적인 세계 안에서 문화적으로 다양하고 민주적인 사회의 시민으로서 공공선을 위해 지식 있고 이성적인 결정을 내리는 능력을 계발하도록 돕는 것이며 21세기를 향한 능률적인 시민으로 성장하기 위한 지식, 태도, 기술의 기초를 획득하도록 하는 것이다(교육인적자원부, 2007). Melendez 등(2000)은 사회교육 프로그램의 목적을 5가지로 정의하였는데 첫째, 영유아들이 독특한 한 개인으로서 긍정적인 발달을 이루도록 돕는 개인적 발달, 둘째, 영유아들이 사회생활을 성공적으로 해 나가기 위해 필요한 적절한 지식, 기술, 태도를 발달시켜 나가도록 하는 사회적 시민능력, 셋째, 영유아들은 서로 다른 특성에도 불구하고 존중되어야 한다는 평등감과 다양한 사회교육 활동을 통해 사회적, 문화적으로 다양한 사회에서 어울려 살 수 있는 태도를 기르고, 서로 다른 생각, 신체적인 차이, 다른 행동 등에 대한 이해를 증진시켜 나갈 수 있도록 하는 다양성에 대한 이해와 존중, 넷째, 영유아들이 세계 시민으로서 감각을 발달시켜 나갈 수 있도록 돕고, 자신의 행동과 그 행동이 다른 사람에게 미치는 영향에 대한 책임감을 습득할 수 있도록 세계적 시민의식을 고취시키는 것을 목적으로 한다고 정의하고 있다.

■ 사회교육 프로그램의 내용

사회교육 프로그램의 내용체계는 인간의 삶과 관련된 시간, 공간의 사회현상 중심으로 구성되어 있으며, 지리교육, 역사교육, 민주시민교육, 다문화교육, 경제교육, 환경교육, 사회적 시사교육으로 구성되어 있다.

교육인적자원부(2007)에서 제시하는 사회교육 활동 영역에 따른 보육내용을 살펴보면 〈표 7-17〉과 같다.

〈표 7-17〉 사회교육 영역 및 보육내용

사회교육 영역	보 육 내 용
지리교육	유아가 주변 환경을 탐색하기 시작하고 사물을 구별, 인식하고 경험하게 됨으로써 자신의 머릿속에서 장소, 공간, 사물, 환경에 대한 개념을 형성하게 되고 이에 대한 사람들의 대처방식 및 상호작용에 대해서도 이해할 수 있도록 가르친다.
역사교육	유아 자신의 생활과 밀접한 연관이 있는 과거에 대한 이해를 통해 역사에 대한 친근감과 호기심을 자극하여 자아정체감 및 역사의식을 지속적으로 함양시킨다.
민주시민 교육	유아를 민주주의 국가에서 시민의 책무를 담당하는 데 필요한 지식, 기능, 태도를 가진 사회적으로 책임감 있는 유능한 시민으로 키우기 위해 다양한 일상생활 속의 문제 상황에서 의사결정에 참여할 기회를 제공한다.
다문화교육	유아들이 직면하게 되는 인종, 민족, 성, 사회계층, 성정체성, 장애 등의 문화적 다양성에 대해 이해하고 수용하며, 비판적으로 사고할 수 있도록 가르칠 뿐만 아니라 민주적 의사결정과 사회적 행동, 힘을 길러 주는 기술을 가르친다.
경제교육	유아기 경제교육에는 상품과 서비스가 진정 필요한 것인지 단순히 원하는 것인지를 알고, 실행하기에 앞서 생각하고, 구매할 기회를 통해 소비자로서의 태도와 기술을 익히며, 상품과 서비스를 제공하는 다양한 일을 하는 사람들의 수고에 대해 알고 감사하기 등 기본적인 경제 개념에 대한 이해, 태도, 기술 그리고 사고과정에 대한 지도 등이 포함된다.
환경교육	유아가 자연과 인간에 대한 풍부한 감성과 그것으로부터 생긴 풍부한 감상력을 통해 환경문제에 대한 지식과 해결을 위한 방법을 모색하고 자신의 행동이 세상에 미치는 것을 생각한 후에 행동을 취하도록 가르친다.
사회적 시사교육	시사문제의 시작이 유아 자신으로부터 시작되기 때문에 유아들의 직접적 경험에서 이끌어 내면서 자신의 주변에서 일어나는 일들의 의미를 파악할 수 있게 되고 그로 인해 유능감을 느끼게 되며 나아가 자신의 생활도 조절할 수 있도록 가르친다.

출처: 교육인적자원부(2007).

■ 사회교육 프로그램의 운영

교육인적자원부(2007)에서 발행한 교사와 유아를 위한 유아사회교육 활동자료집의 사회교육 프로그램의 효과적인 계획과 운영을 위한 세 가지 유념사항을 정리하면 다음과 같다.

첫째, 주제 중심의 통합적 접근이다. 유아들을 흥미로운 실생활의 체험으로 이끄는 풍부한 기회를 제공해야 하기 때문에 주제 중심의 통합적 접근에 기초한 사회 프로그램 운영을 위해 유아의 요구와 흥미를 파악하고, 학습할 주제를 선택하여 유아들이 주제에 대해 얼마나 알고 있는지를 파악해야 하며, 선택된 주제를 중심으로 이루어질 수 있는 통합 활동을 구성한다. 또한 적절한 교구·교재를 선택하여 도입을 포함한 활동의 진행을 계획하고 유아들이 탐구하는 과정과 결과에 부모와 가족들이 함께 참여할 수 있도록 하는 활동과정을 기록으로 남기면서 진행과정을 평가한다.

둘째, 프로젝트 접근이다. 프로젝트 접근은 한 명이나 그 이상의 유아가 탐구할 수 있는 특정한 주제에 대한 심층 연구로서, 그 주제에 관심이 있는 유아 개인이나 소그룹 또는 학급 내 전체 유아가 참여할 수 있다. 프로젝트 접근에서 교사는 조정자로서의 역할을 수행하면서 유아의 관심분야를 지지해 주고 그들의 관심을 실행 가능한 조사 활동으로 이끌어 준다. 또한 다양한 주제들이 개발될 수 있도록 자료와 자원을 제공해 주며, 유아가 자신이 가지고 있는 의문점을 명확히 하고 새로운 탐구 방향을 설정하도록 유아와 지속적인 상호작용이 이루어져야 한다.

셋째, 사회학습 영역이다. 사회학습 영역은 유아들의 욕구를 불러일으켜 주고 개념에 대한 탐구를 할 수 있는 동기를 제공하기 위해 고안된 교실 내의 영역으로 다른 흥미 영역에서 통합적으로 사회교육이 이루어지기도 하지만 좀 더 사회적 탐구활동을 강조하기 위해 사회학습 영역을 하나의 흥미 영역으로 구성해 볼 수 있다. 사회학습 영역으로 마련된 흥미 영역에서 사회학습과 관련된 자료와 활동은 유아 개개인의 여러 가지 반응을 고무시킴으로써 다양한 배움을 제공할 수 있고 소집단 활동을 통해 사회적 상호작용에 참여할 기회가 많아지기 때문에 유아들의 관심사와 변화에 따라 적절한 자료와 활동이 순환적으로 운영될 수 있도록 하여 유아들이 적극적으로 활동할 수 있도록 한다.

(3) 현장 개발 유아 프로그램 소개

다음에 소개된 프로그램은 2012년 한국어린이집총연합회에서 주최하는 프로그램 공모전에서 수상한 유아를 대상으로 하는 프로그램이다. 프로그램명과 필요성 및 목적, 이론적 배경, 프로그램 특징, 프로그램의 기대효과, 프로그램 발전 방향 및 향후 과제에 대해 간략하게 소개하였다. 또한 2009년부터 2019년까지 한국어린이집총연합회와 근로복지공단 직장어린이집 우수보육프로그램 공모전에 공모한 유아 프로그램에 대해 프로그램명과 대상, 개발기관을 소개하면 〈표 7-18〉, 〈표 7-19〉와 같다.

〈표 7-18〉 현장 개발 유아 프로그램 소개

프로그램명	경제야! 놀자		
대 상	만 5세	개발기관	군포시립 당정동어린이집
필요성 및 목 적	미래사회에서는 경제에 기초한 경쟁력의 강화가 요구되므로 경제에 대한 이해의 중요성과 유아기의 건전하고 성숙한 소비와 경제개념 형성을 도울 수 있는 올바른 경제교육이 필요하다. 경제활동의 개념에 대한 이해와 체험을 통해서 돈, 교환, 상품과 서비스, 소비와 같은 초보적인 경제개념 형성을 목적으로 한다.		
목 표	• 경제 기본 개념을 바탕으로 경제현상의 기본 원리를 이해한다. • 생활 속 여러 가지 경제현상과 문제에 관심을 갖고, 바람직한 소비습관을 기르며 일상생활에서 활용하고 적용한다. • 근검절약의 기본생활습관을 기른다. • 자신의 생각과 행동을 조절하여 합리적인 의사결정을 한다.		
프로그램 계획	• 한국어린이집총연합회 2012년 전국우수보육프로그램 자료집 및 한국어린이집총연합회 홈페이지(http://www.koreaeducare.or.kr/) 참고		
프로그램 실시	• 한국어린이집총연합회 2012년 전국우수보육프로그램 자료집 및 한국어린이집총연합회 홈페이지(http://www.koreaeducare.or.kr/) 참고		

프로그램 평가	• 월별 활동평가를 통해 한 주제 안에서 다양한 경제개념을 다루었는지 혹은 경제개념을 이해할 수 있는 다양한 활동들이 구성되었는지에 대해 살펴보면서 다음 활동과의 연계(활동의 확장 및 심화)를 계획할 수 있었다. • 한 학기에 한 번씩 이루어진 교사들과의 동료장학에서 '경제야 놀자~'프로그램에 대한 종합평가로 경제활동이 주제와 따로 떨어져서 흘러가지 않고, 프로젝트 활동이 진행되는 과정 안에 자연스럽게 운영되었음이 평가되었다.
향후 추진계획	첫째, 텃밭을 이용한 생산활동은 농작물의 수확시기를 고려하여 미리 계획을 세워 담당자와 논의하여 진행한다. 둘째, 약속통장을 이용한 저축활동을 학년 초부터 1년 계획을 세워 부모님들에게 오리엔테이션과 상담 시 상세히 설명하여 가정에서의 참여를 높인다. 셋째, 약속통장이 아닌 유아들이 실제 은행에서 거래 가능한 통장을 만들어 자신의 용돈을 지속적으로 저축하고 관리할 수 있도록 안내한다. 넷째, 개미시장을 만 5세 유아들의 활동으로만 국한하는 것이 아니라 원내에 있는 다른 연령 유아들과 학부모님들의 참여를 유도하여 원내 행사로 계획하여 진행한다.

출처: 한국어린이집총연합회(2012).

〈표 7-19〉 현장 개발 유아 프로그램(2009~2019년)

년도	대상	프로그램명	개발기관
2009년	만 3~5세	건강한 식습관 향상을 위한 바른 먹거리 제공 프로그램	봉화어린이집
	만 3~5세	자연과 함께하는 미술놀이 프로그램 '알록달록 우리 세상'	근로복지공단 인천어린이집
	만 3~5세	지켜요, 알려요, 함께해요	남동구청어린이집
2010년	만 4~5세	생활주제와 통합된 다문화교육	성락어린이집
	만 2~3세	유아 · 부모 · 교사가 함께하는 독서 프로그램 '책 읽는 어린이집'	인천어린이집
	만 2~5세	다문화가정 유아를 위한 언어교육 프로그램의 효과	여천어린이집
	만 2~5세	어르신과 함께하는 생활교육	뿌리와 새싹 어린이집
	만 4~5세	텃밭 가꾸기를 활용한 과학활동	부산광역시청 어린이집
	만 3~4세	이야기로 열어 가는 음악세상 '동화를 활용한 통합적 음악 감상 프로그램'	국립암센터 어린이집
	만 4세	그림책을 활용한 창의적인 신체 표현	LG Display 꿈나래어린이집
	만 4~5세	정서함양 프로그램 '사랑의 릴레이' 자원봉사	남동어린이집
2011년	만 4~5세	제주 섬 알아가기	제주 근로복지공단 어린이집
	만 3~5세	건강한 몸! 신나는 몸! 부러운 몸!	구립 새들어린이집
	만 3세	문학작품 속에서 배우는 수 놀이 프로그램	구립 강남어린이집
	만 3~4세	주제와 연계한 영양교육	신한은행 새싹 어린이집
2012년	만 3~5세	조상들의 슬기 '어린이집 생활 속에서 밥상머리 교육'	도선 어린이집
	만 3~4세	'어화둥둥 열매월령가' 옛 소리와 함께하는 열매농부 프로그램	국립암센터 어린이집
	만 4세	'싱겁게 먹어요' 저염 급식 유아건강 프로그램	일산동구청 어린이집
	만 4~5세	몸에 좋고 맛도 좋은 우리 김치 최고!!	덕양구청직장 어린이집

년도	대상	프로그램명	개발기관
2013년	만 5세	편견 없는 보육 프로그램	경북 성락어린이집
	만 3~5세	그림책과 떠나는 블록 이야기	경기시립풍동숲속 어린이집
	만 3~5세	야호, 비가 내린다!	과천청사어린이집
	만 3~5세	유아 주도 놀이로 시작하는 누리교육 과정의 실천	대교대전어린이집
	만 5세 (교사교육)	반성적 사고를 통한 누리과정 교사의 전문성 향상 프로그램	근로복지공단 어린이집(경인권)
	만 3세 (가정연계)	어르신과 함께하는 마음이 자라는 행복놀이	국회 제1어린이집
	만 3, 5세	인성발달 교류 프로그램	국회 제2어린이집
	만 3~5세	전통차와 연계한 통합적 놀이 프로그램	대전청사새롬 어린이집
	만 3~4세 (교사교육)	자연탐구 영역 운영을 위한 교사교육	당진화력본부 파인빌어린이집
2014년	만 5세	소금 줄이고! 건강 지키고!	고양근로복지공단 어린이집
	만 3~5세	인성 거미 집 짓기	발산어린이집
	만 5세	할머니, 할아버지와 함께 만드는 생명밥상	선우어린이집
	만 4~5세	누리교육과정에 기초한 문학적 접근을 통한 언어교육	시립향남어린이집
	만 5세	만 5세의 우리그림 놀이로 배우는 존중	오송보건의료행정타운 청사어린이집
2015년	만 5세	에코(ECO) 활동 함께하자	사이언스 신성어린이집
	만 5세	사랑해! 오늘 더!	국방부 청사어린이집
	만 4~5세	만나다! 통하다! 느끼다!	남동구청어린이집
	만 3~5세	장애통합 가족지원을 위한 숲 체험 프로그램	구립물빛어린이집
	만 3~4세	영유아를 존중하고 사랑의 기술로 실천하는 생활지도	구립역촌어린이집
	만 4~5세	음식물쓰레기 영(zero)양소	시립화전어린이집
2016년	만 2~5세	밥상을 키우는 요리 밥상을 바꾸는 놀이	공항꿈나무어린이집
	만 5세	E렇게 S실천해서 D달라졌어요 "건강하자 지구야!"	오송보건의료행정타운 청사어린이집

년도	대상	프로그램명	개발기관
2016년	만 3~5세	법 교육 기반 사례중심 안전교육 '안전 쏙쏙 안심 쏙쏙'	시립마두어린이집
	만 3~5세	가하만사성(家閤萬社成)	개나리어린이집
2017년	만 3~4세	차례차례 피는 '두빛나래' 프로그램	LG전자 평택어린이집
	만 4세	부산 시장 살리GO 살리GO	동의대학교 부속 동의어린이집
	만 5세	아이들의 눈으로 본 숲, 아이들이 찾은 자연놀이	무궁화어린이집
	만 3~5세	우리 동네에서 찾은 수 놀이 180일	강남어린이집
	만 5세	아동 중심 직업탐색프로그램 "E"	서울시농수산식품공사 올본어린이집
2018년	만 3~4세	엄마, 아빠, 선생님! 우리의 목소리를 들어주세요! (그림책을 통한 유아의 참여권 존중 프로그램)	이랜드코코몽 어린이집
	만 4세	아이들이 행복한 '마음대로 날'	구립면일어린이집
	만 4세(장애, 비장애)	영상편지를 통한 장애통합교육 '우리 친구 할래'	보람더원어린이집
	만 4~5세	우리어린이집은 '미니 발전소'	구립성대어린이집
2019년	만 5세	그림책과 연계한 세시풍속과 전통놀이 프로그램	꿈나무어린이집
	만 4~5세	감성프로젝트 '나의 생각 나의 마음은 소중해요'	산내들어린이집
	만 4세	환경위기 시계를 돌려라	LG전자 평택어린이집
	만 2~7세 (장애 영유아)	장애 영·유아의 안전의식 제고를 위한 음률 안전교육 프로그램 〈어떻게 할까? 어떻게 할까?〉	장애전문 용화어린이집
	만 5세	화상 안전 넘버원	연화어린이집
	만 3세(장애, 비장애)	안전한 우리 반을 만들어요	부평 맑은내 어린이집
	만 3~4세	나와라 뚝딱~!! 안전 그림 퍼즐	고운별어린이집
	만 3~5세	함께 만들어요, 안전한 세상!	여수시립 미평어린이집

출처: 근로복지공단(2009~2019); 한국보육시설연합회(2009~2010); 한국어린이집총연합회(2011~2019).

4. 영유아 프로그램 개발의 향후 전망

1) 영유아 프로그램 개발의 개념

영유아 프로그램은 역사적, 이론적 관점이나 철학적 배경 및 영유아교육기관이 처한 실제적 여건에 따라 다양한 형태로 개발되어 운영되고 있다. 이렇게 다양한 관점에서의 프로그램을 영유아교육 분야에서는 영유아를 위한 보육·교육 과정을 프로그램이라고 하는 경우가 많다. 보육·교육 과정으로서의 프로그램은 교육 목표와 내용, 교수학습 방법은 물론 개발한 프로그램을 영유아교육기관에서 어떻게 운영하고 평가해야 하는지에 관한 운영과 평가에 대한 지침을 제시하게 되는데 이러한 보육과 교육에 대한 전반적이고 종합적인 계획을 담은 문서를 만드는 활동을 영유아 프로그램 개발이라고 한다.

영유아교육기관에서 프로그램 개발이란 프로그램을 무엇으로 보느냐에 따라 달라질 수 있다. 경우에 따라 표준보육과정이나 누리과정에서 개발된 교사용 지도 자료집이나 교수학습자료 개발, 평가 자료 개발 등을 포함하기도 한다. 영유아 프로그램 개발의 향후 전망에서는 프로그램의 개발 대상을 인적, 물리적 환경 구성을 포함한 현장에서 실행 가능한 형태로 계획 운영되는 보육·교육 내용으로 보고자 한다(황해익 외, 2013).

2) 우리나라 영유아 프로그램의 역사적 고찰

우리나라 영유아 프로그램은 1900년대 초기에 세워진 유치원과 탁아소를 중심으로 시작되어 유치원 프로그램은 프뢰벨 교육 과정, 선교사에 의한 기독교 중심 프로그램, 패티 스미스 힐의 유치원과 초등학교 1학년을 위한 활동 중심 교육 과정을 번역한 프로그램, 일본식 군국적 성격의 프로그램 등이 운영되었다. 탁아소 프로그램은 1921년 서울의 태화기독교사회관에서 빈곤가정의 자녀들을 위한 보육 프로그램이 처음으로 운영되었다. 이후 1926년에 세워진 부산 공생 탁아소와 대구 탁아소가 있다. 1960년대에 들어 영유아 프로그램의 중요성이 국가적으로 인식되어, 유치원의 경우 문교부는 1969년에 국가 수준의 제1차 유치원 교육 과정 고시를 시작으로 2013년 유치원과 어린이집의 통합과정인 누리과정이 전반적으로 운영되기 전까지 7차에 걸쳐 개정되었다.

어린이집의 경우에는 1961년 아동복리법을 제정하여 탁아사업을 시작하면서 탁아소의 설치기준, 종사자 배치기준, 보육시간, 보육내용 등을 규정하였고 종래의 구빈사업적인 보육사업의 성격을 아동복리 증진으로 전환하는 계기를 만들었다. 1968년에는 보건사회부가 탁아소를 어린이집으로 개칭하여 가정을 대신하는 삶의 장소로서의 의미를 부여하였다. 1980년대에는 1982년에 유아교육진흥법이 제정되어 유치원과 새마을 유아원이 영유아교육기관으로 존재하게 되었다. 1990년대에는 급증하는 영유아보육에 대한 요구로 기존의 어린이집으로는 보육수요를 감당하기 어려워 1991년에 영유아보육법을 제정하여 보육사업을 체계화하였다. 영유아보육법을 근거로 삼성복지재단은 2000년부터 포괄적 보육서비스 프로그램을 개발하여 현재까지 지속해 오고 있다.

2000년대에는 영유아 프로그램의 체계화와 다양화가 지속되는 시기라고 볼 수 있다. 2004년 1월에 처음으로 유아교육법이 제정되고 동시에 영유아보육법이 개정됨으로써, 영유아교육기관의 새로운 전환이 이루어졌다. 개정 영유아보육법에서는 보육의 대상을 모든 영유아로 규정하여 보육서비스의 보편성을 강조하였으며, 제29조 2항에 "여성부장관은 표준보육과정을 개발·보급해야 한다."고 규정함으로써 2007년 국가 수준의 표준보육과정이 고시되었다. 2008년에는 표준보육과정에 기초한 0~1세에서 5세까지의 보육과정과 장애아 보육 프로그램을 개발하여 전국 어린이집에 보급하였다. 2007년에 교육인적자원부도 '2007년 개정 유치원 교육 과정'을 고시하였다. 2011년에는 만 5세 유아의 보육과 교육을 국가가 책임지는 만 5세 공통과정인 '5세 누리과정'을 고시하여 2012년 3월부터 시행하였으며, 2013년 1월에는 '3~5세 연령별 누리과정'을 고시하여 그해 3월부터 어린이집과 유치원에서 시행했다. 2019년은 누리과정이 유아·놀이 중심으로 개정되어 2020년부터 시행되었다. 이렇듯 연구, 개발 모형인 보육·교육 과정으로서의 프로그램은 숨 가쁘게 고시, 개발, 개정되어 왔다(박찬옥 외, 2013). 2019년 누리과정이 유아·놀이 중심으로 개정되어 유아교육의 패러다임이 바뀌는 계기가 되었으며, 어린이집의 0~2세 표준보육과정도 놀이 중심으로 개정되었다.

3) 영유아 프로그램 개발 시 고려사항

영유아교육기관에서 프로그램을 개발하고자 할 때는 영유아 프로그램의 기초가 되는 이론적인 관점과 역사적 배경을 살펴보고 영유아의 발달단계와 연령을 고려한 발달에 적합한 실제(DAP: Developmentally Appropriate Practice)에 근거해야 한다. 영유아보육법이나 유아교육법 같은 관계법령에서 제시하고 있는 기본 방향과 지침 등을 반영하여 누구를 교육할 것인지에 대한 보육과 교육대상의 정보를 알고, 영유아의 가정환경과 부모들의 요구에 따라 프로그램의 방향이 달라질 수 있기 때문에 부모들의 학력 수준이나 직업, 경제적 수준, 거주지역의 특성, 교육에 대한 부모의 효능감과 관심, 어머니의 취업 유무 등 그들이 처한 가정환경과 부모들의 요구를 고려해야 한다. 또한 영유아들의 가정환경뿐만 아니라 지역사회의 사회·문화적 여건을 고려하여 계획해야 한다.

영유아 프로그램 구성에서 고려해야 할 사항으로 편제를 들 수 있는데, 편제란 프로그램을 편성할 때 기본적인 범위를 의미하는 것으로서 0~2세 영아를 대상으로 하는 어린이집 표준보육과정에서는 기본생활, 신체운동, 의사소통, 사회관계, 예술경험, 자연탐구의 여섯 개 영역으로 편성하고 있으며, 3~5세 유아를 대상으로 하는 누리과정에서는 신체운동·건강, 의사소통, 사회관계, 예술경험, 자연탐구의 다섯 개의 영역으로 편성하고 있다. 이러한 편제는 프로그램을 구성하는 기본적인 틀을 제공해 줄 수 있다. 그리고 연간 수업일수와 일일 운영시간, 학급당 원아 수, 영유아교육기관의 시설 및 환경에 대한 여러 가지 여건을 충분히 고려하여 프로그램을 구성해야 한다.

4) 현대 영유아 프로그램 동향과 향후 전망

(1) 현대 영유아 프로그램의 동향

1960년대 이후 영유아 프로그램이 급속하게 변화하였고 현재에도 많은 변화가 나타나고 있다. 변화를 가져오는 여러 요소들이 영유아를 대상으로 하는 프로그램의 방향과 내용, 마련되는 교육 경험과 가정에 미치는 영향력을 감안할 때 최근 논의되고 있는 관심사들을 살펴보면 첫째, 급속하게 확장되고 있는 인간의 뇌발달에 관한 새로운 연구이다. 유전과 환경의 상대적 중요성에 대한 시각을 넓혀 주고, 새로운 뇌 영상촬영기술의 개발로 인간발달에서 경험의 중요성을 증명해 주고 있으며, 연구에 기초하여 다양한 영유아교육 프로그램들이 등장하고 있다. 둘째, 발달에 적합한 실제와 인증평가이다. 현대 영유아 프로그램의 계획과 운영, 평가에서는 다양한 유형의 프로그램을 포괄할 수 있는 일반적인 교육 내용과 교수실제, 교사 역할의 평가기준을 제안하고 있다. 셋째는 영유아기 인지능력 발달에 대한 새로운 관점과 관심사이다. 영유아기의 인지발달과 영역의 다양성과 열린 가능성을 연구한 다지능이론(Multiple Intelligence Theory: MI이론)은 일반적인 지능이론을 뛰어넘어 발달이론과 교육 과정의 상관관계 속에서 교수실제의 변화를 이끄는 교육혁신으로 인정된다(이기숙·강숙현, 2018).

(2) 영유아 프로그램의 향후 전망

영유아보육에 대한 사회적 관심과 요구는 지속적으로 증가되고 있으며 그에 따라 영유아 프로그램에 대한 성격과 방향, 요구도 변화되고 다양화되고 있다. 산업화와 핵가족화, 취업모의 급격한 증가 및 저출산 대책 방안 등으로 인해 어린이집도 보호의 차원을 넘어 영유아의 전인적 발달을 위한 포괄적 보육 프로그램을 정착시키고 있으며 유치원에서도 종일제 프로그램을 운영하면서 교육과 더불어 보호 기능을 수행하고 있다. 이로 인해 영유아 프로그램을 담당하는 보육교직원들은 과거의 전통적인 역할보다는 더 많은 자질을 갖추고 그에 따른 역할을 수행하도록 하고 있다(이순형 외, 2013).

사회·문화적인 변화와 보육에 대한 요구가 다양해짐에 따라 영유아 프로그램에 대한 내용과 형식도 다양화되어야 함은 물론, 최근에 개발되어 운영하고 있는 영유아 프로그램에 대한 지속적인 운영과 함께 변화 발전되어야 하는 영유아 프로그램의 향후 전망에 대해 살펴보면 다음과 같다.

❶ 종일제 프로그램의 확산

산업화로 인한 가족구조의 변화와 영유아기 자녀를 둔 취업모의 증가로 영유아 보육의 필요성과 중요성이 대두되고, 보육에 대한 새로운 인식으로 인해 종일제 프로그램에 대한 요구가 증가하고 있다. 이러한 맥락에서 관련 연구와 정책들이 제시되면서 영유아보육법에서는 하루 보육시간을 오전 7시 반에서 오후 7시 반까지 12시간 체제로 운영하면서 취업모들의 자녀양육에 도움을 주고 있고, 반일제만 운영하고 있던 유치원에서도 종일제가 확산되고 있으며, 2013년부터는 무상보육료 전면 실시 및 양육수당 지급 등의 정책이 펼쳐졌다. 종일제 하루일과에서 운영되어야 하는 프로그램은 영유아들의 발달과 흥미에 적합하게 개발되어 장시간을 영유아교육기관에서 보내야 하는 영유아들에게 가정의 기능까지 제공해야 한다.

❷ 영아 프로그램의 개발

영아기 자녀를 둔 기혼 여성의 취업률 증가와 함께 무상보육료 확산으로 점점 더 어린 영아들을 사회적 차원에서 양육해야 할 필요성이 증가하고 있다. 그로 인해 0~2세 영아를 대상으로 하는 영아 프로그램의 개발이 요구되고 있다. 특히, 영아 프로그램은 사회경제적 변화와 더불어 생후 2~3년 이전에 이루어지는 생애 초기 경험이 영유아의 성장과 발달에 중요한 영향을 미친다는 일련의 연구 결과로 인해 질 높은 영아기보육에 대한 인식이 증가하고 있다. 영아 프로그램의 특징 중 하나는 영아의 신체적·생리적 욕구를 충족시켜 주기 위해 일상생활과 관련된 먹기, 씻기, 잠자기, 기저귀 갈기, 배변훈련, 옷 입고 벗기 등의 활동을 주요 보육 내용(박찬옥 외, 2013)으로 하고 있다는 것이다. 그러므로 영아의 발달에 알맞은 영아 프로그램을 꾸준히 개발하여 현장의 보육교사들은 물론 가정에도 연계하여 영아의 기본생활 지도에 활용할 수 있는 방안을 강구해야 한다. 그러한 이유는 영아기의 발달이 성인기의 발달에까지 영향을 미치기 때문이다.

❸ 귀가 및 방과 후 프로그램의 확대

근로기준법의 근로시간이 주 40시간으로 명시되어 있으나 아직도 많은 직장에서는 근무시간의 다양성과 시간외 근무를 해야 하는 어머니들이 많이 있다. 그러므로 영유아교육기관에도 다양한 보육시간 운영이 불가피하다. 현재 어린이집에서는 12시간의 정규보육 시간이 2019년 보육지원체계 개편으로 2020년 3월부터 기본 보육과 연장보육으로 나누어 실시되고 있고, 야간연장제, 24시간제, 일시보육, 휴일보육, 보육도우미 제도 등이 시행되고는 있으나 이를 필요로 하는 수요에도 미치지 못하고, 거리상의 문제로 이용에 어려움을 겪고 있는 상황이며, 이에 따른 적절한 프로그램도 개발되지 못하고 있어 보호적인 측면에서만 시행되고 있는 실정이다. 또한 초등학교 저학년 아동을 보살펴 줄 수 있는 적절한 시설과 프로그램의 필요성도 대두되고 있다. 하지만 귀가 및 방과 후 프로그램의 확대에 앞서 사회적으로 취업모에 대한 배려가 강구 되어야 한다. 전 생애에서 전인적인 발달에 있어 가장 중요한 시기에 있는 영유아들이 장시간 영유아교육기관에서 생활하는 것은 결코 바람직하다고 할 수 없기 때문에 취업모들의 근무환경이나 근무시간에 대한 개선이 정책적으로 마련되어야 하며, 직장어린이집이 더욱 확대되어야 한다.

❹ 다양한 목적을 가진 프로그램의 개발

다양한 목적을 가진 프로그램이라 하면 생태교육 프로그램, 다문화 프로그램, 장애통합 프로그램, 반편견 프로그램 등을 들 수 있다.

■ 생태교육 프로그램

생태교육 프로그램은 20세기 들어오면서 산업문명의 발달로 자연 생태계가 파괴되고 이로 인해 지구 온난화와 오존층 파괴, 수질오염, 생물종의 감소, 환경 호르몬의 폐해 등 자연파괴 현상이 나타나고 있는 생태 문제를 고민하는 상태에서 대두되었으나 여러 가지 여건상의 문제로 실행에는 어려움을 겪고 있다. 생태교육 프로그램은 인간과 자연의 조화를 강조하고 자연의 아름다움을 느낄 수 있는 감성을 길러 주고, 자연에 대한 친밀감과 소중히 여기는 태도를 길러 주어 영유아의 몸과 마음과 영혼이 건강하고 행복하도록 하는 데 있기 때문에(임재택, 2008), 생태교육 프로그램이 확산될 수 있도록 교직원들의 교육은 물론 지원이 확대되어야 하고, 도심에 위치하고 있는 영유아교육기관에서도 적용할 수 있는 생태교육 프로그램이 개발되어야 한다. 21세기를 살아가야 하는 영유아들이 생태적인 환경에서 자연과 함께 맘껏 놀고, 바깥에서 신나게 놀고, 여유 있고 편안한 하루를 보내고, 건강한 먹거리로 즐겁게 먹고, 자연친화적인 보육공간을 만들어 주고, 함께 어울려 생활하고, 참여하며 함께 키우고, 안정적인 근무환경을 만들어 나갈 수 있도록 해야 한다. 전국에 생태교육을 실시하고 있는 영유아교육기관도 있지만 현재는 매우 부족한 상태이다.

2019년부터 서울시의 지원으로 서울시육아종합지원센터와 서울자치구육아종합지원센터를 주축으로 자치구에 소속되어 있는 어린이집을 선정하여 자연·놀이·아이 중심의 생태친화보육을 위해 노력하고 있지만 전국적인 차원에서 생태교육이 확산되고 실현될 수 있는 기반이 마련되어야 한다.

■ 다문화 프로그램

다문화 프로그램은 세계화와 더불어 다양성이 공존하는 다원화 시대에서 우리나라에서도 외국인 노동자나 북한 이탈 주민의 수가 급격히 증가하고 있으며, 국제결혼을 통한 다문화가정의 수도 늘어가는 현상에 배경을 두고 있다. 이러한 사회구조에서 중요한 것은 소수민족과 다양한 사회계층에 대한 사회통합의 문제이며, 영유아기부터 각기 다른 인종과 성, 언어, 계층 등을 이해하고 존중하도록 이끌어 영유아와 그들 가족이 삶의 정체성을 형성하고 공동의 목표를 위해 의사소통하는 지식, 기술, 태도를 갖추도록 해야 한다. 이로 인해 다문화교육 프로그램 개발에 대한 관심이 지속적으로 증가하는 추세이고(박찬옥 외, 2013), 그들을 위한 다양한 지원 사업도 진행되고는 있으나 다문화가정에 대한 수요에는 미치지 못하고 있다.

다문화가정의 아이들을 우리의 아이들로 받아들이지 못하는 사회적인 현상이나 그들에 대한 사회적, 정책적 지원의 미흡은 장래 우리 사회에 큰 혼란을 야기할 수 있기 때문에 그들이 필요로 하는 정책적 지원은 물론, 영유아기에 있는 다문화가정의 자녀들이나 우리 아이들이 단순한 체험이나 경험을 통해 단편적으로 다문화를 이해하고 받아들이는 것이 아니라 여러 측면에서 생각과 가치관, 행동, 편견의 문제들이 생활 속에 자연스럽게 스며들어 진정한 하나가 될 수 있는 구체적인 프로그램이 반편견 프로그램과 함께 개발·운영되어야 한다.

■ 장애통합 프로그램

장애통합교육 프로그램은 특수교육 대상자가 일반학교에서 장애 유형과 장애 정도에 따라 차별받지 않고 교육을 받는 것을 말하는 것으로 장애아들에게 일반 정상아와 같은 교육과 생활환경을 제공해 주어야 한다. 바람직한 장애 프로그램은 장애의 종류나 정도에 집착하지 않고 '특별한 교육적 요구를 가진 모든 아동(special need children)'에게 교육과 보호, 의료적 서비스를 제공하는 것을 목적으로 해야 한다. 최소제한환경(least restrictive environment)에서 장애가 갖는 심리적·교육적·행동적 특성의 유사성으로 인해 요구가 유사하므로 장애아 프로그램의 영역을 구분하지 않고 장애의 조기발견 및 접근, 장애아의 완전한 취학과 우선권, 일반 정상아와 장애아의 통합 프로그램으로 운영되어야 한다(이기숙·강숙현, 2018).

■ 반편견 프로그램

반편견 교육 프로그램은 성, 인종, 민족, 능력, 장애 여부 등에 상관없이 모든 사람을 존중하도록 교육함으로써 성이나 인종, 장애인, 사회계층 등에 대한 편견을 갖지 않도록 교육하는 것을 의미한다(이기숙·장영희·정미라·엄정애, 2014). 즉, 반편견 교육은 하나의 새로운 교수이론이 아니라 불공평한 생각과 가치관, 행동, 편견의 문제점에 직면하여 대처해 나갈 수 있는 교육적 노력으로 이에 적합한 프로그램이 개발·적용되어야 한다.

영유아 프로그램에 대한 향후 전망은 이상에서 살펴본 다양한 프로그램 개발과 함께 포괄적 보육서비스 프로그램이 개발되어야 한다. 포괄적 보육서비스 프로그램이라 함은 보육의 대상이 영유아뿐만 아니라 그 가족도 해당되며 다양한 서비스를 서로 연관되고 통합된 방식으로 제공해야 한다는 것이다. 즉, 저소득층 영유아를 위한 보육서비스라면 영유아의 보호와 교육에만 국한하는 것이 아니라 영유아의 부모나 형제들에게까지 영유아교육기관은 물론 지역사회와 국가적인 차원에서 서비스를 제공해야 한다(민성혜·김송이·김영애, 2008).

참고 문헌

곽노의(1996). 발도르프 유치원의 교육이론과 활동. 유아교육연구.

곽혜경·한유미(2010). 시설 미이용 아동을 위한 보육시설의 통합서비스의 제공 방안. 한국영유아보육학, 59, 155-176.

교육과학기술부·보건복지부(2013). 3~5세 누리과정.

교육과학기술부·보건복지부(2013). 제3차 표준보육과정.

교육과학기술부 & 고시 제2012-16호 & 보건복지부 고시 제 2012-82호. 3-5세 연령별 누리과정 해설서 및 교사용 지침서. 교육과학기술부·보건복지부.

교육부(2014). 제3기 유치원 평가 연수 자료. 교육부 유아교육정책과. www.moe.go.kr

교육부·보건복지부(2019). 2019 개정 누리과정 해설서.

교육인적자원부(2007). 교사와 유아를 위한 유아사회교육 활동자료. 교육인적자원부.

근로복지공단(2009). 직장보육시설의 취업부모를 위한 육아지원 프로그램.

근로복지공단(2009~2019). 직장보육시설 우수보육프로그램 자료집. https://www.kcomwel.or.kr

금융감독원(2005). 유치원교사를 위한 금융교육. 금융감독원.

김경희·문혁준·김선영·김신영·김지은·김혜금·서소정·안선희·안효진·이희경·정선아·황혜원(2014). 보육학개론(제3판 증보). 서울: 창지사.

김난실·이기숙(2008). 개인적·환경적 변인에 따른 영아의 또래 상호작용 형태. 유아교육연구, 28(1), 159-184.

김대현·김석우(2007). 교육 과정 및 교육평가. 서울: 학지사.

김두범·김미경·김현희·최광희(2008). 영유아보육프로그램. 서울: 창지사.

김명순·신유림 역(2000). 영유아의 문해발달 및 교육. 서울: 학지사.

김명순·이미화(2005). 포괄적 보육서비스-아동교육 프로그램. 서울: 다음세대.

김미정(2013). 경기도 부모협동어린이집의 현황 및 정책적 활용방안. 경기도가족여성연구원.

김미진·황해익(2012). 0~3세용 가정환경자극척도(IT-HOME)의 타당화를 위한 기초연구. 미래유아교육학회지, 19(1), 135-160.

김수영·김수임·송규운·정정희(2004). 영유아 프로그램-이론과 실제-. 경기: 양서원.

김수영·김수임·정정희(2010). 영유아 프로그램 개발과 평가. 경기: 양서원.

김수영·김수임·정정희(2014). 영유아 프로그램 개발과 평가. 경기: 양서원.

김영옥(2006). 유아 인성교육 프로그램 개발. 삼성복지재단 제13회 국제학술대회 자료집: 영유아 정신의 성장과 보육, 293-333.

김영옥·엄정애·최윤정·박경희(2000). 유아사회교육의 통합적 운영. 서울: 창지사.

김영태·장혜성·임선숙·백현정(1995). 그림어휘력검사. 서울: 장애인종합복지관.

김은주(2004). 생태유아교육의 교육 원리에 관한 연구. 유아교육연구, 24(5), 167-186.

김은주(2009). 생태유아교육 실천과 관련된 보육교사의 특성과 인식. 창원대학교 교육대학원 석사학위 청구논문.

김은희(2001). 레지오 에밀리아 접근법의 이해와 현장적용. 서울: 창지사.

김정임(2006). 발도르프 유아교육에 대한 이해. 서울: 학지사.

김종서(1998). 교육연구의 방법. 서울: 배영사.

김지은·문혁준·김경회·김현주·김혜금·김정희·신혜원·안선희·안효진·조혜정·황옥경(2013). 보육과정(제3판). 서울: 창지사.

김지현·이순형(2004). 3세 및 5세 유아의 또래 갈등 상황에 따른 정서표현 행동. *Family and Environment Research, 42*(4), 29-43.

김혜경·김홍은·문혁준·박은혜·유애열·임혜영·장영희·조혜진(2002). 효과적인 영아보육을 위한 지침서 제2권: 영아반 운영의 실제. 서울: 다음세대.

김혜경(2008). 영유아 프로그램 개발과 평가. 서울: 창지사.

김희선(2006). 독일발도르프 미술교육 프로그램의 한국 유아미술교육을 위한 적용 방법에 관한 연구. 경희대학교 교육대학원 석사학위 청구논문.

김희진·박은혜·이지현 (2000). 유아교육기관에서의 관찰. 서울: 창지사.

문혁준·김경은·서소정·성미영·안선희·임정하·하지영·황혜정(2015). (증보)영아발달. 서울: 창지사.

문혁준·서소정·김정희·김혜연·김태은·이종신·성미영(2015). (개정)아동학개론. 서울: 창지사.

민성혜·김송이·김영애(2008). 영유아 프로그램의 개발과 평가. 경기: 양서원.

박찬옥·구수연·이옥임(2010). 영아-교사 상호작용의 이론과 실제. 경기: 정민사.

박찬옥·김낙흥·구수연·이옥임·노희연·이선영(2013). 영유아 프로그램 개발과 평가(개정2판). 경기: 정민사.

박혜원·곽금주·박광배(1996). 한국형 웩슬러 유아지능검사(WPPSI)의 표준화: 표준화 연구(I). 한국심리학회지. 발달, 9(1), 60-70.

보건복지부(2009). 장애아 보육프로그램 운영매뉴얼 편. 육아정책개발센터.

보건복지부(2010). 보건복지부 평가인증 지표.

보건복지부(2013). 0~2세 표준보육과정. 보건복지부.

보건복지부(2013). 어린이집 표준보육과정에 기초한 영아보육 프로그램 운영의 이해. 보건복지부.

보건복지부(2014). 보육사업안내.

보건복지부(2014). 어린이집 평가인증 안내(40인 이상 어린이집).

보건복지부(2020). 4차 어린이집 표준보육과정. 보건복지부.

보건복지부·교육과학기술부(2013). 3~5세 연령별 누리과정 해설서.

보건복지부·교육부(2015). 3-5세 연령별 누리과정 해설서.

보건복지부·한국보육진흥원(2014). 어린이집 평가인증 지표 및 운영체계 개선 시범사업 안내. 보건복지부, 한국보육진흥원.

보건복지부·한국보육진흥원(2020), 2020 어린이집 평가 매뉴얼. https://edu.kcpi.or.kr

삼성복지재단(2003). 삼성어린이집 영유아 프로그램. 서울: 다음세대.

서문희·이혜민(2013). 육아지원기관 관련 산업에 관한 연구. 육아정책연구소.

서문희·이혜민(2014). 영유아기 재정투자 효과 분석: 2004-2014. 육아정책연구소.

서영숙·김경혜(2003). 보육학개론. 경기: 양서원.

송명자(2011). 발달심리학. 서울: 학지사.

심성경(1998). 유아교육 프로그램의 비교 분석. 이화여자대학교 대학원 박사학위논문.

여성부 보육지원과 (2005). 평가인증지침서. http://www.kcac21.or.kr

연세대학교 어린이생활지도연구원(1995). 연세 개방주의 유아교육 과정 (반일제 3-4세). 서울: 창지사.

연세대학교 어린이생활지도연구원(1995). 연세 개방주의 유아교육 과정 (반일제 5세). 서울: 창지사.

연세대학교 어린이생활지도연구원(2017). 2017년도 보고서(미간행).

유해미·서문희·한유미·김문정(2011). 영아 양육비용 지원정책의 효과와 개선방안: 양육수당을 중심으로. 육아정책연구소.

유혜미·김문정(2013). 지역사회 공동육아 활성화 방안. 육아정책연구소.

유효순·원혜경·김정희·문명희(2020). 영유아발달. 서울: 창지사.

육아정책연구소(2012). 5세 누리과정 운영에 따른 유아평가 연구 평가척도 개발. 연구보고 2013-31.

이기숙(2013). 유아교육과정(5판). 경기: 교문사.

이기숙·강숙현(2018). 영유아 프로그램 개발과 평가. 경기: 정민사.

이기숙·장영희·정미라·엄정애(2014). 유아교육개론(제3판). 경기: 양서원.

이미화·강은진·김은영·김길숙·엄지원(2016). 보육교사 양성과정 및 보육실습 매뉴얼 연구. 보건복지부·육아정책연구소

이성호(2008). 교육 과정 개발의 원리. 서울: 학지사.

이순형·이혜승·이성옥·황혜신·이완정·이소은·권혜진·이영미·정윤주·한유진·성미영(2013). 보육학개론(제4판). 서울: 학지사.

이승복·이희란 역(2013). 언어발달(제8판). 서울: 시그마프레스.

이영석(1998). 유아교육론. 서울: 형설출판사

이영자·이기숙(1990). 유아교육 프로그램. 서울: 교문사.

이은해(1995). 아동발달의 평가 및 측정. 서울: 교문사.

이은해·박주희·최혜영(2005). 영유아용(만 2세~5세) 발달검사 개발을 위한 예비연구. 한국아동학회. 아동학회지, 26(6), 73-88.

임부연·장영숙·최미숙·최윤정·최일선·황윤세 역(2008). 발달에 적합한 실제: 유아교육 과정과 발달. 경기: 정민사.

임승렬(2001). 유능한 유아교사의 학급 운영 문제와 그 해결 방안. 서울: 다음세대.

임재택(1995). 유아교육기관 운영관리. 서울: 양서원.

임재택(2004). 생태중심 유아교육 모형의 탐색. 부산대학교 영유아보육연구소.

임재택(2007). 생태유아교육의 과제와 전망에 관한 탐색 연구. 유아교육연구, 27(1), 381-404.

임재택(2008). 생태유아교육개론(제3판). 경기: 양서원.

전남련·권경미·김덕일(2011). 유아교육 현장 적용을 위한 유아관찰평가의 이론과 실제. 경기: 양서원.

정옥분(2008). 유아교육 연구방법. 서울: 학지사.

정윤경(2004). 발도르프 교육학. 서울: 학지사.

정정희·최효정·배재정(2014). 다양한 유아에게 적합한 보육실천 현황 및 발전방안: 장애유아, 다문화유아, 영아 및 시간연장필요 유아. 한국보육지원학회지, 10(2), 261-294.

정혜손(2008). 한국국공립유치원의 변천과정. 이화여자대학교 대학원 박사학위 청구논문.

조덕주(1999). 교육 과정·평가 연수 프로그램 개발 및 적용연구. 한국교육 과정평가원.

조복희·강희경·김연주·김현지·손경화·안은숙·양연숙·이영환·이주연·이진숙·장혜자·한유미(2009). 보육학개론. 서울: 교육과학사.

조복희·이진숙(1998). 한국 부모-자녀 관련 속담의 분류 및 이에 대한 인식도. 아동학회지, 19(1), 5-26.

조복희·한유미(2009). 속담을 통해 본 한국인의 자녀의 가치와 양육의 어려움에 관한 인식. 한국가정관리학회지, 26(1), 85-93.

조복희(2014). 속담과 아동발달. 서울: 교육과학사.

조성연·이정희·김온기·제경숙·김영심·황혜정·김혜금·나유미·박진재·송혜린·신혜영(2013). 보육학개론. 서울: 학지사.

조옥자(2009). 영아를 위한 배변훈련 프로그램. 한국보육학회 학술대회 자료집, 2009(1), 1-11.

질병관리본부(2017). 2017 소아청소년 성장도표 신체발육 표준치.

크리스토퍼 클라우터·마틴로슨(2006). 아이들이 꿈꾸는 학교. 박정화 역. 서울: 양철북.

푸르니보육지원재단(2016). 푸르니 보육프로그램: 총론. 서울: 다음세대.

하정연(2003). 생태유아교육 프로그램의 계획 및 운영실제. 한국생태유아교육학회 교사연수. 생태유아교육교사연수, 29-64.

하정연(2004). 생태유아교육의 교육관에 관한 연구. 유아교육논총, 13, 67-84.

한국보육진흥원 (2014). 어린이집 평가인증 지침서(40인 이상 어린이집). https://www.kcpi.or.kr

한국보육진흥원 평가인증국(2012). 보육시설평가인증 지침. http://kca.childcare.go.kr

한국보육진흥원(2013). 어린이집 원장 사전직무교육. 한국보육진흥원.

한국어린이집총연합회(2009~2019). 전국 우수보육프로그램 보육자료. https://www.koreaedcare.or.kr

한유미·권정윤·강기숙·백석인(2005). 스웨덴의 아동보육제도. 서울: 학지사.

한유미·권정윤·신미자 역(2011). 북유럽의 아동기와 유아교육: 덴마크, 핀란드, 아이슬란드, 노르웨이, 스웨덴의 철학, 연구, 정책, 실제. 경기: 한권.

한유미(2013). 스웨덴과 핀란드의 공보육제도. 한국스칸디나비아학회. 스칸디나비아연구, 14, 181-214.

한유미(2014). 영아발달. 서울: 창지사.

홍용희(2004). 창립 90주년 이화 유치원. 이화여자대학교 사범대학 부속 이화 유치원.

홍혜경(2004). 유아 수학능력 발달과 교육. 경기: 양서원.

황옥경·정선욱·김진석·김형모·신혜령·양순옥·이은주·한유미(2014). 아동통합서비스 지원 강화를 위한 사업체계 개선방안 연구. 보건복지부.

황해익(2004). 유아교육평가. 경기: 양서원.

황해익·송연숙·최혜진·손원경·남미경·고은미·정명숙(2013). *영유아 프로그램 개발과 평가(개정)*. 경기: 공동체.

Ainsworth, M. D. S., Blehar, M. C., Waters, E., & Wall, S. (1978). *Patterns of attachment: A psychological study of the strange situation*. Hillsdale, NJ: Lawrence Erlbaum Associates.

Amabile, T. M. (1996). *Creativity in context*. Boulder, CO: Westview Press.

Ashiabi, G. S. (2000). Promoting the emotional development of preschoolers. *Early Childhood Education Journal, 28*(2), 79–84.

Bem, S. L. (1985). Androgyny and gender schema theory: A conceptual and empirical investigation. In T. B. Sanderegger (eds.), *Nebraska symposium on motivation, 1984: Psychology on gender*. Lincoln: University of Nebraska Press.

Berk, L. E. (2007). *Development through the lifespan* (4th ed.). Boston, MA: Allyn & Bacon.

Bloom, L., & Lahey, M. (1978). *Language development and language disorders*. New York: Wiley.

Bowlby, J. (1969). *Attachment and loss: Attachment* (Vol. 1). NY: Basic Books.

Caldwell, B. M., & Bradley, R. H. (1984). *Home observation for measurement of the environment*. Little Rock: University of Arkansas at Little Rock.

Cole, M., & Cole, S. R. (1993). *The development of children* (2nd ed.). NY: Scientific American Book.

Crystal, D. (1995). *The Cambridge encyclopedia of the English language*. Cambridge: Cambridge University Press.

Eisenberg, N., Cumberland, A., & Spinrad, T. L. (1998). *Parental socialization of emotion. Psychological Inquiry, 9*(4), 241–273.

Eisenberg, N., Fabes, R. A., & Murphy, B. C. (1996). Parents' reactions to children's negative emotions: Relations to children's social competence and comforting behavior. *Child Development, 67*, 2227–2247.

Eliason, C. F., & Jenkins, L. T. (2003). *A practical guide to early childhood curriculum*. Person Education, Inc., Upper Saddle River, New Jersey.

Fagot, B. I., & Gauvain, M. (1997). Mother–child problem solving: Continuity through the childhood years. *Developmental Psychology, 33*, 480–488.

Gaffney, M. W. (1981). Present imperatives for public parenting. In M. Kaplan–Sanoff & Yablans–Magid (eds.), *Exploring early childhood*. NY: Macmillan Publishing Co.,

Inc.

Garvey, C. (1990). *Play*. Cambridge, MA: Harvard University Press.

Gauvain, M. (2001). Cultural tools, social interaction and the development of thinking. *Human Development, 44*, 126–143.

Ginsburg, H. P., & Opper, S. (1988). *Piaget's theory of intellectual development*. (3rd ed.). Englewood Cliffs, NJ: Prentice–Hall.

Golinkoff, R. M. (1993). When is communication a "Meeting of minds?" *Journal of Child Language, 20*, 199–207.

Gottman, J. (1997). *The heart of parenting: How to raise an emotionally intelligent child*. New York: Simon & Schuster.

Harter, S. (1998). The development of self–representations. In W. Daman (ed.) & S. Eisenberg (Vol. ed.), *Handbook of child psychology* (5th ed., pp. 553–617). New York: Wiley.

Howe, M. L., & Courage, M. L. (1997). The emergence and early development of autobiographical memory. *Psychological review, 104*, 499–523.

Howes, C. (1988). Peer interaction of young children. *Monographs of the Society for Research in Child Development, 53* (No. 217).

Lindon, J. (2003). *Child care and early education*. London: Thompson.

McAfee, O., & Leong, D. J. (2007). *Assessing and guiding young children's development and learning* (4th ed.). London, U.K: Pearson Publishing Company.

Melendez, W. R., Beck, V., & Fletcher, M. (2000). *Teaching social studies in early education*. New York: Wadsworth Publishing.

Morrison, G. S. (1996). *Fundamentals of early childhood education* (7th ed.). Upper Saddle, New Jersey: Prentice Hall Inc.

NAEYC(1998). *Accreditation criteria and procedure*. Washington, DC: NAEYC.

Print, M. (2006). 교육 과정 개발과 설계. 강현석·박영무·손충기·이원희·최호성 역. 서울: 교육과학사. (1993년 원저 발간).

Rubin, K. H., Coplan, R. J., Nelson, L. J., & Lagace–Seguin, D. G. (1999). Peer relationships in childhood. In M. H Bornstein & M. E. Lamb (eds.), *Developmental psychology: An advanced textbook* (4th ed.) (pp. 377–409). Mahwah, NJ: Lawrence Erlbaum Associates Publishers.

Salkind, N. (1985). *Theories of human development* (2nd ed.). New York: John Wiley & Sons.

Sameroff, A. J., Seifer, R., Baldwin, A., & Baldwin, C. (1993). Stability of intelligence from preschool to adolescence: The influence of social and family risk factors. *Child Development, 64*, 80-97.

Thomas, A., & Chess, S. (1977). *Temperament and development*. New York: Brunner/Mazel.

Thomas, A., & Chess, S. (1986). The New York longitudinal study: From infancy to early adult life. In R. Plomin & J. Dunn (eds.), *The study of temperament: Changes, continuities, and challenges*. Hillsdale, NJ: Erlbaum.

Valencia, S. W., & Place, N. A. (1994). Literacy portfolio for teaching, learning, and accountability: The Bellevue literacy assessment project. In S. W. Valencia, E. F. Hiebert, & P. P. Afflerbach (eds.), *Authentic reading assessment: Practices and possibilities* (pp. 134-156). Newark, D.C: International Reading Association.

Wagner, J. T. (2006). An outsider's perspective: Childhoods and early childhood education in the Nordic countries. In J. Einarsdottir & J. T. Wagner (eds.), Nordic childhoods and early education: Philosophy, research, policy and practice in Denmark, Finland, Iceland, Norway, and Sweden. Greenwich, CT: Information Age Publishing Inc.

Weber, E. (1981). The function of early childhood education. In M. Kaplan-Sanoff & Yablans-Magid (eds.), *Exploring early childhood*. NY: Macmillan Publishing Co., Inc.

서울신문(2013-04-22). 걱정 없이 맡긴다… 쑥쑥 크는 '공동육아'.

라이겐동영상 http://blog.naver.com/gounbim?Redirect=Log&logNo=140105753768&vid=0

서남 발도르프 어린이집 http://www.seonam.org/index.asp

서남재단 http://www.seonam.org

오이리트미동영상 http://channel.pandora.tv/channel/video.ptv?ch_userid=sishj&prgid=32572265

유진어린이집 http://child.eugenes.co.kr/main.as

저/ 자/ 소/ 개

- **문혁준** :: 가톨릭대학교 아동학전공 교수
- **서소정** :: 경희대학교 아동가족학과 교수
- **신혜원** :: 서경대학교 아동학과 교수
- **최혜영** :: 창원대학교 가족복지학과 교수
- **한유미** :: 호서대학교 유아교육과 교수
- **박복매** :: 영등포구육아종합지원센터 센터장

제2판

영유아 프로그램 개발과 평가

초 판 1쇄 발행 2014년 12월 10일
초 판 3쇄 발행 2018년 7월 26일
제2판 1쇄 발행 2021년 1월 22일

지 은 이 | 문혁준 · 서소정 · 신혜원 · 최혜영 · 한유미 · 박복매
펴 낸 이 | 김기섭
편 집 인 | 이윤희
펴 낸 곳 | 창지사 www.changjisa.com
08589 서울시 금천구 가산디지털 1로 83 파트너스타워 1차 9층
전화 (02)719-2211~3
팩스 (02)701-9386
등 록 | 1977년 4월 28일 · 제1-421호

ISBN 978-89-426-1389-2 (93370)

값 21,000원